경찰 실무자와 일반 운전자가 함께 보는,
음주운전 관련 판결 및 교통사고 보상처리!

음주운전 파헤치기

이장선 지음

음주운전
사건처리
전모를 전격
공개!!

음주운전 관련 법원 판결 270건 수록 !
음주운전 교통사고 보상 기준 정밀 해설 !
음주운전 교통사고 20건 처리 노하우 해설 !

크라운출판사
http://www.crownbook.co.kr

INTRO

한 권의 책으로 음주운전의 모든 것을 정복한다.

음주단속 및 음주 측정 방법을 설명했다.

전기자전거 음주단속을 설명했다.

개인형 이동장치(PM) 음주단속을 설명했다.

음주 관련 최신 판결 270건을 수록했다.

위드마크식 적용과 계산 방법을 설명했다.

윤창호법 등 교통 관련 개정법률을 설명했다.

음주운전 교통사고 20건 처리과정을 설명했다.

범인도피죄와 특수공무집행방해죄 등을 설명했다.

음주운전 벌금이 얼마인지 알 수 있다.

음주운전 교통사고 보상기준을 설명했다.

운전면허 취소정지 대상자를 알 수 있다.

운전면허 구제 방법을 알 수 있다.

음주운전 문제 풀이

	문제	정답	참고
1	혈중알코올농도 0.03%이상부터 단속대상이다.	O	p 10
2	혈중알코올농도 0.08%이상부터 운전면허 취소대상이다.	O	p 214
3	"개인형 이동장치(PM)" 음주운전 처벌규정은 이륜차와 같다.	×	p 21
4	"전기자전거" 음주운전하면 범칙금 3만원이 부과된다.	O	p 19
5	주차장 3미터 음주운전은 음주운전죄 처벌대상 아니다.	×	p 32
6	호흡측정이나 채혈측정 없어도 음주운전죄 처벌될 수 있다.	O	p 90
7	운전자라고 경찰에 허위로 진술하면 형사처벌 대상이다.	O	p 149
8	음주운전 교통사고는 종합보험 처리 안 된다.	×	p 203
9	음주 사망사고 야기하면 3년간 운전면허 취득자격 상실된다.	×	p219
10	음주운전으로 운전면허 취소되면 소지한 모든 면허 취소된다.	O	p 220

CONTENTS

제1장
음주운전 법률

01. 관련 규정

음주운전죄 형사처벌 규정		
도로교통법	0.03~0.08%	1년↓, 500만 원↓
	0.08~0.2%	1년~2년, 500만 원~1천만 원
	0.2% 이상	2년~5년, 1천만 원~2천만 원
	음주전력 2회	2년~5년, 1천만 원~2천만 원
	음주측정 불응	1년~5년, 500만 원~2,000만 원
교통사고처리 특례법	0.030% 이상 인적사고	5년↓ 금고, 2천만 원
특정범죄 가중처벌 등에 관한 법률	음주의 영향으로 인적사고	1년~15년, 1천만 원~3천만 원 무기 또는 3년 이상 유기징역

음주운전죄 행정처분 규정			
운전면허 정지취소 (도교법 제93조제1항)	0.03~0.08%		100일 정지
	0.08% 이상		취소
	음주 전력 2회		취소
	0.03% 이상 인적사고		취소
운전면허 취득결격 (도교법 제82조제2항)	음주운전 교통사고	도주차량	5년
		사망	5년
		2회	3년
		1회	2년
	음주운전	2회	2년
		1회	1년

🔔 도로교통법(도교법)

제44조(술에 취한 상태에서의 운전 금지)

① 누구든지 술에 취한 상태에서 자동차등(「건설기계관리법」 제26조제1항 단서에 따른 건설기계 외의 건설기계를 포함한다. 이하 이 조, 제45조, 제47조, 제93조제1항제1호부터 제4호까지 및 제148조의2에서 같다), 노면전차 또는 자전거를 운전하여서는 아니 된다.

② 경찰공무원은 교통의 안전과 위험방지를 위하여 필요하다고 인정하거나 제1항을 위반하여 술에 취한 상태에서 자동차등, 노면전차 또는 자전거를 운전하였다고 인정할 만한 상당한 이유가 있는 경우에는 운전자가 술에 취하였는지를 호흡조사로 측정할 수 있다. 이 경우 운전자는 경찰공무원의 측정에 응하여야 한다.

③ 제2항에 따른 측정결과에 불복하는 운전자에 대하여는 그 운전자의 동의를 받아 혈액 채취 등의 방법으로 다시 측정할 수 있다.

④ 제1항에 따라 운전이 금지되는 술에 취한 상태의 기준은 운전자의 혈중알코올농도가 0.03퍼센트 이상인 경우로 한다.

제148조의2(벌칙)

① 제44조제1항 또는 제2항을 2회 이상 위반한 사람(자동차등 또는 노면전차를 운전한 사람으로 한정한다)은 2년 이상 5년 이하의 징역이나 1천만원 이상 2천만원 이하의 벌금에 처한다.

② 술에 취한 상태에 있다고 인정할 만한 상당한 이유가 있는 사람으로서 제44조제2항에 따른 경찰공무원의 측정에 응하지 아니하는 사람(자동차등 또는 노면전차를 운전하는 사람으로 한정한다)은 1년 이상 5년 이하의 징역이나 500만원 이상 2천만원 이하의 벌금에 처한다.

③ 제44조제1항을 위반하여 술에 취한 상태에서 자동차등 또는 노면전차를 운전한 사람은 다음 각 호의 구분에 따라 처벌한다.

1. 혈중알코올농도가 0.2퍼센트 이상인 사람은 2년 이상 5년 이하의 징역이나 1천만원 이상 2천만원 이하의 벌금

2. 혈중알코올농도가 0.08퍼센트 이상 0.2퍼센트 미만인 사람은 1년 이상 2년 이하의 징역이나 500만원 이상 1천만원 이하의 벌금

3. 혈중알코올농도가 0.03퍼센트 이상 0.08퍼센트 미만인 사람은 1년 이하의 징역이나 500만원 이하의 벌금

제156조(벌칙)

다음 각 호의 어느 하나에 해당하는 사람은 20만원 이하의 벌금이나 구류 또는 과료(科料)에 처한다.

11. 제44조제1항을 위반하여 술에 취한 상태에서 자전거를 운전한 사람

12. 술에 취한 상태에 있다고 인정할 만한 상당한 이유가 있는 사람으로서 제44조제2항에 따른 경찰공무원의 측정에 응하지 아니한 사람(자전거를 운전한 사람으로 한정한다)려가 있는 상태에서 운전한 경우

🚨 교통사고처리 특례법(교특법)

제3조(처벌의 특례)

② 차의 교통으로 제1항의 죄 중 업무상과실치상죄 또는 중과실치상죄와 「도로교통법」 제151조의 죄를 범한 운전자에 대하여는 피해자의 명시적인 의사에 반하여 공소를 제기할 수 없다. 다만, 차의 운전자가 제1항의 죄 중 업무상과실치상죄 또는 중과실치상죄를 범하고도 피해자를 구호하는 등 「도로교통법」 제54조 제1항에 따른 조치를 하지 아니하고 도주하거나 피해자를 사고 장소로부터 옮겨 유기하고 도주한 경우, 같은 죄를 범하고 「도로교통법」 제44조 제2항을 위반하여 음주측정 요구에 따르지 아니한 경우(운전자가 채혈 측정을 요청하거나 동의한 경우는 제외한다)와 다음 각 호의 어느 하나에 해당하는 행위로 인하여 같은 죄를 범한 경우에는 그러하지 아니하다.

8. 「도로교통법」 제44조 제1항을 위반하여 술에 취한 상태에서 운전을 하거나 같은 법 제45조를 위반하여 약물의 영향으로 정상적으로 운전하지 못할 우려가 있는 상태에서 운전한 경우

🚨 특정범죄 가중처벌 등에 관한 법률(특가법)

제5조의11(위험운전 치사상) 음주 또는 약물의 영향으로 정상적인 운전이 곤란한 상태에서 자동차(원동기장치자전거를 포함한다)를 운전하여 사람을 상해에 이르게 한 사람은 1년 이상 15년 이하의 징역 또는 1천만 원 이상 3천만 원 이하의 벌금에 처하고, 사망에 이르게 한 사람은 무기 또는 3년 이상의 징역에 처한다.

02. 음주단속 대상 차량

음주 단속 대상 차량				
승용자동차	승합자동차	화물자동차	특수자동차	이륜자동차
전기자동차	전동카트	덤프	레미콘	콘크리트펌프
아스팔트살포기	지게차	군용트럭	사륜오토바이	모터보드
전기자전거	전동스쿠터	두발전동휠	자전거	노면전차

- 군용트럭 등은 음주운전 단속대상이다.
- 노면전차는 음주운전 단속대상이다.
- 개인형 이동장구(PM) 음주운전은 단속대상이다.
- 자전거, 전기자전거는 음주운전 단속대상이다.
- 자전거, 전기자전거와 개인형 이동장구 등의 운전자가 혈중알코올농도 0.03% 이상이면 범칙금 3만원, 음주측정거부는 10만원 범칙금 부과된다. 자전거, 전기자전거와 개인형 이동장구가 규정에 맞지 않을 경우 원동기장치자전거와 이륜자동차 등에 해당되어 음주운전 단속대상에 더하여 형사처벌과 운전면허 취득의무도 있다.

03. 음주단속 안 되는 차량

음주단속이 안 되는 차				
경운기	트랙터	이양기	콤바인	농업용운반차
탱크	장갑차	기차	케이블카	마트카트
손수레	유모차	전동휠체어	유아용자전거	인라인스케이트

🛵 농업기계는 경운기 등 41종이다.
🛵 경운기 등 농업기계는 음주운전 단속대상이 아니다.
🛵 탱크 등 무기는 음주운전 단속대상이 아니다.
🛵 손수레는 음주운전 단속대상이 아니다.
🛵 기차는 도로교통법상 차가 아니다.
🛵 케이블카는 도로교통법상 차가 아니다.
🛵 유모차, 전동휠체어는 차가 아니다.
🛵 인라인스케이트는 차가 아니다.
🛵 마트 카트는 차로 보기 어렵다.

04. 원동기장치자전거 음주운전

○ "원동기장치자전거"란 이륜자동차 가운데 배기량 125cc 이하를 말한다.
○ 전기를 동력으로 하는 경우 최고정격출력 11킬로와트 이하의 이륜자동차를 말한다.
○ 개정 법률에서 배기량 50cc 미만, 정격출력 0.59킬로와트 미만은 삭제되었다.
○ 개인형 이동장치는 원동기장치자전거가 아니다.
○ 전기자전거는 원동기장치자전거가 아니다.

「도로교통법」 제2조(정의)

19. "원동기장치자전거"란 다음 각 목의 어느 하나에 해당하는 차를 말한다.

가. 「자동차관리법」 제3조에 따른 이륜자동차 가운데 배기량 125cc 이하(전기를 동력으로 하는 경우에는 최고정격출력 11킬로와트 이하)의 이륜자동차나. 그 밖에 배기량 125cc 이하(전기를 동력으로 하는 경우에는 최고정격출력 11킬로와트 이하)의 원동기를 단 차(「자전거 이용 활성화에 관한 법률」 제2조제1호의2에 따른 전기자전거는 제외한다)

(시행일 2020.12.10.)

05. 전동휠체어 음주운전

○ 전동휠체어를 차로 보지 않는다.
○ 전동휠체어는 음주운전 단속대상 차량이 아니다.
○ 보행보조용의자차는 수동휠체어, 전동휠체어, 의료용 스쿠터 등이다.
○ 의료기기법 제18조, 체중 100kg 이내 탑승, 최대속도 15km/h 이하이어야 한다.
○ 제품명, 모델명, 허가번호, 제조사 등에 전동휠체어임을 확인하게 된다.
○ 식품의약품안전처의 해당 기준에 적합한 경우만 차로 본다.
○ 그 외는 원동기장치자전거로 보아 음주운전 등 형사책임 묻는다.

「도로교통법」

제2조(정의)

17. "차마"란 다음 각 목의 차와 우마를 말한다.

가. "차"란 다음의 어느 하나에 해당하는 것을 말한다.

5) 사람 또는 가축의 힘이나 그 밖의 동력(動力)으로 도로에서 운전되는 것. 다만, 철길이나 가설(架設)된 선을 이용하여 운전되는 것, 유모차와 행정안전부령으로 정하는 보행보조용 의자차는 제외한다.

「도로교통법 시행규칙」

제2조(보행보조용 의자차의 기준)

「도로교통법」(이하 "법"이라 한다) 제2조제10호 및 제17호가목5)에서 "행정안전부령이 정하는 보행보조용 의자차"란 식품의약품안전처장이 정하는 의료기기의 규격에 따른 수동휠체어, 전동휠체어 및 의료용 스쿠터의 기준에 적합한 것을 말한다.

06. 경운기 음주운전

- 경운기는 도로교통법상 차에 해당된다.
- 경운기는 자동차나 원동기장치자전거에 해당되지 않는다.
- 경운기는 도로에서 교통법규를 위반하면 범칙금 발부 대상이다.
- 경운기는 자동차 운전면허 취득의무는 없고, 음주운전 처벌대상이 아니다.
- 경찰관은 경운기 음주운전자에게 음주측정을 요구할 수 있다.
- 경운기가 도로에서 운전하다 다른 사람의 재물을 손괴한 경우 도로교통법 제151조 규정에 따라 2년 이하의 금고나 500만원 이하의 벌금에 처해진다. 사람을 다치게 하거나 사망케 한 경우에는 교통사고처리 특례법 제3조 제1항, 형법 제268조를 적용하여 5년 이하의 금고 또는 2천만원 이하의 벌금형을 받는다.

07. 자전거 음주운전

- "자전거"란 사람의 힘으로 페달이나 손페달을 사용하여 움직이는 구동장치와 조향장치 및 제동장치가 있는 바퀴가 둘 이상인 차로서 일정한 크기와 구조를 갖춘 것을 말한다.
- 자전거는 도로교통법상 차이다.
- 도로교통법상 자전거는 자전거 및 전기자전거를 말한다.
- 음주 0.03% 이상이면 범칙금 3만원, 측정거부는 10만원 범칙금 부과된다.
- 자전거 음주측정거부 판단은 자동차 음주운전죄와 동일하다.
- 주취운전자적발보고서, 정황진술보고서, 수사보고서는 작성하지 않는다.
- 즉결심판청구 등에 대비하여 음주측정기 사용 대장 등 기록은 남긴다.
- 호흡측정 결과 측정수치에 불복할 경우 채혈측정을 요구할 수 있다.
- 채혈결과 회신되면 통고처분, 처벌수치 미달이면 전화 안내 후 종결한다.
- 통고처분 불이행자는 즉결심판 절차법에 따라 처리된다.

도로교통법 시행령 (별표8) 범칙행위 및 범칙금액(운전자)		
범칙행위	근거 법조문 (도로교통법)	차량 종류별 범칙금액
64의2. 술에 취한 상태에서의 자전거 운전	제44조제1항	자전거: 3만원
64의3. 술에 취한 상태에 있다고 인정할만한 상당한 이유가 있는 자전거 운전자가 경찰공무원의 호흡조사 측정에 불응	제44조제2항	자전거: 10만원

「도로교통법」

제2조(정의)

17. 가. "차"란 다음의 어느 하나에 해당하는 것을 말한다. 4) 자전거

20. "자전거"란 「자전거 이용 활성화에 관한 법률」 제2조제1호 및 제1호의2에 따른 자전거 및 전기자전거를 말한다. 21의2. "자전거등"이란 자전거와 개인형 이동장치를 말한다.

「자전거 이용 활성화에 관한 법률」

제2조(정의) 1

"자전거"란 사람의 힘으로 페달이나 손페달을 사용하여 움직이는 구동장치(驅動裝置)와 조향장치(操向裝置) 및 제동장치(制動裝置)가 있는 바퀴가 둘 이상인 차로서 행정안전부령

으로 정하는 크기와 구조를 갖춘 것을 말한다.

제2조(정의) 1의2
"전기자전거"란 자전거로서 사람의 힘을 보충하기 위하여 전동기를 장착하고 다음 각 목의 요건을 모두 충족하는 것을 말한다.
가. 페달(손페달을 포함한다)과 전동기의 동시 동력으로 움직이며, 전동기만으로는 움직이지 아니할 것나. 시속 25킬로미터 이상으로 움직일 경우 전동기가 작동하지 아니할 것.
부착된 장치의 무게를 포함한 자전거의 전체 중량이 30킬로그램 미만일 것

제2조(정의) 2
"자전거이용시설"이란 자전거도로, 자전거 주차장, 전기자전거 충전소와 그 밖에 자전거의 이용과 관련되는 시설로서 대통령령으로 정하는 것을 말한다.

자전거 운전 중 사망사고 야기
▶ 부산지방법원 2018.1.10 선고 2017고단5137 판결 : 금고 8월 실형
피고인은 자전거의 운전업무에 종사하는 사람이다.

피고인은 2017. 8. 19. 06:36경 위 자전거를 운전하여 부산 동래구를 진행하게 되었다. 그곳 전방에는 횡단보도가 있었으므로 자전거의 운전업무에 종사하는 사람에게는 속도를 줄이고 전방을 잘 살펴 길을 건너는 사람이 있는지 여부를 확인하고 안전하게 운전하여 사고를 미리 방지하여야 할 업무상 주의의무가 있었다. 그럼에도 피고인은 이를 게을리한 채 그대로 진행한 과실로 횡단보도를 좌측에서 우측으로 횡단하던 피해자를 뒤늦게 발견하고 이를 피하기 위하여 핸들을 좌측으로 조작하면서 급제동하였으나, 미처 피하지 못하여 자전거의 앞부분과 피고인의 목 부위로 피해자의 얼굴 등을 들이받아 땅에 넘어지게 하였다. 결국 피고인은 위와 같은 업무상 과실로 피해자로 하여금 2017. 8. 23. 16:00경 병원에서 급성 외상성 뇌내 출혈로 인한 악성 뇌부종에 의한 뇌간 압박으로 사망에 이르게 하였다.

08. 전기자전거 음주운전

○ "전기자전거"란 자전거로서 사람의 힘을 보충하기 위하여 전동기를 장착하고 다음 각 목의 요건을 모두 충족하는 것을 말한다.

🔔 전기자전거는 도로교통법 상 차이다(도로교통법 제2조제17.가.4).

🔔 자전거에 동력을 단 것이다.

🔔 개인형 이동장치와 구분된다.

🔔 원동기장치자전거와 구분된다.

🔔 "자전거등"이란 자전거와 개인형 이동장치를 말한다(도교법 제2조 제21의2).

🔔 자전거로서 사람의 힘을 보충하기 위해 3가지 요건이 모두 충족된 것을 말한다.

– 페달과 전동기의 동시 동력으로 움직이며 전동기만으로 움직이지 아니할 것

– 시속 25킬로미터 이상으로 움직일 경우 전동기가 작동하지 않을 것

– 부착된 장치의 무게를 포함한 자전거의 전체 중량이 30킬로그램 미만일 것

🔔 요건이 충족되지 않은 상태에서 최고정격출력 11킬로와트 이하이면 원동기장치자전거, 초과되면 이륜자동차로 보게 된다.

🚨 「도로교통법」

제2조(정의)

17. 가. "차"란 다음의 어느 하나에 해당하는 것을 말한다. 4) 자전거

20. "자전거"란 「자전거 이용 활성화에 관한 법률」 제2조제1호 및 제1호의2에 따른 자전거 및 전기자전거를 말한다.

19. "원동기장치자전거"란 다음 각 목의 어느 하나에 해당하는 차를 말한다.가. 「자동차관리법」 제3조에 따른 이륜자동차 가운데 배기량 125시시 이하(전기를 동력으로 하는 경우에는 최고정격출력 11킬로와트 이하)의 이륜자동차나. 그 밖에 배기량 125시시 이하(전기를 동력으로 하는 경우에는 최고정격출력 11킬로와트 이하)의 원동기를 단 차(「자전거 이용 활성화에 관한 법률」 제2조제1호의2에 따른 전기자전거는 제외한다)

19의2. "개인형 이동장치"란 제19호나목의 원동기장치자전거 중 시속 25킬로미터 이상으로 운행할 경우 전동기가 작동하지 아니하고 차체 중량이 30킬로그램 미만인 것으로서 행정안전부령으로 정하는 것을 말한다.

21의2. "자전거등"이란 자전거와 개인형 이동장치를 말한다.

(시행일 2020.12.10.)

🚨 「자전거 이용 활성화에 관한 법률」

제2조(정의)

1의2. "전기자전거"란 자전거로서 사람의 힘을 보충하기 위하여 전동기를 장착하고 다음 각 목의 요건을 모두 충족하는 것을 말한다.

가. 페달(손페달을 포함한다)과 전동기의 동시 동력으로 움직이며, 전동기만으로는 움직이지 아니할 것나. 시속 25킬로미터 이상으로 움직일 경우 전동기가 작동하지 아니할 것다. 부착된 장치의 무게를 포함한 자전거의 전체 중량이 30킬로그램 미만일 것

09. 개인형 이동장치(PM) 음주운전

- ⓜ "개인형 이동장치"란 원동기장치자전거 중 시속 25킬로미터 이상으로 운행할 경우 전동기가 작동하지 아니하고 차체 중량이 30킬로그램 미만인 것으로서 행정안전부령으로 정하는 것을 말한다(도로교통법 개정, 2020. 12. 10 시행).
- ⓜ 일명 PM(Personal Mobility)이라고 한다.
- ⓜ 원동기장치자전거와 다르다.
- ⓜ 13세 미만 어린이 운전은 금지된다.
- ⓜ 운전면허증이 없어도 운전이 가능하다.
- ⓜ 자전거 전용도로를 통행할 수 있다.
- ⓜ 자전거나 전기자전거와 동일한 의무가 부과된다.
- ⓜ 0.03% 이상 음주운전을 할 경우 3만원 범칙금이 부과된다.
- ⓜ 도로관리청은 자전거도로 중 일정구간 및 시간 지정 통행금지나 제한할 수 있다.
- ⓜ KS마크가 부탁된 개인형 이동장치만 사용이 가능하도록 안전기준이 강화된다.
- ⓜ 술 마시고 원동기장치자전거를 운전하다가 사람을 다치게 할 경우 음주운전 교통사고에 대한 책임을 지고, 만취 상태라서 술이 원인이 되어 발생되었으면 특정범죄 가중처벌 등에 관한 법률 위반에 따른 위험운전치사상 죄로 가중처벌 될 수 있다.

🚨 「도로교통법」

제2조(정의) (2020. 12. 10. 시행)

19의2. "개인형 이동장치"란 제19호나목의 원동기장치자전거 중 시속 25킬로미터 이상으로 운행할 경우 전동기가 작동하지 아니하고 차체 중량이 30킬로그램 미만인 것으로서 행정안전부령으로 정하는 것을 말한다.

제11조(어린이 등에 대한 보호)

④ 어린이의 보호자는 도로에서 어린이가 개인형 이동장치를 운전하게 하여서는 아니 된다.

제11조

21의2. "자전거등"이란 자전거와 개인형 이동장치를 말한다.

제80조(운전면허)

① 자동차등을 운전하려는 사람은 지방경찰청장으로부터 운전면허를 받아야 한다. 다만, 제2조제19호나목의 원동기를 단 차 중 개인형 이동장치 또는 「교통약자의 이동편의 증진법」 제2조제1호에 따른 교통약자가 최고속도 시속 20킬로미터 이하로만 운행될 수 있는 차를 운전하는 경우에는 그러하지 아니하다.

10. 노면전차 음주운전 🚨

- ⓘ "노면전차"란 도로에서 궤도를 이용하여 운행되는 차를 말한다.
- ⓘ 노면전차는 도로교통법상 차이다.
- ⓘ 노면전차는 음주운전 단속대상이다.
- ⓘ 노면전차 음주운전 형사처벌은 자동차나 원동기장치자전거과 같이 형사처벌된다.
- ⓘ 노면전차 음주운전으로 인적피해 교통사고를 야기한 경우 교통사고처리 특례법 제3조 제1항 제2항 단서 제8호, 형법 제268조를 적용받는다.

🚨 「도로교통법」

제2조(정의)

17의2. "노면전차"란 「도시철도법」 제2조제2호에 따른 노면전차로서 도로에서 궤도를 이용하여 운행되는 차를 말한다.

26. "운전"이란 도로(제44조·제45조·제54조제1항·제148조·제148조의2 및 제156조제10호의 경우에는 도로 외의 곳을 포함한다)에서 차마 또는 노면전차를 그 본래의 사용방법에 따라 사용하는 것(조종을 포함한다)을 말한다.

28. "서행(徐行)"이란 운전자가 차 또는 노면전차를 즉시 정지시킬 수 있는 정도의 느린 속도로 진행하는 것을 말한다.

30. "일시정지"란 차 또는 노면전차의 운전자가 그 차 또는 노면전차의 바퀴를 일시적으로 완전히 정지시키는 것을 말한다.

제5조(신호 또는 지시에 따를 의무)

① 도로를 통행하는 보행자, 차마 또는 노면전차의 운전자는 교통안전시설이 표시하는 신호 또는 지시와 다음 각 호의 어느 하나에 해당하는 사람이 하는 신호 또는 지시를 따라야 한다.

제44조(술에 취한 상태에서의 운전 금지)

① 누구든지 술에 취한 상태에서 자동차등(「건설기계관리법」 제26조제1항 단서에 따른 건설기계 외의 건설기계를 포함한다. 이하 이 조, 제45조, 제47조, 제93조제1항제1호부터 제4호까지 및 제148조의2에서 같다), 노면전차 또는 자전거를 운전하여서는 아니 된다.

제148조의2(벌칙)

① 제44조제1항 또는 제2항을 2회 이상 위반한 사람(자동차등 또는 노면전차를 운전한 사람으로 한정한다)은 2년 이상 5년 이하의 징역이나 1천만원 이상 2천만원 이하의 벌금에 처한다.

② 술에 취한 상태에 있다고 인정할 만한 상당한 이유가 있는 사람으로서 제44조제2항에 따른 경찰공무원의 측정에 응하지 아니하는 사람(자동차등 또는 노면전차를 운전하는 사람으로 한정한다)은 1년 이상 5년 이하의 징역이나 500만원 이상 2천만원 이하의 벌금에 처한다.

③ 제44조제1항을 위반하여 술에 취한 상태에서 자동차등 또는 노면전차를 운전한 사람은 다음 각 호의 구분에 따라 처벌한다. 1. 혈중알코올농도가 0.2퍼센트 이상인 사람은 2년 이상 5년 이하의 징역이나 1천만원 이상 2천만원 이하의 벌금 2. 혈중알코올농도가 0.08퍼센트 이상 0.2퍼센트 미만인 사람은 1년 이상 2년 이하의 징역이나 500만원 이상 1천만원 이하의 벌금 3. 혈중알코올농도가 0.03퍼센트 이상 0.08퍼센트 미만인 사람은 1년 이하의 징역이나 500만원 이하의 벌금

④ 제45조를 위반하여 약물로 인하여 정상적으로 운전하지 못할 우려가 있는 상태에서 자동차등 또는 노면전차를 운전한 사람은 3년 이하의 징역이나 1천만원 이하의 벌금에 처한다.

🚨 「교통사고처리 특례법」

제3조(처벌의 특례)

① 차의 운전자가 교통사고로 인하여 「형법」 제268조의 죄를 범한 경우에는 5년 이하의 금고 또는 2천만원 이하의 벌금에 처한다.

② 차의 교통으로 제1항의 죄 중 업무상과실치상죄(業務上過失致傷罪) 또는 중과실치상죄(重過失致傷罪)와 「도로교통법」 제151조의 죄를 범한 운전자에 대하여는 피해자의 명시적인 의사에 반하여 공소(公訴)를 제기할 수 없다. 다만, 차의 운전자가 제1항의 죄 중 업무상과실치상죄 또는 중과실치상죄를 범하고도 피해자를 구호(救護)하는 등 「도로교통법」 제54조제1항에 따른 조치를 하지 아니하고 도주하거나 피해자를 사고 장소로부터 옮겨 유기(遺棄)하고 도주한 경우, 같은 죄를 범하고 「도로교통법」 제44조제2항을 위반하여 음주측정 요구에 따르지 아니한 경우(운전자가 채혈 측정을 요청하거나 동의한 경우는 제외한다)와 다음 각 호의 어느 하나에 해당하는 행위로 인하여 같은 죄를 범한 경우에는 그러하지 아니하다.

제3조 8. 「도로교통법」 제44조제1항을 위반하여 술에 취한 상태에서 운전을 하거나 같은 법 제45조를 위반하여 약물의 영향으로 정상적으로 운전하지 못할 우려가 있는 상태에서 운전한 경우

🚨 「도시철도법」

제2조(정의) 2. "도시철도"란 도시교통의 원활한 소통을 위하여 도시교통권역에서 건설·운영하는 철도·모노레일·노면전차(路面電車)·선형유도전동기(線形誘導電動機)·자기부상열차(磁氣浮上列車) 등 궤도(軌道)에 의한 교통시설 및 교통수단을 말한다.

11. 자율주행차 음주운전

- 특성상 음주운전 단속대상과는 거리가 멀다.
- "자율주행자동차"란 운전자나 승객의 조작 없이 자동차 스스로 운행이 가능한 자동차를 하고 부분자율주행자동차와 완전자율주행자동차 2종류가 있다.
- 자율주행자동차 기준은 레벨2, 레벨3를 경계로 연구자, 전문가, 기관별로 구분된다.
- "자율주행시스템"이란 운전자 또는 승객의 조작 없이 주변상황과 도로 정보 등을 스스로 인지하고 판단하여 자동차를 운행할 수 있게 하는 자동차 정비, 소프트웨어 및 이와 관련한 모든 장치를 말하고, "자율협력시스템"이란 신호기, 안전표지, 교통시설 등을 활용하여 자율주행기능을 지원.보완하여 효율성과 안전성을 향상시키는 지능형 교통체계를 말한다.

🔔 「자율주행자동차 상용화 촉진 및 지원에 관한 법률」

제1조(목적)
이 법은 자율주행자동차의 도입 · 확산과 안전한 운행을 위한 운행기반 조성 및 지원 등에 필요한 사항을 규정하여 자율주행자동차의 상용화를 촉진하고 지원함으로써 국민의 생활환경 개선과 국가경제의 발전에 이바지함을 목적으로 한다.

제2조(정의)
① 이 법에서 사용하는 용어의 뜻은 다음과 같다. 〈개정 2020. 6. 9.〉
1. "자율주행자동차"란 「자동차관리법」 제2조 제1호의3에 따른 운전자 또는 승객의 조작 없이 자동차 스스로 운행이 가능한 자동차를 말한다.
2. "자율주행시스템"이란 운전자 또는 승객의 조작 없이 주변상황과 도로 정보 등을 스스로 인지하고 판단하여 자동차를 운행할 수 있게 하는 자동화 장비, 소프트웨어 및 이와 관련한 모든 장치를 말한다.
3. "자율주행협력시스템"이란 「도로교통법」 제2조 제15호에 따른 신호기, 같은 조 제16호에 따른 안전표지, 「국가통합교통체계효율화법」 제2조 제4호에 따른 교통시설 등을 활용하여 국토교통부령으로 정하는 바에 따라 자율주행기능을 지원 · 보완하여 효율성과 안전성을 향상시키는 「국가통합교통체계효율화법」 제2조 제16호에 따른 지능형교통체계를 말한다.
4. "정밀도로지도"란 「공간정보의 구축 및 관리 등에 관한 법률」 제2조 제8호에 따른 측량성과로서 국토교통부령으로 정하는 바에 따라 자율주행자동차의 운행에 활용 가능하도록 도로 등의 위치정보 등이 포함된 정밀전자지도를 말한다.

② 자율주행자동차의 종류는 다음 각 호와 같이 구분하되, 그 종류는 국토교통부령으로 정하는 바에 따라 세분할 수 있다.
1. 부분 자율주행자동차: 자율주행시스템만으로는 운행할 수 없거나 운전자가 지속적으로 주시

할 필요가 있는 등 운전자 또는 승객의 개입이 필요한 자율주행자동차

2. 완전 자율주행자동차 : 자율주행시스템만으로 운행할 수 있어 운전자가 없거나 운전자 또는 승객의 개입이 필요하지 아니한 자율주행자동차

자율주행자동차 자율주행단계 (출처 : 국제자동차기술자협회)	
레벨 0 (비자동화)	운전자가 차량 제어를 전부 수행
레벨 1 (운전자보조)	운전자가 직접 운전하고 특정 주행모드에서 시스템d 조향 또는 감속 · 가속 중 하나만 수행
레벨 2 (부분자동화)	운전자가 직접 운전하고 특정 주행모드에서 시스템이 조향 또는 감속 · 가속 모두 수행
레벨 3 (조건부자동화)	특정 주행모드에서 시스템이 차량제어를 전부 수행하며 운전자는 시스템 개입 요청 때만 대체 수행
레벨 4 (고도자동화)	특정 주행모드에서 시스템이 차량 제어를 전부 수행하며 운전자는 해당 모드에서 개입 불필요
레벨 5 (완전자동화)	모든 주행 상황에서 시스템이 차량 제어를 전부 수행

12. 도로에서의 음주운전

🔔 도로교통법

제1조(목적)

이 법은 도로에서 일어나는 교통상의 모든 위험과 장해를 방지하고 제거하여 안전하고 원활한 교통을 확보함을 목적으로 한다.

제2조(정의)

1. "도로"란 다음 각 목에 해당하는 곳을 말한다.

가. 「도로법」에 따른 도로

나. 「유료도로법」에 따른 유료도로

다. 「농어촌도로 정비법」에 따른 농어촌도로

라. 그 밖에 현실적으로 불특정 다수의 사람 또는 차마(車馬)가 통행할 수 있도록 공개된 장소로서 안전하고 원활한 교통을 확보할 필요가 있는 장소

🖲 도로교통법은 도로를 근거로 한다.

🖲 도로 아니면 도로교통법을 적용할 수 없다.

🖲 도로 아니면 무면허 운전 형사처벌 할 수 없다.

🖲 도로 아니면 교통사고 결과벌점을 부과할 수 없다.

🖲 도로 아니면 만취운전자 운전면허 취소할 수 없다.

🖲 도로 아니면 뺑소니해도 운전면허 취소할 수 없다.

도로에 따른 운전자 책임		
위반내용	도로	도로 아닌 곳
음주 0.03~0.08%	형사처벌(○) + 면허정지(○)	형사처벌(○) + 면허정지(×)
음주 0.08% 이상	형사처벌(○) + 면허취소(○)	형사처벌(○) + 면허취소(×)
추돌사고 상해 3주 4명	형사처벌(○) + 면허정지(○)	형사처벌(○) + 면허정지(×)
음주 0.070% + 상해 2주	형사처벌(○) + 면허취소(○)	형사처벌(○) + 면허취소(×)
인적피해 뺑소니	형사처벌(○) + 면허취소(○)	형사처벌(○) + 면허취소(×)
물적피해 뺑소니	형사처벌(○) + 사고벌점(○)	형사처벌(○) + 사고벌점(×)
무면허 운전	형사처벌(○) + 면허결격(○)	형사처벌(×) + 면허결격(×)
물적피해 미합의	형사처벌(○) + 민사책임(○)	형사처벌(×) + 민사책임(○)
중앙선침범 단속	범 칙 금(○) + 면허벌점(○)	범 칙 금(×) + 면허벌점(×)

13. 도로 아닌 곳 음주운전

- 음주운전 죄는 도로교통법에 규정되었고 도로가 기준이 된다.
- 도로교통법 제2조 제26호에서 '운전'이란 도로에서 차마 또는 노면전차를 그 본래의 사용 방법에 따라 사용하는 것을 말한다고 정의하며 제44조, 제45조, 제54조 제1항, 제148조, 제148조의2 및 제156조 제10호에 대해서는 도로 외 곳도 포함시켰다.
- 음주운전(제44조, 제148조의2)은 도로가 아니어도 형사처벌 된다.
- 무면허 운전(제43조)은 도로가 아니면 형사처벌 되지 않는다.
- 음주운전 취소정지(제93조)는 도로가 아니면 처분할 수 없다.

도로 아닌 곳 처벌 대상	
제44조	술에 취한 상태에서의 운전금지
제45조	약물(마약, 대마 및 향정신성의약품 등) 복용 후 운전금지
제54조	교통사고 발생 시 필요한 조치 의무
제148조	제54조 제1항 조치 위반에 따른 벌칙
제148조의2	제44조 제1항 또는 제2항 조치 위반에 따른 벌칙
제156조제10호	제54조 제1항 제2호 피해자에게 인적 사항을 제공하지 아니할 경우의 벌칙

14. 도로일까? 도로 아닐까?

도로 판단을 위한 조건과 판결 내용	판결
자전거도로는 도로교통법상 도로이다.	울산지법 2019고단1124 판결
아파트 단지 내 지하주차장은 도로 아니다.	대법원 2017도17762 판결
'ㄷ'자 형태 주차구역과 주 통행로는 도로가 아니다.	대구고법 2017누7666 판결
식당 뒤 공터는 도로가 아니다.	대구지법 2016노5343 판결
도로 아닌 곳 음주운전은 면허취소 사유 아니다.	대법원 2013두9359 판결
아파트 지하주차장과 지상주차장은 도로이다.	창원지법 2013구단1202 판결
차단기 없이 일반인에게 공개된 대학구내 통로는 도로이다.	광주지법 2011고정134 판결
누구나 이용할 수 있는 식당 주차장은 도로이다.	대구지법 2010노324 판결
왕복 4차로 외부와 직접 연결되어 있어 도로이다.	대법원 2010도6579 판결
관리인 없는 공영주차장 내 통로는 도로이다.	대법원 2005도3781 판결
대학 구내 통로는 공개되어 있으므로 도로이다.	대법원 2005도6986 판결
'ㄷ'자형 아파트 단지 내 통로는 도로가 아니다.	대법원 2004도6779 판결
경비원이 통제하지 않았으면 도로이다.	대법원 2002도6710 판결
주유소 주입 구역은 도로이다.	대법원 2002도6710 판결
외부와 연결된 아파트, 경고스티커 부착했어도 도로이다.	대법원 2002도3190 판결
아파트 단지 내 통로가 공개되었으면 도로이다.	대법원 2000두6909 판결
노상주차장은 주차장법이 우선 적용되므로 도로가 아니다.	대법원 97도1841 판결
식당주차장·민박집 개설 교통로는 도로이다.	대법원 97누20755 판결
엄격한 관리되고 있는 대학 구내 통로는 도로 아니다.	대법원 96도1848 판결
주차구획선을 그어 주차공간 만든 곳은 도로가 아니다.	대법원 94누9566 판결
비포장 공터는 도로가 아니다.	대법원 92도3046 판결
노상주차장의 주차공간은 도로가 아니다.	대법원 92도2901 판결
민간의 출입이 자유로운 관공서 내 통로는 도로이다.	대법원 92도1777 판결
'ㄷ'형 구획된 주차구역 내의 통로 부분은 도로가 아니다.	대법원 92도1662 판결

도로 인정	○ 도로를 진행하던 차량이 다리 아래로 추락 또는 이탈하여 발생한 사고 ○ 농로에서 논으로 추락한 경운기 사고 ○ 통제가 이루어지지 않은 아파트 단지 내 도로 ○ 출입통제가 이루어지지 않는 병원 구내, 시청 등 관공서 주차장 ○ 농어촌 정비법에 의한 농로, 밭길, 산길 등 차량 통행이 가능한 도로 ○ 농로 및 산길의 끝 지점, 막다른 골목, 마을 앞 길 ○ 불특정 다수인의 통행이 가능한 사유지 도로(사설도로) ○ 강의 둔치 등 하천부지에 형성된 자전거 도로 ※ 지적도상 지목, 자전거 도로 고시 여부 불문하고 교통에 사용되는 곳 ○ 기타 일반 공중 및 차량의 출입이 자유로운 장소
도로 불인정	○ 일반인과 학생의 차량 출입이 통제되는 대학 구내 ※ 축제·운동회 등으로 차량·사람의 출입을 허용하는 경우 도로로 인정 ○ 출입이 통제·관리되는 아파트 단지 내 도로 ○ 아파트 단지 'ㄷ'자 공간으로 진·출입구가 동일하고 순환 통행이 불가능한 장소 ※ 입·출구가 동일하더라도 주차를 위한 출입 외 순환 통행이 가능한 장소 제외 ○ 일반 공중이나 차량 출입이 자유롭지 않은 주차장 ○ 노상 주차장의 주차구획선 안쪽 ○ 출입이 통제된 공사현장 ○ 차량 통행을 통제하고 있는 미개통 도로 ○ 공사로 통제되어 일반교통에 사용되지 않는 도로의 부분

15. 운전할 목적이 없었다면

- 음주운전은 음주 + 운전의 합성어이다.
- '운전'은 본래의 사용 방법에 따라 사용하는 것이다(도교법 제2조 제26호).
- 본래의 사용 방법이 아니거나 운전할 목적이 없으면 운전이 아니다.
- 운전의 성립은 시동 켜고 기어 넣고 가속페달을 밟아야 한다(발진조작완료).
- 운전석에서 잠들었다가 제동장치 풀려 스스로 움직인 것은 음주운전 아니다.

운전 목적에 따른 판결	
운전석에서 잠들어 있다 스스로 이동된 것은 음주운전 아니다.	대법원 2016두40016 판결
잠든 사이에 굴러가서 가고 난 것은 음주운전 아니다.	대법원 2013도15968 판결
시동 걸린 차 운전석에 앉아만 있는 것은 음주운전 아니다.	대법원 2013도8688 판결
실수로 기어 장치 건드려 이동한 것은 음주운전 아니다.	청주지법 2013고정393 판결
기어를 넣고 시동 끄고 이동하는 것은 음주운전 아니다.	대전지법 2007노228 판결
잠자던 중 5m 움직인 것은 음주운전 아니다.	부산지법 2007고정2694 판결
제동장치 풀려 50cm 뒤로 움직인 것은 음주운전 아니다.	대구지법 2006고정1609 판결
히타를 키던 중 1.5m 움직인 것은 음주운전 아니다.	대법원 2004도1109 판결
기어 넣지 않은 상태로 움직인 것은 음주운전 아니다.	대법원 98다30834 판결
시동 끄고 브레이크만 풀어 이동한 것은 음주운전 아니다.	대법원 94도1522 판결

16. 1m 움직였어도 음주운전

- 🔟 도로교통법에서 '운전'이란 용어가 사용된다.
- 🔟 교통사고처리 특례법에서 '교통'이란 용어가 사용된다.
- 🔟 자동차손해배상 보장법에서 '운행'이란 용어가 사용된다.
- 🔟 운전은 교통이나 운행보다 범위가 좁다(운전 · 교통 · 운행).

운전·교통·운행의 비교		
운전	도교법	도로에서 차마 또는 노면전차를 그 본래의 사용 방법에 따라 사용하는 것
교통	교특법	차의 교통으로 인하여 사람을 사상(死傷)하거나 물건을 손괴 하는 것
운행	자배법	운송 여부에 관계 없이 자동차를 당해 장치의 용법에 따라 사용하는 것

운전 거리에 따른 판결	
0.122% 30cm 가게 앞 주차된 차 이동 음주운전이다.	서울남부지법 2017고정389 판결
운전면허 형사재판 사실과 반대되는 사실은 인정 안 된다.	대법원 2016두40016 판결
주차장에서 5m 운전한 것 음주운전이다.	부산지법 2013고정3003 판결
지하주차장에서 지상 주차장으로 이동한 것 음주운전이다.	창원지법 2013구단1202 판결
1~2m 음주운전 교통사고는 운전이다.	대법원 2007두9174 판결
30cm 움직여도 음주운전이다.	대법원 2007도678 판결
시동 걸다가 1~2m 움직였어도 음주운전이다.	대전지법 2007고정1175 판결
대리기사 시비되어 10m 움직였어도 음주운전이다.	부산지법 2007고정5305 판결
6m 움직였어도 음주운전이다.	대법원 2006도7761 판결
주차 도와주려 짧은 거리 운전해도 음주운전이다.	대법원 2005도3781 판결
운전을 종료했더라도 음주운전 처벌 대상이다.	대법원 2005도8026 판결
운전 종료 후 차에서 내렸더라도 음주운전이다.	대법원 94도1562 판결
1m 움직였어도 음주운전이다.	대법원 92도2901 판결

17. 운전하지 않았으면 측정거부 무죄

도로교통법 제44조 제1항의 규정에 위반하여 술에 취한 상태에서 자동차 등을 운전하였다고 인정할 만한 상당한 이유가 있음을 이유로 하는 경찰공무원의 음주측정 요구에 응하여야 할 사람은 당해 자동차의 운전자이고 당해 자동차의 운전자가 아닌 때에는 같은 법 제44조 제1항의 음주운전 금지 규정을 위반하였다고 볼 여지가 없어 같은 조 제2항의 음주측정에 응하지 아니한 경우에 해당한다고 볼 수 없다(대판 2011도8173, 대판 2006도7074, 대판 2005도8594, 대판 99도2899 등). 경찰관은 음주운전자를 직접 목격하지 않았어도 음주운전의 상당한 이유가 있다고 판단할 경우 운전자에게 음주측정을 요구할 수 있다. 운전하지 않았다며 음주측정을 거부하는 경우는 ① 운전을 종료한 후 상당시간이 경과된 상태에서 차 안에 있던 중 인지된 경우, ② 피해자나 목격자가 일방적으로 주장하는 경우, ③ 동승자가 운전자를 보호하고자 자신이 운전했다고 거짓으로 주장하는 경우 등이다.

🚨 운전자가 아니면 음주측정 거부죄 무죄

▶ **대법원 2007.10.11.선고2005도8594판결 【도로교통법위반(음주측정거부)】**

피고인은 2008. 11. 7. 23:25경 경남 함안군 칠원면 무기리에 있는 대동아파트 입구 도로에서 술에 취한 상태에서 아반떼 승용차를 운전하였다고 인정할 만한 상당한 이유가 있음에도 2008. 11. 8. 00:50경까지 3회에 걸친 경찰공무원의 음주측정 요구에 정당한 이유 없이 이를 거부하였다. 자동차의 조수석에 동승하여 사건 장소에 있은 사실을 인정하면서도, 실제로 운전을 하지 않았다고 하더라도 음주측정을 요구받을 당시의 모든 객관적 상황에 비추어 '술에 취한 상태에서 자동차 등을 운전하였다고 인정할 만한 상당한 이유가 있는 자'가 음주측정을 거부하였을 경우에는 음주측정불응죄가 성립한다고 전제하여, 판시와 같은 사실을 인정한 다음 그 사실관계에 따르면 피고인이 음주단속 지점 70~80m 전방 어두운 도로 가장자리에 급히 주차하는 당해 자동차의 운전석 부근에서 나왔으며, 실제 운전자의 운전사실을 숨기려는 의도 아래 행동하는 등 이 사건 음주측정을 요구할 당시 피고인이 술에 취한 상태에서 당해 자동차를 운전하였다고 인정할 만한 상당한 이유가 있었다는 이유로, 피고인에게 음주측정불응죄를 인정하여 유죄를 선고한 제1심판결은 정당하다고 하여 이를 그대로 유지하였다. 그러나 앞서 본 법리에 비추어 보면, 피고인은 당해 자동차의 운전자가 아니어서 경찰공무원의 음주측정요구에 응하여야 할 사람이 될 수 없으므로, 원심판결에는 음주측정불응죄에 있어서 음주측정요구에 응하여야 할 사람에 관한 법리를 오해하여 형벌 법규의 해석을 그르침으로써 판결 결과에 영향을 미친 위법이 있다.

18. 긴급피난 음주운전

　　형법 제20조 소정의 '사회상규에 위배되지 아니하는 행위'라 함은 법질서 전체의 정신이나 그 배후에 놓여 있는 사회윤리 내지 사회통념에 비추어 용인될 수 있는 행위를 말하고, 어떠한 행위가 사회상규에 위배되지 아니하는 정당한 행위로서 위법성이 조각되는 것인지는 구체적인 사정 아래서 합목적적, 합리적으로 고찰하여 개별적으로 판단되어야 한다. 정당행위가 인정되려면 ① 그 행위의 동기나 목적의 정당성, ② 행위의 수단이나 방법의 상당성, ③ 보호이익과 침해이익과의 법익균형성, ④ 긴급성, ⑤ 그 행위 외에 다른 수단이나 방법이 없다는 보충성 등의 요건을 갖추어야 한다.

　　형법 제22조 제1항의 긴급피난이란 자기 또는 타인의 법익에 대한 현재의 위난을 피하기 위한 상당한 이유 있는 행위를 말한다. '상당한 이유 있는 행위'에 해당하려면, ① 피난행위는 위난에 처한 법익을 보호하기 위한 유일한 수단이어야 하고, ② 피해자에게 가장 경미한 손해를 주는 방법을 택하여야 하며, ③ 피난행위에 의하여 보전되는 이익은 이로 인하여 침해되는 이익보다 우월해야 하고, ④ 피난행위는 그 자체가 사회윤리나 법질서 전체의 정신에 비추어 적합한 수단일 것을 요하는 등의 요건을 갖추어야 한다(대판 2005도9396 등 참조).

정당행위에 해당되면 음주운전죄 무죄	
대리기사 시비, 2차로 세워진 차 10m 운전 무죄(0.072%)	창원지법 2019고정162 판결
대리기사 시비, 위험해서 300m 이동주차 무죄(0.140%)	울산지법 2017고정1158 판결
대리기사 시비, 갓길 없는 2차로 300m 운전 무죄(0.140%)	울산지법 2017고정1158 판결
대리기사 시비, 위급하여 10m 운전한 것 무죄(0.059%)	대법원 2015도15989 판결
대리기사 시비, 자동차전용도로 20m 운전 무죄(0.150%)	광주지법 2013노2277 판결
주차시비, 숙소 있던 중 전화 받고 2m 이동 주차는 무죄	대구지법 2013노343 판결
대리기사 시비, 톨게이트 30m 운전 무죄(0.123%)	수원지법 2013노5782 판결
여자친구 다툼, 3차로 중 1차로 100m 운전 무죄(0.077%)	대법원 2012도12007 판결

🚨 긴급피난 판단

① 대리운전 기사가 이 사건 승용차를 정차하여 둔 도로는 공소사실에 적시된 새벽 시간에 장시간 승용차를 정차할 경우 사고의 위험이 상당히 높다고 보이는 사정,

② 피의자는 승용차를 운전하여 간 거리는 약 300m에 불과하여 피의자는 임박할지도 모르는 사고의 위험을 회피하기 위하여 필요한 만큼의 거리를 운전한 것으로 보이는 사정,

③ 피의자는 승용차를 안전한 곳에 정차하여 둔 후 경찰에 112로 자발적으로 신고하면서 자신의 음주운전 사실을 여과 없이 그대로 진술한 사정,

④ 피의자의 행위로 인하여 침해되는 사회적 법익과 그로 인하여 보호되는 법익을 형량하여 볼 때 후자가 보다 우월한 법익에 해당하는 사정을 알 수 있다. 비록 피의자가 대리운전 기사에게 화를 내면서 차에서 내리라고 말한 사정도 있기는 하나, 피의자의 운전은 자기의 법익에 대한 현재의 위난을 피하기 위한 상당한 이유 있는 행위에 해당하여 위법성이 조각된다고 판단하는 것이 합리적이다. 피의자가 지인이나 경찰에게 연락하지 아니하였다는 점을 근거로 긴급피난이 성립하지 아니한다고 보는 것은, 지인이나 경찰이 새벽시간에 음주운전 차량을 이동하여 줄 기대가능성이 현실적으로 높지 아니함에도 지인이나 경찰에 대한 연락행위를 형사처벌로 강제하는 취지여서 그 설득력이 떨어진다. 게다가 경찰에게 음주운전 차량을 이동시켜야 하는 업무까지 추가로 부과하는 것은 정책적으로도 타당하지 아니하다. 따라서 형법 제22조 제1항의 긴급피난에 해당하여 범죄로 되지 아니한다.

19. 음주운전 2회 이상 기준

형사처벌 **2회 이상 위반 기준은 2006년 6월 1일 이후**	**최초 적발 기준일은 법 개정이 있은 2006년 6월 1일이다.** 　2001년 7월 24일부터 2006년 5월 31일까지는 면허 유무와 상관없다. 이후 도로교통법이 술에 취한 상태로 0.05%에서 운전할 때로 개정되어 행정처분 횟수를 기준으로 삼았던 과거와 달리 현재는 음주운전 형사처벌의 횟수를 기준으로 삼고 있다고 해석함이 타당하다(대법원 2012도10269 판시 등). 2006. 5. 31. 이전 음주운전 금지규정이던 구)도로교통법 제41조 제1항까지 포함할 경우 제44조 제1항으로 한정한 죄형법정주의 처벌 규정에 반할 우려가 있다. 　2015.8.11. 음주측정거부도 음주사고에 포함시켰다. 　2019.6.24. 음주 전력 3회가 2회로 상향되었고, 음주측정거부도 음주운전 가중처벌 횟수에 포함시켰다.
행정처분 **음주운전 2회 기준은 2001년 7월 24일 이후**	**최초 적발 기준일은 법 개정이 있은 2001년 7월 24일이다.** 　당시 도로교통법시행규칙 제5조에서는 "이 규칙 시행 전에 받은 운전면허 취소 또는 정지의 처분은 운전면허의 취소처분을 위한 기준 횟수에 산입하지 아니하다."라고 규정되었다. 따라서 이후부터 현재까지 3회 이상 음주운전에 적발된 경을 말한다. 음주운전과 음주측정거부를 포함한다. 새롭게 취득한 운전면허로 재차 0.050% 이상인 상태로 운전하다 적발된 경우 면허취소 후 2년 결격처분을 받는다.
행정처분 **음주교통사고 2회 기준 2001. 6. 30. 이후 (2019. 6. 24. 이전은 1995. 7. 1. 이후 부터)**	**최초 음주사고 발생일 기준은 법 개정이 있은 1995년 7월 1일이다.** 　이후부터 현재까지 3회 이상 교통사고를 야기한 경우를 말한다. 교통사고의 결과는 인적피해 뿐만 아니라 물적 피해만 발생되었어도 음주사고 전력에 포함시킨다. 단순 물적 피해 교통사고가 교통사고경력에 포함되지 않는 것에 비하여 음주운전 물적 피해 교통사고의 의미는 같다고 볼 수 없다.

제2장
음주운전 단속

01. 음주단속 유형

경찰관 일제단속	대리기사 신고	주차 위해 잠시 운전
보행자와 시비	교통사고	앞차가 비틀거려요!
차 빼주세요!	숙취 운전	차에서 잠든 운전자
동승자와 다툼	단독 교통사고 사망	음주량 착각

02. 음주단속 피해 도주

음주단속 피해 도주	경찰이 막고 검거

🚨 경찰이 음주운전 용의차량을 추격하고 있다.

🚨 정지할 것을 지시하나 중앙선을 넘나들며 도주한다.

🚨 경찰차로 가로막았으나 후진과 전진 후 다시 도주한다.

🚨 도주하면서 확인된 난폭운전이나 뺑소니 등 범죄행위를 추가로 입건된다.

🚨 위드마크 계산식을 통한 운전 당시 음주 상태를 산술적으로 명확히 하게 된다.

⇒ 음주 처벌 수치 미달이더라도 신호위반 4회(60점) + 진로변경 4회(40점) + 중앙선침범
2회(60점) = 160점, 1년 합산 121점 이상 되어 면허취소 처분된다.

⇒ 0.03~0.080% 정지수치라도 중앙선 침범 위반이면 130점으로 면허취소 된다.

🚨 음주단속 피하려다 사망 사고

▶울산지방법원 2020. 6. 11. 선고 2020고단398 판결 : 징역 3년에 처한다.

피고인은 모닝 차량의 운전업무에 종사하는 사람이다.

피고인은 2019. 9. 23. 21:45경 혈중알코올농도 0.062%의 술에 취한 상태로 위 차량을
운전하여 울산 북구에 있는 도로를 방면에서 신명동 방면으로 진행하였다.

그곳은 중앙분리대가 설치되어 있었으므로 이러한 경우 자동차 운전업무에 종사하는 사람
으로서는 중앙분리대 우측 부분으로 통행하고 전후좌우를 잘 살펴 안전하게 운전하여야 할
업무상 주의의무가 있었다.

그럼에도 불구하고 피고인은 술에 취하여 이를 게을리 한 채, 그곳에서 음주운전을
단속 중인 경찰관을 보고 이를 회피하기 위하여 중앙분리대를 침범하여 진행한 과실로 피
고인의 진행방향 전방에서 차로를 따라 직진하던 피해자 운전의 i30 차량의 전면부를 위 모
닝 차량의 전면부로 들이받았다. 이로써 피고인은 위와 같은 업무상 과실로 피해자 이피해
에게 치료일수를 알 수 없는 우측 늑골 골절상 등을, 위 모닝 차량의 동승자인 피해자에게

약 12주간의 치료가 필요한 흉추 골절상 등을 각각 입게 하고, 피해차량의 동승자로 하여금 그 자리에서 심폐정지로 사망에 이르게 하였다.

03. 주차장에서 대리기사와 시비

🔟 대리기사를 통해 아파트 지하주차장까지 왔다.
🔟 요금, 주차장소, 주차 방법 등 논쟁이 시작된다.
🔟 술 취한 차주의 우발적 운전이 우려되고 위험하다.
🔟 실제 만취한 차주가 운전석에 올라탄 후 후진기어에 놓고 내린다.
🔟 차가 뒤로 이동되면서 다른 차량이 손괴되고 대리기사가 경찰에 신고했다.

⇒ 음주운전죄는 운전할 목적으로 시동을 켜고 출발기어를 놓는 것으로 성립된다.
⇒ 차주는 도로가 아니라고 하더라도 음주운전 죄로 형사처벌 된다.
⇒ 차주는 도로가 아닌 곳에서 운전함에 운전면허 정지취소는 되지 않는다.
⇒ 차주는 교통사고에 대한 민형사상 책임을 진다.

04. 농로 트랙터 음주운전

- 승용차가 농로 길 진행 중에 맞은편 트랙터 진행을 보고 멈췄다.
- 트랙터는 앞쪽에 볏단이 실려 있어 앞이 보이지 않는 상태이다.
- 승용차 운전자는 그 사실을 알리기 위해 경적을 여러 번 울렸다.
- 트랙터는 그 사실 모르고 계속 직진 후 승용차 앞부분을 충돌했다.
- 트랙터 운전자의 음주운전이 의심되는 상태이다.
⇒ 트랙터 등 농업기계는 음주운전 죄 적용대상 아니다.
⇒ 음주측정 대상 아니나 증거수집 위해 음주측정은 가능하다(도교법 제54조).
⇒ 물적 피해 합의되지 않으면 도교법 제151조 형사처벌 대상이 된다.
⇒ 인적 피해 발생하면 교특법 제3조 제1항, 형법 제268조 적용 받는다.
⇒ 피해보상 안 되면 민사소송 책임을 진다(피해자나 보험사에서 구상권 청구).

05. 신호대기 중 잠든 운전자

- 차적조회로 운전자를 특정한다.
- 차량의 범죄 용의점을 확인한다.
- 동승자 및 가족의 협조를 받아 측정을 유도한다.
- 동영상 촬영 및 참고인을 확보 등으로 증거확보 한다.
- 119구급대나 열쇠 수리 전문가 등 도움을 받아 문을 연다.
- 음주측정 불응으로 형사처벌 되고 운전면허도 취소될 수 있음을 고지한다.
- 필요한 경우 법원으로부터 영장을 받는다.

🚨 길거리 대리기사가 운전했다는 것은 변명

▶ **서울북부지방법원 2017.8.22. 선고 2017노608 판결 : 음주운전 유죄**

① 단속 당시 피고인의 차량은 시동과 전조등이 켜져 있었고, 기어가 드라이브(D) 위치에 있었던 점, 갓길에 주차된 다른 차량과 거의 맞닿아 있었던 점 등에 비추어 보면 단속 지점까지 누군가 피고인의 차량을 운전하여 이동한 것은 분명한 점(피고인도 이 점은 다투지 않고 있고, 다만 대리기사가 운전하다가 위와 같은 상태로 차량을 두고 가버렸다는 것임), ② 서울지방경찰청 112 종합상황실에 접수된 신고내역에 의하면, 당일 03:38경, 03:39경, 03:44경 3회에 걸쳐 신고가 접수되었고, 그 내용은 모두 "교통사고를 내고 사람이 나오지 않고 멈춰서 있다."는 취지인바, 위와 같은 내용에 비추어 보면 대리기사가 운전하다가 차를 두고 그냥 가버렸다는 피고인의 주장은 사실이 아닌 것으로 보이는 점, ③ 단속 당시 피고인 차량의 우측 옆면에는 앞바퀴 윗부분부터 시작하여 앞뒤 문, 뒷바퀴 윗부분에 이르기까지 연속해서 긁힌 자국이 선명하게 나 있었고, 경찰관이 긁힌 자국을 손으로 문질렀을 때 손에 묻어날 정도여서 접촉사고 후 시간이 오래 지나지 않았던 것으로 보이는데, 이 점에서도 위 112 신고내역과 부합하는 것으로 보이는 점, ④ 단속 이틀 후 실시된 현장조사에서 경찰이 피고인에게 단속 위치를 알려주었으나 피고인은 원래의 주차위치를 정확히 알지 못하였고, 술을 마셨다는 고깃집과 그 후 들렀다는 노래방의 대략적인 위치조차 지목하지 못하였으며, 단속지점 바로 앞에 있는 ○○○노래방인 것 같다고 진술하면서도 직접 들어가서 확인하기를 거부한 점, ⑤ 단속 당시 피고인의 차량은 갓길이 아니라 도로 2차로 중앙에 옆으로 비스듬히 주차된 상태에서 피고인 차량의 조수석 앞 범퍼 부분과 2차로 갓길에 주차되어 있던 다른 차량의 운전석 뒷 범퍼 부분이 접촉할 정도로 맞닿아 있었고, 기어가 드라이브(D) 위치에서 풋 브레이크가 걸린 상태로 발견되었는데, 대리기사가 요금문제로 실랑

이를 벌였다 하더라도 위와 같은 상태로 차량을 세워놓고 가버린다는 것은 매우 이례적이고, 이에 대하여 피고인이 항의하거나 차를 제대로 주차해 달라고 요구하였다는 정황은 없는 점 등의 사정을 종합하여 보면, 피고인의 주장처럼 대리기사가 운전한 것이 아니라 피고인이 직접 공소사실과 같이 음주운전을 한 것으로 충분히 추단할 수 있다.

06. 음주운전 변명

음주운전을 하게 된 이유
① 대리기사를 불렀으나 오지 않았다.
② 대리기사가 찾기 좋게 잠시 넓은 도로로 이동하였다.
③ 차 두고 가면 다음 날 불편하고 이동 거리가 짧다.
④ 술을 몇 잔 마시지 않았고 천천히 마셨으므로 나오지 않을 줄 알았다.
⑤ 술 마신 후 오랜 시간 지나서 수치가 나오지 않을 줄 알았다.
⑥ 비 오는 날이라서 음주단속 하지 않는 줄 알았다.
⑦ 새벽이라서 음주단속 하지 않는 줄 알았다.
⑧ 노래방과 사우나에서 시간 보냈으니 수치가 나오지 않을 줄 알았다.
⑨ 잠을 자고 나왔으니 수치가 나오지 않을 줄 알았다.
⑩ 예전에 소주 1병 마시고 운전했는데 음주측정 수치가 나오지 않았었다.

가. 자기합리화

음주운전에 적발되면 운전자는 당혹감이나 불쾌감, 수치심이 생긴다. 이러한 불안이나 불쾌감을 줄이기 위해 자신도 모르게 마음속에서 일어나는 여러 가지 변명거리가 음주운전자를 방어한다. 음주운전을 그만두게 하는 것이 아니라 난처한 상황만 모면하거나 핑계를 찾는 쪽으로 나타나기 때문에 음주운전 근절에는 도움이 되지 않는다.

나. 남의 탓

남의 탓으로 돌린다. 자신의 잘못이나 실수를 다른 사람이나 대상의 탓으로 돌려버린다. 대리운전 콜 센터로 여러 번 연락했는데 대리운전자가 안 왔다거나 대리운전자가 늦게 도착하여 음주운전을 하게 되었다거나 동료가 태워달라고 했다는 등의 이유로 자신의 음주운전을 남의 탓으로 돌리는 운전자들은 음주운전으로 반복하여 단속되는 경우가 많다.

다. 자기통제

음주량과 음주 후 적정시간 경과에 대해 주관적으로 평가하고 음주운전 상황을 통제할 수 있다고 믿는 경우는 음주운전 가능성이 증가한다. 한두 번의 음주운전에서 적발되지 않거나 사고도 일어나지 않을 경우 운전에 대한 자신감까지 갖게 되며, 사고 가능성을 낮게 본다. 처음에는 술 한잔 마시고 적발의 두려움을 가지고 음주운전을 했던 운전자라도 단속에 걸리지 않고 이러한 사례가 반복되면서 술의 양은 증가하며 단속 적발에 대한 두려움은 차츰 줄어든다.

07. 음주운전 예방 대책

○ 한 잔이라고 말하고 한 병 마신다.
○ 다른 나라는 알코올 중독자, 우리나라는 술 좋아하는 사람
○ 우리의 음주문화는 많은 양이 문제
○ 보통 일일 기준 정해진 술의 양에서 4~5잔만 넘어가도 위험 음주
○ 1회 음주량에서 젊은 남성은 5잔, 노인은 4잔이 넘으면 폭주로 분류
○ 숙취란 술에 몹시 취한 뒤의 수면에서 깬 후 불쾌감, 두통 등 증상을 말한다.
○ 자고 일어나면 술을 깼다고 생각하지만 체내의 알코올은 쉽게 분해되지 않는다.
○ 술을 마신 후에 바로 운전하는 음주운전의 상태와 비슷하다.
○ 많은사람들이 숙취운전에 대해 대수롭지 않게 생각한다.
○ 숙취 운전도 엄연한 음주운전이다.
○ 세계보건기구 기준으로 음주량 조절

하루 위험 음주량					
막걸리 1.3병	와인 3.5잔	맥주 500cc 3.5잔	위스키 4잔	소주 5잔	맥주 3병
1주일 위험 음주량					
막걸리 4.5병	와인 2.5병	맥주 500cc 12잔	위스키 반병	소주 2.5병	맥주 10병

음주운전을 예방 대책

🍺 나는 목적지가 가깝더라도 음주운전은 절대 하지 않겠다.

🍺 나는 술을 마시고 취하지 않더라도 운전을 절대 하지 않겠다.

🍺 나는 술을 한 잔이라도 마시면 절대 운전하지 않겠다.

🍺 나는 술을 마신 후 오랜 시간이 지났더라도 운전은 절대 하지 않겠다.

🍺 나는 술 마신 후에는 꼭 대중교통을 이용하거나 대리운전을 부르겠다.

08. 경찰청 음주단속 강화

○ 경찰은 교통사고를 예방하기 위해 적극적인 음주단속 활동을 한다.
○ 경찰은 교통단속처리지침을 마련하여 음주운전 단속 절차를 명확히 했다.
○ 경찰은 음주측정을 위한 사전 정보수집과 범죄혐의 추측 등 재량권을 가진다.
○ 맑은 물로 구강 내 알코올을 제거 후 즉시 측정(최종음주 후 20분 삭제)
○ 잔류 알코올을 헹궈낼 수 있도록 음용수 200ml(종이컵 한 컵) 만 제공
○ 음주차량 동승자 형사처벌 강화
⦿ 만취하여 차량을 운전하는 것이 어렵다는 것을 알면서도 동승한 자
⦿ 3회 이상 상습 음주운전 차량 동승한 자로서 음주운전 습벽을 아는 관계자
⦿ 음주측정을 거부나 공무집행 방해하는 운전자 행위에 가세하는 동승자
○ 1회 측정거부만으로도 음주측정거부죄 적용
⦿ 명시적 의사표시로 음주측정에 불응하는 때
⦿ 현장을 이탈하려 하거나 음주측정을 거부하는 행동을 하는 때
⦿ 명시적인 의사표시를 하지 않으면서 경찰관이 음주측정 불응에 따른 불이익을 5분 간격으로
  3회 이상 고지(최초 측정 요구시로부터 15분 경과) 했음에도 계속 음주측정에 응하지 않은 때

09. 외국인 음주운전

　주한 미국군인 또는 군속이 주한 미군용 차량을 운전 중 교통법규를 위반한 경우에는 범칙자가 밝혀진 경우 범칙금 통고서가 발부된다. 통고처분을 이행하지 아니한 경우에는 즉결심판 출석통지서를 가까운 주한미군 차량등록소에 통보된다. 주한 외교관(가족 포함) 또는 외국공관(대사·공사·대표·국제기구) 자동차가 교통법규를 위반한 경우에는 내국인과 같이 동일하게 처리되고, 이 경우 통고처분 또는 과태료처분을 불이행한 사람은 외교부(외교사절 담당관)에 그 사실을 서면으로 통보된다. 통고처분 하였으나 통고처분을 불이행한 경우 외교 관계에 관한 비엔나 협약에 의거 즉결심판을 청구하지 아니하고 주한 외국공관에 고용된 외국인 행정·기능직원(가족 포함)은 공·사무와 관계 없이, 외국인인 노무직원은 공무수행 중인 경우에 한하여 같이 처리된다. 다만, 주한 외국공관 자동차를 내국인이 운전한 경우에는 그러하지 아니하다.

외국인에 대한 적발유형별 처리 요령			
구분	소지 면허별 처리요령		
	국내면허증	국제면허증	면허가 없는 경우
통고처분	◍ 국내인과 동일하게 처리 ※ 외국인 등록번호가 있는 경우도 국내인가 동일하게 처리	◍ 통고 시 여권번호 기입 ◍ 조회기로 발부 시에는 주민번호란에 '생년월일 5(또는 6, 7, 8) 00000'를 입력 후 여권번호를 입력 ◍ 통고처분 불이행 시 즉결심판 청구 ※국내면허 결격기간 중 국제면허증으로 운전한 경우 무면허운전으로 처리	◍ 좌와 같은 방법으로 범칙금납부통고서 발부 ◍ 운전 시에는 무면허운전으로입건, 결격기간 입력
주취운전 단순	◍ 국내인과 동일하게 처리	◍ 주취운전적발보고서 발부 ◍ 0.03%~0.08% 미만 : 면허증 회수, 100일간 보관 후 반환 ※ 보관기간 중에 출국할 경우 증빙서류 확인하여 반환 ◍ 0.08% 이상 : 면허증 회수, 출국시 반환	◍주취운전적발보고서 발부 ◍ 무면허 음주 입건 ◍ 결격기간 입력
주취운전 사고		◍ 주취운전적발보고서 ◍ 면허증 회수, 출국 시 반환	◍ 주취운전적발보고서 발부 ◍ 무면허 음주 입력 ◍ 결격기간 입력

10. 음주단속 유형별 처리

구 분		음주단속 유형별 처리
면허 상태	정상	ⓜ 주취운전자적발보고서 발부 ⓜ 해당벌점 입력
	정지·취소 결정대상자	ⓜ 주취운전자적발보고서 발부 ⓜ 정지결정대상자에 한해 해당 벌점입력 ⓜ 정지결정대상자에 한해 벌점초과시 면허취소 ⓜ 면허증회수 ※ 정지결정대상자가 즉시 취소처분 받기를 원하는 경우 취소사전통지서 및 취소결정통지서 발부 ※ 즉시 행정처분을 집행할 수 없을 경우 임시운전면허증을 교부 할 수 있음
	정지·취소 집행대상자	ⓜ 주취운전자적발보고서 발부 ⓜ 정지집행대상자에 한해 해당 벌점입력 ⓜ 정지집행대상자에 한해 벌점초과시 면허취소 ⓜ 면허증회수 ※정지처분집행 개시일 전일까지 유효한 임시운전면허증교부
	정지 상태	ⓜ 주취운전자적발보고서 발부 ⓜ 무면허 형사입건 ⓜ 면허취소 ⓜ 결격기간 입력 － 단순 : 1년 － 사고 : 해당기간
	취소 상태	ⓜ 주취운전자적발보고서 발부 ⓜ 무면허 형사입건 ⓜ 결격기간 입력 － 단순 : 1년 － 사고 : 해당기간
	미취득	ⓜ 주취운전자적발보고서 발부 ⓜ 무면허 형사입건 ⓜ 결격기간 입력 － 단순 : 1년 － 사고 : 해당기간
14세 미만자		ⓜ 주취운전자적발보고서 발부 ⓜ 촉법소년(12세이상~14세미만)만 소년범 처리

11. 음주단속 차량 강제견인

○ 운전자가 희망하는 경우 대리기사나 가족에게 인계된다.
○ 자치단체 견인대행업체를 이용 가능한 경우 음주운전 차량은 견인 조치된다.
○ 견인 및 보관 비용은 음주운전자 부담임을 고지하고 견인료는 도교법 시행령 제15조에 따라 지방자치단체 조례에 의거하여 부과됨을 안내하게 된다.
○ 견인 대행업체가 없으면 관내 견인 차주 협조를 받아 경찰서로 이동조치 된다.
○ 이때도 견인 비용은 음주운전자 부담임을 고지하고 안내서 등이 발부된다.

🔔 〔도로교통법〕

제35조(주차위반에 대한 조치) ① 다음 각 호의 어느 하나에 해당하는 사람은 제32조, 제33조 또는 제34조를 위반하여 주차하고 있는 차가 교통에 위험을 일으키게 하거나 방해될 우려가 있을 때에는 차의 운전자 또는 관리 책임이 있는 사람에게 주차 방법을 변경하거나 그 곳으로부터 이동할 것을 명할 수 있다.
1. 경찰공무원
2. 시장등(도지사를 포함한다. 이하 이 조에서 같다)이 대통령령으로 정하는 바에 따라 임명하는 공무원(이하 "시.군공무원" 이라 한다)
※ 정차·주차 위반에 대한 조치불이행 승합 5만원, 승용 4만원, 이륜 3만원

구난형 특수자동차 운임, 요금표

(화물자동차 운수사업법 제5조, 동법 시행령 제4조)

(단위 : 원)

톤급별 거리별	2.5톤	2.5톤~6.5톤	6.5톤 이상
10km 까지	51,600	64,700	102,500
15km 까지	60,000	75,500	118,700
20km 까지	68,300	86,300	134,800
25km 까지	76,700	97,100	151,100
30km 까지	85,100	107,900	167,200
35km 까지	93,500	118,700	183,400
40km 까지	101,900	129,500	199,600
45km 까지	110,300	140,300	215,800
50km 까지	118,700	151,100	232,000
55km 까지	127,100	161,900	248,200
60km 까지	135,500	172,700	264,300
65km 까지	143,900	183,400	280,600
70km 까지	152,300	194,200	296,700
75km 까지	160,700	205,000	312,900
80km 까지	169,100	215,800	329,100
85km 까지	175,000	226,600	345,300
90km 까지	183,300	237,400	361,400
95km 까지	190,300	248,200	377,700
100km 까지	198,400	259,000	393,800
100km 초과 시 매 10km 마다 가산	16,800	21,600	32,400

　다음의 특수한 작업조건 하에서는 기본운임, 요금의 30%를 가산한다.

1) 시간당 50mm 이상의 심한 폭우 또는 폭설로 작업이 위험한 경우

2) 야간(20:00~익일 06:00), 휴일 또는 법정공휴일

3) 10톤 이상 대형차량, 냉동차, 냉장차

4) 배기량 3,000cc 이상 승용차

5) 다만, 화약류, 유류, 방사선, 고압가스 등으로 인정되는 경우는 50% 할증 적용

🔔 경찰관 속이고 차량 열쇠 반환받고 운전 중 사망사고
▶ 대법원 1998. 5. 8. 선고97다54482 판결 〔구상금〕

　주취 상태에서의 운전은 도로교통법 제41조의 규정에 의하여 금지되어 있는 범죄행위임이 명백하고 그로 인하여 자기 또는 타인의 생명이나 신체에 위해를 미칠 위험이 큰 점을 감안하면, 주취운전을 적발한 경찰관이 주취운전의 계속을 막기 위하여 취할 수 있는 조치로는, 단순히 주취운전의 계속을 금지하는 명령 이외에 다른 사람으로 하여금 대신하여 운전하게 하거나 당해 주취운전자가 임의로 제출한 차량열쇠를 일시 보관하면서 가족에게 연락하여 주취운전자와 자동차를 인수하게 하거나 또는 주취 상태에서 벗어난 후 다시 운전하게 하며 그 주취 정도가 심한 경우에 경찰관서에 일시 보호하는 것 등을 들 수 있고, 한편 주취운전이라는 범죄행위로 당해 음주운전자를 구속·체포하지 아니한 경우에도 필요하다면 그 차량열쇠는 범행 중 또는 범행 직후의 범죄장소에서의 압수로서 형사소송법 제216조 제3항에 의하여 영장 없이 이를 압수할 수 있다.

　경찰관의 주취운전자에 대한 권한 행사가 관계 법률의 규정 형식상 경찰관의 재량에 맡겨져 있다고 하더라도, 그러한 권한을 행사하지 아니한 것이 구체적인 상황하에서 현저하게 합리성을 잃어 사회적 타당성이 없는 경우에는 경찰관의 직무상 의무를 위배한 것으로서 위법하게 된다. 음주운전으로 적발된 주취운전자가 도로 밖으로 차량을 이동하겠다며 단속경찰관으로부터 보관중이던 차량열쇠를 반환받아 몰래 차량을 운전하여 가던 중 사고를 일으킨 경우, 국가배상책임(10%)을 인정한 사례.

제3장
음주측정 방법

01. 음주측정기

1) 호흡조사

경찰관은 교통의 안전과 위험방지를 위하여 필요하다고 인정하거나 술에 취한 상태에서 자동차를 운전하였다고 인정할 만한 상당한 이유가 있는 경우에는 운전자가 술에 취하였는지를 호흡조사로 측정할 수 있다. 이 경우 운전자는 경찰관의 측정에 응하여야 한다. 호흡측정 결과에 불복하는 운전자는 혈액 채취 등의 방법으로 다시 측정할 수 있다(도로교통법 제44조 제2항 제3항). 호흡조사 방법은 음주측정기에 의한 측정을 말한다. 혈액의 채취는 신체의 완전성을 침해하는 행위이기 때문에 통상 사전테스트 목적으로 음주측정기가 사용된다. 호흡측정을 한 후에 이의가 있을 경우 채혈할 수 있도록 규정되었으므로 운전자가 호흡측정을 할 수 있음에도 처벌을 피하고자 호흡측정을 피하면서 채혈측정을 요구할 경우 음주측정거부죄로 처벌될 수 있다.

2) 음주측정기 종류

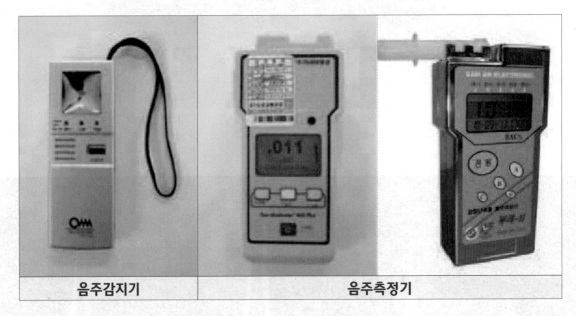

음주감지기	음주측정기

- ○ 음주측정기는 SD-400, 400plus, SA-2000P 등이 있다.
- ○ 자가진단기능, 자동알코올 소거 기능 등을 갖추고 있다.
- ○ Heating 장치가 있어 온도의 영향을 거의 받지 않는다.
- ○ 내장된 프로그램에 의해 측정 결과가 200회 자동 저장된다.
- ○ 오작동이나 수치 조작 및 잔류 알코올의 영향을 받지 않는다.

○ 음주측정기 방식은 용이성, 편리성, 신속성, 경제성 등 장점이 있다.

3) 음주측정기 원리

○ 혈중알코올농도는 섭취한 알코올양에 비례한다.

○ 혈중알코올농도(Blood Alcohol Concentration) 수치는 형사처벌 기준이다.

○ 입김이 음주측정기를 통과하면서 디지털 수치로 환산된다.

○ 몸속의 알코올의 양을 몸에 있는 모든 수분의 양으로 나눈 것을 의미한다.

○ 호흡측정기에 의한 측정은 장에서 흡수되어 혈액 중에 용해되어 있는 알코올이 폐를 통과하면서 증발하여 호흡 공기로 배출되는 것을 측정하는 방법이다.

○ 혈중알코올농도 표기는 % 또는 mg/ml인데, 우리나라는 %를 사용한다.

4) 음주측정기 오차 대비

○ 음주측정기는 과학적 장비기계이나 오차가 없을 수 없다.

○ 개인의 혈중알코올 흡수 및 분해 능력, 섭취한 음식의 소화 여부, 측정 당시의 체온 및 호흡의 온도 변화 등에 따라 측정 수치에 차이가 발생한다.

○ 음주측정기 고유의 오차를 5% 범위로 인정하고 있어 실제 음주 측정값보다 5% 낮은 수치를 측정기에 표시하도록 하고 있다.

○ 1차 제조업체에서 점검을 한다. 4개월에 1회(연 3회) 실시하는데 도로교통단 점검 전 측정기 제조업체에서 측정기 부품의 기능 검사 및 동작 오류를 보완한다.

○ 2차 도로교통공단에서 점검을 한다. 일정한 농도의 알코올이 포함된 표준가스를 장비에 불어 넣어 측정의 정확도를 점검한다(0.03%의 알코올이 포함된 가스를 측정기에 주입, 오차범위 ±5% 내로 측정기에 표시되는지 여부를 확인하는 국제적으로 공인된 점검 방법). 도로교통공단 점검 중 부적합한 장비가 발생될 시 제조업체에서 센서수리 등 재정비한다.

○ 음주측정기 오차범위를 줄이기 위해 향후 '알코올 표준가스 점검법'이 도입될 예정이다. 0.03%의 알코올이 포함된 가스를 측정기에 주입, 오차 범위 ±5% 내로 측정기에 표시되는지 여부를 확인하는 국제적으로 공인된 점검법이다.

02. 신속한 음주측정

음주운전 죄는 운전 당시 혈중알코올농도 0.03% 이상인 경우를 처벌하는 규정이다. 법원은 만일 혈중알콜농도의 하강기간이라면 위드마크 공식에 의한 역추산 방식이 적용이 가능하나 최고치를 향하여 상승하고 있는 시기라면 혈중알콜농도의 분해소멸에 관한 위드마크 공식을 사용하여 혈중알콜농도를 확인할 수 없음을 전제로 음주측정이 하강기간이라고 단정할 수 없는 시기에 이루어져 운전 당시 음주수치를 추정하기도 어렵다는 취지로 무죄를 선고하고 있다. 최근 도로교통법의 개정으로 혈중알코올농도 0.03%이상, 0.08%~0.2%, 0.2% 이상을 기준으로 법정형을 달리하고 있어 혈중알코올농도의 수치는 과학적, 구체적으로 입증할 필요성 있다. 경찰은 교통사고 현장에서 음주측정을 실시하여 운전과 측정시의 시간의 차이를 최소화하고 음주시간, 음주량, 술을 마신 경위 등을 추가로 조사하게 된다.

사례1) 서울북부지법 2013노196 판결 : 0.107% 무죄

[19:20 음주시작 → 20:10 음주종료(50분 경과) → [20:20] 운전시작(10분 경과) → [21:23] 호흡측정(63분 경과) ∴ 0.107%

⇒ 측정에 의한 혈중알코올농도(0.107%)는 음주운전(20:20) 당시의 수치 아니다.
⇒ 음주 후 30분부터 90분 사이에 혈중알코올농도가 최고치에 이르다가 점차 감소하는데, 하강기라면 역추산이 가능하나 상승기는 역추산이 불가하다.
⇒ 하강기라고 단정할 수 없어 운전당시 음주수치는 추정 불가하다.

사례2) 서울북부지법 2013노457 판결 : 0.123% 무죄

[22:00] 음주시작 → [01:10] 음주종료(190분 경과) → [01:25] 운전시작(15분 경과) → [02:55] 호흡측정(115분 경과) ∴ 0.121%

⇒ 측정에 의한 혈중알코올농도(0.121%)는 음주운전(01:25) 당시의 수치 아니다.
⇒ 최종 음주한 시간과 운전한 시간적 간격이 15분에 불과하여 상승 구간인지, 하강구간인지 확정할 수 없어 음주수치를 인정할 수 없다.

사례3) 서울북부지법 2013노543 판결 : 0.255% 무죄

[10:00] 음주시작 → [11:30] 음주종료(90분 경과) → [11:55] 운전시작(25분 경과) → [12:54] 호흡측정(84분 경과) ∴ 0.253%

⇒ 측정에 의한 혈중알코올농도(0.253%)는 음주운전(11:55) 당시의 수치 아니다.
⇒ 최종 음주한 시간과 운전한 시간적 간격이 최소 25분에서 최대 1시간 55분으로 상승 구간인지, 하강구간인지 확정할 수 없어 혈중알코올농도 추정 불가하다.

03. 음주측정 방법 고지

1) 경찰관 질문의 법적 성격
- ○ 피의자신문으로 보기는 어렵다.
- ○ 음주측정거부죄 형사처벌이 될 수 있다.
- ○ 음주측정거부는 진술거부권 아니다(헌재 96헌가11).
- ○ 경찰관이 차 안에서 술 냄새를 인지한 경우에 술 냄새가 왜 나는지 그 원인에 대해 질문하는 시점에서는 신문상황이 존재하지 않는다.
- ○ 운전자도 피의자가 아니라서 경찰관의 질문은 피의자신문에 해당되지 않는다.
- ○ 따라서 음주측정에 대한 사전 진술거부권 고지 의무는 없다.

2) 음주측정 전
- ○ 즉시 측정하는 것을 원칙으로 한다.
- ○ 1명 이상의 경찰관이 측정현장에 참여한다.
- ○ 음용수 200ml(종이컵 한컵)이 제공된다.
- ○ 필요한 경우 영상촬영하여 증거로 남긴다.
- ○ 음주측정기 작동원리를 고지받는다.
- ○ 1회당 1개 음주측정용 불대(Mouth Piece)를 사용된다(대판 2005도7528).
- ○ 0.03% 이상이면 형사처벌 됨을 고지한다.

3) 음주측정 후
- ○ 측정된 수치를 확인시킨다.
- ○ 0.030% 이상으로 형사입건 대상임을 알린다.
- ○ 현행범인 체포의 필요성이 있는 경우 그 사실을 알린다.
- ○ 필요한 경우 위드마크식 합산될 수 있음을 알린다.
- ○ 수치에 이의가 있을 경우 즉시 채혈측정 할 수 있음을 알린다.
- ○ 운전면허 행정처분이 뒤따르게 됨을 알린다.
- ○ 경찰서 출석일자 등 이후 처리과정을 알린다.
- ○ 음주운전 차량은 가족 등과 연락하여 찾아가도록 한다.
- ○ 협조에 응해주셔서 감사하다는 인사를 한다.

04. 경운기 운전자 음주측정

경운기가 농로에 전복되어 경운기 탑승자가 사망했다. 경찰관은 경운기 운전자가 술에 취해 좁은 농로에서 핸들 조향을 명확히 하지 못하여 사고로 이어진 것을 확인했다. 경운기는 도로교통법 제2조 제18호, 제19호 및 자동차관리법 제2조 제1호, 동법 시행령 제2조 제2호 규정에 따라 자동차나 원동기장치자전거에 해당되지 않아 음주운전 단속대상이 아니다. 음주운전은 사고원인의 중요한 요인이 될 수 있어 음주수치는 중요한 단서가 된다. 도로교통법 제54조 제6호, 동법 시행령 제32조 제4호에서 경찰공무원은 교통사고가 발생된 경우에 술에 취한 상태에서 운전을 했는지를 조사하도록 규정되었다. 교통사고처리 특례법 제2조 제2호에서 '교통사고'란 차의 운전으로 인하여 사람을 사상하거나 물건을 손괴한 것을 말한다고 규정되었고, 경운기는 도로교통법 제2조 제17호 규정에 따라 차에 해당되고 경운기를 운전자가 운전 부주의로 사람을 사망케 한 경우 교통사고처리 특례법을 적용받는다. 음주측정기 사용은 형사처벌을 목적으로 하는 것 외에도 증거수집을 위한 자료로 활용되어 진다. 경운기 운전자가 측정에 응하지 않을 경우 그 사유와 음주운전 정황을 수사기록에 남겨 사고원인 분석과 형사 처벌 증거자료로 사용된다.

05. 입 안 헹구고 측정할 기회 제공

음주운전 죄는 혈중알코올농도가 0.03% 이상인 상태에서 운전한 것을 처벌하는 규정이다. 호흡측정의 경우 일정한 호흡을 통해 측정하다 보니 입안에 남아 있는 알코올성분이 측정 수치에 영향을 줄 수 있어 판례에서는 입안을 헹구지 않고 측정할 결과 수치에 대해 증거로 채택하지 않으면서 무죄가 선고된다(대판 2013도15968, 대판 2009도1856, 대판 2008도5531, 대판 2005도7034 등). 단속 경찰관은 음주측정 전에 입안에 남아 있는 잔류 알코올을 제거하기 위해 맑은 물을 주어 입안을 헹구도록 한다. 운전자는 호흡측정 수치에 이의가 있을 경우 채혈측정을 요구할 수 있다. 경찰관이 호흡측정 전에 입안을 헹구도록 했음에도 운전자가 정당한 사유 없이 입안을 헹구지 않고 측정에 임하였고, 이후 호흡측정수치가 나왔음에도 채혈측정 요구를 하지 않았다면 운전자 스스로 음주측정 수치를 인정하는 것으로 판단해야 한다. 음주운전죄 처벌은 음주측정 수치에 더해 운전자가 어디서 어떤 술을 얼마나 마셨고, 운전 당시 얼마나 취했는지 등을 종합적으로 판단한다.

입안을 헹구지 않은 경우 음주운전죄	
소주 가글, 입안에 남아 있는 알코올 영향으로 무죄이다.	의정부지법 2017구단6042 판결
채혈 동의했으면 채혈 결과 수치 증거사용 사용 가능하다.	대법원 2014도16051 판결
입안을 헹구지 않고 측정하였으므로 무죄이다.	대법원 2013도15968 판결
경미하게 초과하여 구강 내 알코올 영향 무죄이다.	수원지법 2010노811 판결
음주 종료 후 4시간 지났더라도 입 헹구지 않아 무죄이다.	대법원 2009도1856 판결
구강 내 잔류알코올 제거하지 않아 무죄이다.	대법원 2008도5531 판결
채혈 측정을 요구하지 않아 1차 호흡측정 수치로 처리한다.	대법원 2008도2170 판결
입 헹굴 기회를 주지 않았으므로 무죄이다.	대법원 2005도7034 판결
1개의 불대로 5분간 5회 연속 측정하여 무죄이다.	대법원 2005도7528 판결

🔔 경찰관이 입안을 헹굴 수 있도록 허용한 것으로 족하다
▶ 울산지방법원 2017. 4. 27. 선고 2016구합1121 판결

음주운전 단속 당시에 경찰관은 원고에게 작은 종이컵에 물을 따라 주어 이를 마시게 하였을 뿐, 입을 충분히 헹굴 수 있을 만큼의 물을 제공하지 않았고, 음주측정기로 1회 측정하여 나온 수치를 적용하는 등 원고에 대한 음주측정 방법에 있어서 중대한 과실이 있으므로, 위 측정 결과에 기초한 이 사건 처분은 위법하다고 주장했다. 법원은 음주측정 일시는 22:21경으로 최종음주 시간인 같은 날 21:30경으로부터 20분 이상 경과하여 음주측정이 이뤄졌을 뿐 아니라 단속 경찰관이 원고에게 일정량의 물을 제공하여 입을 헹굴 수 있도록 한 후

에 음주측정을 하였으므로 음주측정 전에 원고의 입속에 잔존할 수 있는 알코올을 제거하기 위한 충분한 조치를 취하였다고 볼 수 있는 점, 원고에 대하여 호흡측정을 실시한 결과 원고의 혈중알코올농도가 0.140%로 나왔고 이에 단속 경찰관이 원고에게 위 호흡측정 결과가 부당하다고 생각하면 혈액측정을 할 수 있다고 고지하였음에도 원고는 위 측정결과에 이의를 제기하지 아니하고 혈액측정을 요구하지도 않은 점 등을 종합하여 보면 원고에 대한 음주측정 방법에 어떠한 위법이 있다고 보기 어렵다. 따라서 운전면허 취소는 정당하다.

06. 음주측정 재현을 통한 증거확보

경찰관은 운전자의 행적수사를 통해 누구와 어떤 술을 얼마나 마셨고 금액은 얼마이고 술 마신 곳 주변의 CCTV 등 조사를 통해 혐의점을 보강해야 하고 범죄사실 추궁하는 등 적극적인 조사를 한다. 실제 구강내 알코올 성분이 측정수치에 영향을 미쳤고, 처벌수치 미만의 술을 마셨음에도 채혈에 대한 두려움 등으로 측정수치를 인정하는 경우가 있을 수도 있어 조사를 통해 명확히 밝힌다. 운전자에 대해 구강 내 알코올농도 성분이 측정수치에 영향을 미쳤는지에 대해 직접 테스트하여 그 결과를 수사기록에 첨부하여 법관으로 하여금 신뢰를 갖도록 하는 경우도 있다.

구강 내 잔류 알코올농도 실험을 통한 증거수집
① 음주측정 동의서를 받는다.
② 참고인을 참석케 한다.
③ 첫 측정을 통해 0.000% 확인한다.
④ 술을 마시게 한다.
⑤ 시간 경과 후 입 헹굼 없이 측정한다.
⑥ 시간 경과 후 맑은 물로 입안 헹구게 하고 측정한다.
(2회 반복)

07. 음주측정기 오작동 재측정 가능 여부

음주운전에 대한 수사 과정에서 음주운전 혐의가 있는 운전자에 대하여 도로교통법 제44조 제2항에 따른 호흡측정이 이루어진 경우 그에 따라 과학적이고 중립적인 호흡측정 수치가 도출된 이상 다시 음주측정을 할 필요성은 사라졌다. 운전자의 불복이 없는 한 다시 음주측정을 하는 것은 원칙적으로 허용되지 않는다. 그러나 운전자의 태도와 외관, 운전 행태 등에서 드러나는 주취 정도, 운전자가 마신 술의 종류와 양, 운전자가 사고를 야기하였다면 사고 경위와 피해의 정도, 목격자들의 진술 등 호흡측정 수치를 얻은 것만으로는 수사의 목적을 달성하였다고 할 수 없어 추가로 음주측정을 할 필요가 있다면 재측정은 가능하다(대판 2014도16051).

교통사고를 낸 운전자가 소주 2~3병 마셨다고 자백하고 비틀거리고 술 냄새가 진동하고 음주감지기를 통해서도 만취운전임이 확인된다. 경찰관이 맑은 물로 입 안 헹구게 하고 절차에 따라 음주측정기로 측정했으나 날씨가 추워짐에 음주측정기 오작동의 의심이 되고 피측정자가 침과 호흡을 함께 불면서 처벌수치 미만으로 측정된 경우 훈방을 할 것이냐 다시 한번 더 측정할 것이냐 선택하게 된다. 이 경우 음주측정기의 오류 등 합리적인 의심이 있으면 음주측정기를 바꿔 재측정 하는 등 적극적인 수사활동을 권한다. 이때 운전자에게 기계의 오류가 있어 다시 측정하게 되었다는 점과 이후 측정수치 결과에 이의가 있을 경우 채혈할 수 있음을 고지한다. 운전자의 동의를 얻어 재측정 없이 채혈측정 한다. 운전자가 경찰관의 재측정 요구를 거부할 경우 음주측정기가 정기적으로 이상 유무에 대해 교정을 받고 있고, 해당 음주측정기가 불특정 다수인을 대상으로 음주측정을 해 온 점, 실제 음주측정기에 의해 측정이 된 상태이므로 현실적으로 음주측정거부의 죄를 묻기는 어렵다. 대법원 2015. 7. 9. 선고 2014도16051 판결에서는 호흡측정결과 0.024% 나온 피고인이 호흡측정 결과를 알면서도 경찰관의 설득에 따라 혈액채취에 순순히 응하여 혈액채취 동의서에 서명·무인하였고 그 과정에서 경찰관이나 피해자들의 강요를 받았다는 정황이 없는 점, 경찰관이 음주운전 혐의를 제대로 밝히기 위하여 피고인의 자발적인 동의를 얻어 혈액채취에 의한 측정방법으로 다시 음주측정을 한 조치를 위법하다고 할 수 없고 이를 통하여 획득한 혈액측정 결과 또한 위법한 절차에 따라 수집한 증거라고 할 수 없다며 국과수 채혈결과인 0.239%를 유죄의 증거로 인정하였다. 채혈 측정으로 안내하여 정확한 음주수치를 확인하는 것이 좋은 방법이나 이런 음주측정 방법이 경찰권의 남용이나 지나친 수사권 행사라는 비판이 있을 수 있으나 음주측정기의 오작동이 합리적으로 의심되면 합리적인 방법으로 재측정을 하는 방법이 적극 검토되어야 하고 운전자는 이에 응해야 한다. 물론 음주측정기에 측정이 되었고 음주측정기에 특별한 고장사유가 존재하지 않는다면 재측정을 하지 않았다고 하여 문제 삼을 이유는 없다.

08. 호흡측정 후 채혈측정 요구 시간

▣ 도로교통법에서 합리적 시간은 따로 규정하지 않았다.
▣ 음주운전 죄 처벌기준은 운전 당시 혈중알코올농도 0.03% 이상이다.
▣ 시간이 경과 되어 음주측정을 하게 될 때 신뢰성이 떨어진다.
▣ 경찰관은 음주운전자로 확인된 사람에게 주취운전자 적발보고서를 발급하기 전에 음주측정 결과와 채혈에 의하여 다시 측정할 수 있음을 명확히 고지한다.
▣ 채혈측정 거부의사 있다가 상당시간 지내 채혈측정 요구 하는 경우 있다.
▣ 주취운전자적발보고서 작성이 완료되면 채혈을 해주지 않는다.
▣ 교통단속처리지침 제31조 제7항에서 주취운전자적발보고서 작성이 완료된 후에는 운전자의 요구가 있더라도 다시 호흡측정(측정거부자) 또는 채혈 측정을 하여서는 아니 된다고 규정하였다. 경찰관은 운전자가 채혈 측정 의사가 없었다거나, 시간당 감소치를 기대하고 의도적으로 시간을 벌기 위했다는 등의 객관적인 증거를 확보하고 수사기록에 남긴다.

09. 경찰관의 채혈측정 고지의무

경찰관이 잘못된 정보에 기반하여 피의자를 설득하여 결국 피의자가 채혈에 의한 음주측정을 받지 못하게 된 경우도 실질적으로 경찰관에 의해 채혈에 의한 음주측정이 거부된 것과 같은 사안으로 해석될 수 있다. 도로교통법 제44조 제3항에서 제2항에 따라 술에 취하였는지를 측정한 결과에 불복하는 운전자에 대하여는 그 운전자의 동의를 얻어 혈액 채취 등의 방법으로 다시 측정할 수 있다. 대법원 2001도7121 판결에서 경찰공무원이 운전자의 정당한 요구에도 불구하고 혈액채취의 방법에 의한 측정을 실시하지 않았다면 위 호흡측정기에 의한 측정의 결과만으로 주취운전 사실을 증명할 수 없다며 무죄를 선고했다.

채혈 측정 요구의 정당성	
음주측정 2시간 지나 혈액 요구는 정당하지 않다.	대법원 2015도9604 판결
골절상 입어 호흡측정 불가로 음주측정거부 무죄이다.	대법원 2013도6787 판결
상당시간 지나 채혈했으면 참고자료로만 활용한다.	대구지법 2011노1895 판결
경찰관은 채혈권리 고지 의무 없다.	대법원 2011도11279 판결

지체 장애 3급 호흡측정 불가로 무죄이다.	대법원 2010도2935 판결
혈액검사 없으면 호흡측정결과로 처리한다.	서울동부지법 2010노1811 판결
채혈 요구 없어 1차 호흡측정 수치로 처리한다.	대법원 2008도2170 판결
경찰관이 지연하여 채혈을 해 줬더라도 책임 없다.	대법원 2006다32132 판결
채혈요구 거부한 경찰관 민사책임 없다.	대법원 2006다32132 판결
교통사고 중상 입어 3시간 20여회 음주측정 무죄이다.	대법원 2005도7125 판결
경찰관 채혈 지연 소송대상이 아니다.	대법원 2005다23438 판결
호흡측정 수치보다 채혈결과가 적용된다.	대법원 2003도6905 판결
채혈측정 거부하도록 강요하지 않았으면 적법하다.	대법원 2002도4220 판결
1시간 경과하여 한 채혈요구 거절은 정당하다.	대법원 2001도7121 판결

10. 채혈측정 방법

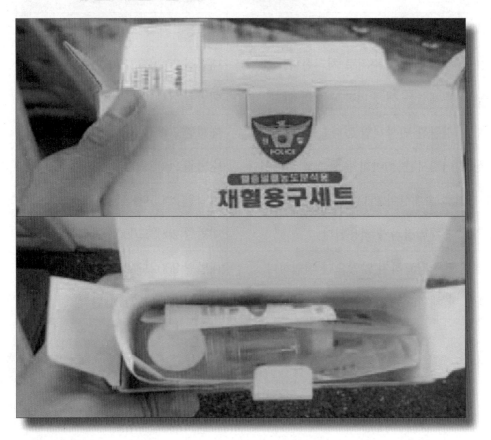

구 분	내 용
채혈방법	🔹 의사 및 간호사 등 의료인에 의하여 채혈 🔹 비알콜성 소독약을 사용하여 정맥혈을 채취
채취용기	🔹 항응고제 및 부패방지제(0.2%, NaF 등) 함유된 깨끗한 용기(E.D.T.A 등) 채혈 🔹 휘발이 되지 않도록 즉시 밀봉한 후 입회자 봉인 날인 🔹 채취일자, 장소, 채취자의 성명, 피채혈자(대상자)의 성명 및 나이, 혈액형 기재 🔹 담당경찰관 서명 날인
보관방법	🔹 4℃ 냉장 보관
감정기간	🔹 채혈 즉시 🔹 또는 빠른 시간 내(늦어도 익일까지)

〈 참고사항 〉
🔹 '채취용기'는 지정된 용기에 채취하여야 하고 지정된 용기가 아닌 필름통 등 사용 금지
🔹 파손되지 않도록 견고하게 포장하여 감정기관에 송부

🚨 채혈측정 흐름도

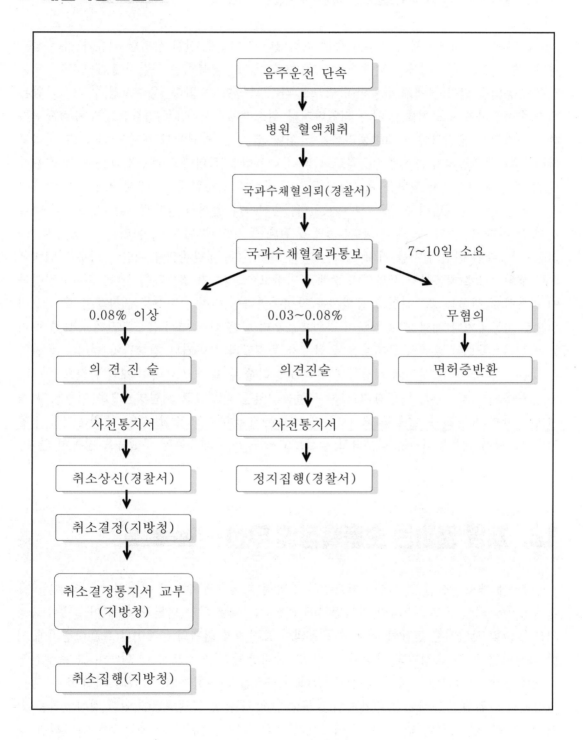

음주운전 단속

↓

병원 혈액채취

↓

국과수채혈의뢰(경찰서)

↓

국과수채혈결과통보

7~10일 소요

0.08% 이상

↓

의 견 진 술

↓

사전통지서

↓

취소상신(경찰서)

↓

취소결정(지방청)

↓

취소결정통지서 교부
(지방청)

↓

취소집행(지방청)

0.03~0.08%

↓

의견진술

↓

사전통지서

↓

정지집행(경찰서)

무혐의

↓

면허증반환

11. 운전자의 채혈된 혈액 반환 요구

도로교통법 제44조에서 누구든지 술에 취하였다고 인정할 만한 상당한 이유가 있는 경우 경찰관의 호흡조사 측정에 응해야 하고 호흡측정 결과에 불복하는 운전자에 대해서는 그 운전자의 동의를 받아 혈액채취 등의 방법으로 다시 측정할 수 있다. 음주측정 수치가 나왔는데 아슬아슬하게 형사처벌 수치가 되었다거나 취소수치가 된 경우 경찰관에게 채혈요구를 하고 경찰관은 운전자에게 채혈동의서를 작성한 후 인근 병원에서 채혈을 하고 그 결과로 처리한다. 채혈결과가 호흡측정결과보다 많이 나온다고 하더라도 채혈결과를 우선 적용한다. 음주단속 현장에서 채혈을 요구했고 동의서 작성했고 병원에서 채혈했으나 이후 마음이 바뀌어 혈액을 돌려달라고 하는 경우가 있다. 운전자가 원해서 혈액채취를 한 것이니 매몰차게 안 된다고 말하기도 쉽지 않다. 혈액을 절대 돌려줄 수 없는지, 돌려줄 수 있는지, 돌려줄 수 있다면 어떤 절차를 거쳐야 하는지 등 고민된다. 경찰관의 음주단속 업무는 법령에 의한 행위이므로 처음부터 끝까지 법률에 근거하고 그 절차가 명확해야 한다. 음주측정결과에 불복하여 채혈을 요구하였고 동의서를 작성하였다면 이미 수사서류가 작성된 것이고 병원으로 이동하거나 채혈 후 경찰관이 병원으로부터 받은 혈액 역시 음주운전의 중요한 증거물이 된다. 확보된 혈액의 증거물을 운전자가 돌려달라고 하거나 경찰관이 임의로 반환하는 것은 적절치 않다. 사전에 채혈하면 혈액을 돌려줄 수 없다고 말하여 채혈 반환요구를 할 수 없음을 명확히 한다. 채혈하기 위해 채혈동의서를 작성했고 채혈병원으로 이동하여 채혈하기 한번 반환할 수 없음을 고지했는데 채혈하지 않겠다고 말할 경우, 주취운전자 정황진술보고서에 채혈동의서를 첨부하고 수사보고서를 통해 채혈하지 못했음을 명확히 한다.

12. 채혈 결과는 호흡측정에 우선

정당하게 채혈측정된 경우라면 채혈수치 결과는 호흡측정 수치에 우선하여 적용된다. 호흡측정기에 의한 음주측정치와 혈액검사에 의한 음주측정치가 다른 경우에 어느 음주측정치를 신뢰할 것인지는 법관의 자유 심증에 의한 증거취사 선택의 문제이나 호흡측정기에 의한 측정의 경우 그 측정기의 상태, 측정방법, 상대방의 협조 정도 등에 의하여 그 측정결과의 정확성과 신뢰성에 문제가 있을 수 있다는 사정을 고려한다면, 혈액의 채취 또는 검사 과정에서 인위적인 조작이나 관계자의 잘못이 개입되는 등 혈액채취에 의한 검사결과를 믿지 못할 특별한 사정이 없는 한, 혈액검사에 의한 음주측정 수치가 호흡측정기에 의한 음주측정치보다 측정 당시의 혈중알코올농도에 더 근접한 음주측정 수치라고 보는 것이 경험칙에 부합한다.

채혈 결과는 호흡 측정 수치에 우선 적용한다.	
호흡측정과 채혈측정의 차가 심하면 호흡측정 적용한다.	대법원 2013도6285 판결
보호조치 되었어도 절차 준수 위반 음주측정거부죄 무죄이다.	대법원 2012도11162 판결
제지하는 방법 외에 그 결과를 막을 수 없는 절박한 사태이다.	대법원 2012도9937 판결
보호조치 된 운전자 음주측정거부죄 유죄이다.	대법원 2011도4328 판결
발동·행사 요건은 신중하고 엄격하게 해석하여야 한다.	대법원 2007도9794 판결
호흡수치가 위드마크 공식 적용수치 보다 우선한다.	대법원 2007도5907 판결
호흡측정보다 채혈수치를 우선 적용한다.	대법원 2003도6905 판결

호흡측정과 채혈측정의 시간차에 대한 감소치가 합산된다. 음주운전 시점과 혈중알코올농도의 측정 시점 사이에 시간 간격이 있고 그때가 혈중알코올농도의 상승기로 보이는 경우라 하더라도, 그러한 사정만으로 무조건 실제 운전 시점의 혈중알코올농도가 처벌기준치를 초과한다는 점에 대한 증명이 불가능하다고 볼 수는 없으므로 운전 당시에도 처벌기준치 이상이었다고 볼 수 있는지 여부는 운전과 측정 사이의 시간 간격, 측정된 혈중알코올농도의 수치와 처벌기준치의 차이, 음주를 지속한 시간 및 음주량, 단속 및 측정 당시 운전자의 행동 양상, 교통사고가 있었다면 그 사고의 경위 및 정황 등 증거에 의하여 인정되는 여러 사정을 종합적으로 고려하여 논리와 경험칙에 따라 합리적으로 판단하게 된다.

호흡 측정과 채혈 측정과의 시간차에 대한 감소치 합산 방법	
최종음주시간	01:00
음주운전 적발시간	03:00
음주측정시간 : 결과	03:00 : 음주측정기 0.080%
채혈시간 : 결과	04:00 : 채혈결과 0.095%
위드마크식 합산(1시간당 감소치 0.008%)	0.008% + 0.095% = 0.103%
∴ 형사처벌이나 행정처분은 최종 합산수치인 0.093%를 적용 처리한다.	

13. 치료목적 혈액의 증거능력

수사기관의 증거수집과정에서 이루어진 절차 위반행위와 관련된 모든 사정, 즉 절차 규정의 취지와 그 위반의 내용 및 정도, 구체적인 위반 경위와 회피가능성, 절차 규정이 보호하고자 하는 권리 또는 법익의 성질과 함께 침해 정도 및 당사자의 관련성, 절차규정이 보호하고자 하는 권리 또는 법익의 성질과 침해 정도 및 피고인과의 관련성, 절차 위반행위와 증거수집 사이의 인과관계 등 관련성의 정도, 수사기관의 인식과 의도 등을 전체적.종합적으로 고려하여 예외적인 경우에는 유죄 인정의 증거로 사용할 수 있다(대판 2007도3061, 대판 2008도11437, 대판 2009도11401 등).

형사소송법 제215조 제2항은 사법경찰관이 범죄수사에 필요한 때에는 검사에게 신청하여 검사의 청구로 지방법원 판사가 발부한 영장에 의하여 압수, 수색 또는 검증을 할 수 있다고 규정되었다. 형사소송법 제216조 제3항에 따라 범행 중 또는 범행 직후의 범죄장소에서 긴급을 요하는 법원판사의 영장을 받을 수 없을 때에는 압수 · 수색 · 검증을 할 수 있고 사후에 지체없이 영장을 받아야 한다.

규정을 위반하여 수사기관이 법원으로부터 영장 또는 감정처분허가장을 발부받지 아니한 채 피의자의 동의 없이 피의자의 신체로부터 혈액을 채취하고 더구나 사후적으로 지체없이 이에 대한 영장을 발부받지 아니하고서 강제채혈한 피의자의 혈액 중 알코올농도에 관한 감정이 이루어졌다면 이러한 감정결과보고서 등은 당사자나 변호인의 증거 동의 여부를 불문하고 유죄의 증거로 사용할 수 없다(대판 2009도10871 등).

타인의 동의에 의한 혈액측정 결과의 증거능력	
의식불명자 혈액채취는 지체없이 사후영장 받아야 증거된다.	대법원 2011도15258 판결
가족동의를 받은 후 사후영장 없어 증거사용 안 된다.	대법원 2009도10871 판결
본인 동의없이 채혈한 후 사후영장 없으면 증거사용 안 된다.	대법원 2009도2109 판결
간호사에게 진료목적 혈액을 제출받아 압수한 것 적법하다.	대법원 98도986 판결

14. 의식 없는 운전자 음주측정

1) 경찰관서 보호조치
○ 병원에 후송할 상태인지 점을 검토된다.
○ 보호조치를 위해 경찰관서로 동행된다.
○ 필요한 경우 임의동행 동의서 등이 작성된다.
○ 경찰관서에 도착 후 음주측정 적정시점 살핀다.
○ 음주측정 된 경우 시간당 감소치 위드마크 공식을 대입한다.
○ 측정수치에 이의 있으면 채혈측정 절차가 진행된다.
○ 피해자, 신고자 등이 참여한다.

2) 깊이 잠이 든 경우
○ 병원에 후송할 것인지 검토된다.
○ 음주측정을 요구한다(영상촬영).
○ 음주측정을 할 수 없으면 경찰관서에 보호된다.
○ 사안에 따라서 병원에 후송되어 검사를 받도록 하게 된다.
○ 보호조치 과정에서 음주측정을 하게 됨을 분명히 한다.
○ 경찰관서에서 술이 깬 상태에서 음주측정을 한다.
○ 피해자, 신고자 등이 참여한다.

3) 만취 상태로 의식을 차릴 수 없는 경우
○ 병원으로 후송하여 이상여부를 확인한다.
○ 단순히 술에 취한 상태라면 지구대 등에 후송하여 술이 깰 때까지 보호한다.
○ 음주측정기에 의해 음주측정을 요구한다.
○ 채혈할 수 있음을 고지한다.
○ 음주측정거부죄 스티커를 발부하고 귀가시킨다.
○ 피해자, 신고자 등이 참여한다.

※ 영상촬영 하고, 피해자 등을 음주측정 과정에 참여시킨다.

15. 알코올 솜 혈액의 증거능력

승용차 운전자가 커브구간에서 조향장치를 과대조작하여 도로를 이탈하여 좌측노견의 가로수를 들이받았다. 도로를 이탈하기 전에는 운전 도중 여러 차례 중앙선을 넘는 등 비정상적인 모습을 보였다. 이 사고로 승용차 운전자는 인근 병원에 후송되었고, 당시 위 병원에서는 장기손상 여부 등을 확인하기 위하여 일반적으로 사용하는 알코올솜 피부 소속 후 채혈을 하였다. 경찰관은 법원으로부터 발부받은 압수·수색·검증 영장을 통해 이미 확보된 혈액을 의료진으로부터 제공 받아 혈중알코올농도 감정에 제공하였다. 국과수 감정결과 0.179%로 확인되었다. 시간당 감소치를 합산(위드마크식)하여 최종 0.186%를 적용하여 처리키로 하였다.

이 사건 청주지방법원 2018. 6. 20. 선고 2017고정229 판결에서는 승용차 운전자의 채혈 과정에서 알코올 존재하는 알코올 성분이 혈액에 혼입되었고 이를 시료로 하여 감정함으로써 운전 당시 혈중알코올농도보다 높게 감정되었을 가능성을 배제할 수 없다며 무죄를 선고했다. 병원에서 사용하는 알코올솜은 알코올농도가 보통 70% 정도의 고농도이고, 소독 부위가 완전히 건조된 상태에서 채혈하는 경우에는 알코올솜에 의한 영향은 없으나 완전히 건조되지 않은 경우에는 채혈 시 혈액에 소독용 알코올이 혼입될 수 있고, 혈중알코올농도에 미치는 영향의 정도에 대하여는 명확히 논단할 수 없다며 채혈 과정에서 알코올솜에 존재하는 알코올 성분이 혈액에 혼입되었고, 이를 시료로 하여 감정함으로써 실제 피고인의 운전 당시 혈중알코올농도보다 높게 감정되었을 가능성을 배제할 수 없고, 달리 혈중알코올농도 0.186%의 음주상태에서 차량을 운전하였다고 인정할 증거가 없다고 보았다.

※ 음주측정을 위한 혈액 채취는 사전 경찰에서 비치한 비알코올 솜을 사용해야 한다.

16. 강제채혈 절차

○ 의료인의 자격이 있는 자가 해야 한다.
○ 의료용 기구로 의학적인 방법에 따라야 한다.
○ 필요 최소한의 한도 내에서 피의자의 혈액을 채취해야 한다.
○ 그 혈액을 영장 없이 압수할 수 있다.
○ 이 경우, 사후에 지체 없이 법원으로부터 압수영장을 받아야 한다.
○ 미성년자 혈액채취는 법정대리인 아닌 영장에 의해야 한다(대판 2013도1228).
○ 사후에 지체 없이 법원으로부터 압수영장을 받아야 한다.
○ 미성년자의 혈액채취는 법정대리인 아닌 영장에 의해야 한다(대판2013도1228).
○ 음주운전자에 대한 영장없는 강제채혈의 공익성을 인정하면서도 신체의 침해 및 사생활권 침해 등을 이유로 긴급성의 예외를 엄격하게 적용해야 한다.
○ 혈액이 다른 목적으로 사용되지 않도록 폐기 및 관리 등도 엄격해야 한다.

▶ 대법원 2011. 4. 28. 선고 2009도2109 판결

피고인이 운전 중 교통사고를 내고 의식을 잃은 채 병원 응급실로 호송되자, 출동한 경찰관이 법원으로부터 압수·수색 또는 검증 영장을 발부받지 아니한 채 피고인의 동서로부터 채혈동의를 받고 의사로 하여금 채혈을 하도록 한 사안에서, 원심이 적법한 절차에 따르지 아니하고 수집된 피고인의 혈액을 이용한 혈중알콜농도에 관한 국립과학수사연구소 감정서 및 이에 기초한 주취운전자적발보고서의 증거능력을 부정한 것은 정당하고, 음주운전자에 대한 채혈에 관하여 영장주의를 요구할 경우 증거가치가 없게 될 위험성이 있다거나 음주운전 중 교통사고를 야기하고 의식불명 상태에 빠져 병원에 후송된 자에 대해 수사기관이 수사의 목적으로 의료진에게 요청하여 혈액을 채취한 사정이 있다고 하더라도 이러한 증거의 증거능력을 배제하는 것이 형사사법 정의를 실현하려고 한 취지에 반하는 결과를 초래하는 예외적인 경우에 해당한다고 볼 수 없다는 이유로, 피고인에 대한 도로교통법 위반(음주운전)의 공소사실을 무죄로 판단한 원심판결을 수긍한 사례.

▶ 대법원 2011. 5. 13. 선고 2009도10871 판결

피고인의 처로부터 채혈동의를 받고서 간호사로 하여금 의식을 잃고 응급실에 누워있는 피고인으로부터 채혈을 하도록 한 사실 등을 알 수 있는바, 원심은 이와 같은 사실관계를 기초로 하여, 피고인이 음주운전 중에 교통사고를 당하여 의식불명 상태에서 병원 응급실로 호송되었는데, 출동한 경찰관이 영장 없이 간호사로 하여금 채혈을 하도록 한 사안에서, 위 혈액을 이용한 혈중알코올농도에 관한 감정서 등의 증거능력을 부정하고 증거부족을 이유로 피고인에 대한 구 도로교통법 위반(음주운전)의 주위적 공소사실을 무죄로 인정한 원심판단을 수긍한 사례.

▶ 대법원 2012. 11. 15. 선고 2011도15258 판결

　음주운전 중 교통사고를 야기한 후 피의자가 의식불명 상태에 빠져 있는 등으로 도로교통법이 음주운전의 제1차적 수사방법으로 규정한 호흡조사에 의한 음주측정이 불가능하고 혈액 채취에 대한 동의를 받을 수도 없을 뿐만 아니라 법원으로부터 혈액 채취에 대한 감정처분허가장이나 사전 압수영장을 발부받을 시간적 여유도 없는 긴급한 상황이 생길 수 있다. 이러한 경우 피의자의 신체 내지 의복류에 주취로 인한 냄새가 강하게 나는 등 형사소송법 제211조 제2항 제3호가 정하는 범죄의 증적이 현저한 준현행범인의 요건이 갖추어져 있고 교통사고 발생 시각으로부터 사회통념상 범행 직후라고 볼 수 있는 시간 내라면, 피의자의 생명·신체를 구조하기 위하여 사고현장으로부터 곧바로 후송된 병원 응급실 등의 장소는 형사소송법 제216조 제3항의 범죄 장소에 준한다 할 것이므로, 검사 또는 사법경찰관은 피의자의 혈중알코올농도 등 증거의 수집을 위하여 의료법상 의료인의 자격이 있는 자로 하여금 의료용 기구로 의학적인 방법에 따라 필요 최소한의 한도 내에서 피의자의 혈액을 채취하게 한 후 그 혈액을 영장 없이 압수할 수 있다. 다만 이 경우에도 형사소송법 제216조 제3항 단서, 형사소송규칙 제58조, 제107조 제1항 제3호에 따라 사후에 지체 없이 강제채혈에 의한 압수의 사유 등을 기재한 영장청구서에 의하여 법원으로부터 압수영장을 받아야 한다고 본 사례.

17. 혈액의 압수물 관리 🍺🍺🍺

🍺 혈액에 대해 압수조서, 압수목록, 압수증명 등 서류를 추가로 작성한다.
🍺 KICS를 통해 음주운전 죄 증거물로 관리한다. 따로 영장을 받을 필요는 없다.

채혈측정에 사용된 혈액의 압수물 관리		
임의동행 또는 현장측정(현장귀가)	음주측정 후 귀가	임의동행보고서 임의동행동의서 주취운전자적발보고서(PDA) 주취운전정황보고 수사보고
	임의제출 혈액	이의제출서(소유권포기 내용) 압수조서 압수목록압수증명 채혈동의서
현행범인 체포	음주측정 음주측정거부	현행범체포서 확인서 체포통지 신체확인서
	체포현장에서 압수	압수조서 압수목록 압수증명

18. 위드마크식 적용 고지의무

위드마크 계산식의 기초자료가 되는 체중, 음용한 술의 종류 및 알코올농도, 음주량, 음주시각 등은 엄격한 증명이 필요하므로, 막연히 피의자의 진술에 의존할 것이 아니라 함께 술을 마신 사람이나 주점 주인 등의 진술, 계산서, 실 체중 측정 등으로 통하여 객관적으로 입증해야 한다(대판 2001도1929). 최종 음주시각으로부터 90분이 지난 시점에서 음주운전을 한 사건의 경우 측정된 혈중알코올농도 또는 측정된 값에서 위드마크식을 적용하여 보정된 값(운전시점으로부터 상당 기간 지난 후 측정한 경우)을 사용하여 기소여부를 결정한다. 위드마크식은 운전자가 음주한 상태에서 운전한 사실이 있는지에 대한 경험법칙에 의한 증거수집 방법에 불과하다.

위드마크 공식의 존재 및 나아가 호흡측정에 의한 혈중알코올농도가 음주운전 처벌기준 수치에 미달하였더라도 경찰관이 위드마크 공식에 의한 역추산 방식에 의하여 운전 당시의 혈중알코올농도를 산출할 경우 그 결과가 음주운전 처벌기준 수치 이상이 될 가능성이 있다는 취지를 운전자에게 미리 고지하여야 할 의무는 없다(대판 2017도661 등). 위드마크 계산식 결과에 대해 증거로써 인정받고자 한다면 넘치는 증거자료에 더해 피의자신문조서 작성 시에도 운전자에게 그 사실을 명확히 설명해 주는 것이 유죄의 증거자료로 활용될 수 있다.

제4장
음주측정 거부

01. 범죄구성요건 🔲🔳🔲

1) 음주측정 거부의사

음주측정거부죄는 1980년 도로교통법의 개정에 의해 최초 신설되었다. 술에 취한 상태에 있었다고 인정할 만한 상당한 이유가 있는 운전자가 호흡측정에 숨을 내쉬는 시늉만 하는 등으로 음주측정을 소극적으로 거부한 경우라면 그와 같은 소극적 거부행위가 일정시간 계속적으로 반복되어 운전자의 측정불응 의사가 객관적으로 명백하다고 인정되는 때에 비로소 음주측정불응죄가 성립한다. 그러한 운전자가 명시적이고도 적극적으로 음주측정을 거부하겠다는 의사를 표명한 것이라면 그 즉시 음주측정불응죄가 성립할 수 있다. 운전자의 측정불응죄의사가 객관적으로 명백한 것이었는지는 음주측정을 요구받을 당시의 운전자의 언행이나 태도 등을 비롯하여 경찰공무원이 음주측정을 요구하게 된 경우 및 그 측정요구의 방법과 정도, 주취운전자적발보고서 등 측정 불응에 따른 관련 서류의 작성 여부 및 운전자가 음주측정을 거부한 사유와 태양 및 그 거부시간 등 전체적 경과를 종합적으로 고려하여 신중하게 판단한다.

2) 술에 취한 상태

정상인에 대한 음주측정거부죄는 성립하기 어렵다. 술에 취했다고 볼 수 없으면 음주측정 거부는 무죄가 된다(대판 2002도6632, 대판 2001도5987 등). 운전자의 상태에 있어서 술 냄새가 심하거나, 비틀거리는 등 행동이 부자유스럽거나, 안면에 홍조가 있거나, 눈이 충혈되어 있거나, 발음이 부정확하거나 등은 행동 등은 운전자가 술에 취한 것으로 의심하기에 충분하다(대판 2004도5249, 대판 2001도5987, 대판 2002도6632). 술에 취한 상태의 기준은 경찰관이 작성한 정황진술보고서 및 수사보고서 등이 결정적으로 영향을 미친다(대판 2004도4789). 술에 취한 상당한 이유가 있는 상태에서의 음주측정거부 죄 성립됨에는 논란이 없다. 그러나 음주운전을 했을 수도 있다거나 일반인의 신고자가 있었다거나 교통사고가 발생되었다는 등의 사유만으로는 술에 취한 상당한 이유가 없음에도 음주측정을 강행할 경우 무죄로 이어질 수 있다. 음주측정거부죄를 적용하기 위해서는 술에 취하였다는 객관적인 증거를 분명히 확보해야 한다.

3) 운전 목적으로 운전 행위

술을 마셨는지의 상당한 이유는 음주측정 요구 당시 개별 운전자마다 그의 이관·태도·운전 행태 등 객관적 사정을 종합하여 판단한다. 운전을 종료한 후에는 운전자의 외관·태도 및 기왕의 운전 행태, 운전자가 마신 술의 종류 및 양, 음주운전의 종료로부터 음주측정의 요구까지의 시간적·장소적 근접성 등 객관적 사정을 종합하게 된다. 자동차의 운전자가 아닌 때에는 같은 조 제2항 소정의 음주측정에 응하지 아니한 경우에 해당되지 않는다. 어떤 사람이 운전사실 자체를 부인하면서 음주측정요구에 불응한 경우에 재판과정에서 목격자의 진술 등 증거에 의하여 운전사실이 밝혀진 경우에는 음주측정거부로 처벌되지만, 운전 사실을 인정할 만한 증거가 없는 경우에는 경찰관의 측정요구 당시 술에 취한 상태에서 차량을 운전하였다고 인정할 만한 상당한 이유가 있었다는 이유로 음주측정불응죄로 처벌할 수 없다. 동승자가 운전자를 보호하고자 거짓으로 운전했다고 진술하였다가 차후에 발각된 경우, 경찰조사에서 운전했다고 진술했다가 법정에서 운전사실을 부인하고 뒷받침 할 증거가 없다면 음주측정거부 죄의 유죄를 주장할 수 없다.

음주측정거부죄 구성요건	
다툼을 하던 중 음주운전 의심이 갔으나 증거부족 무죄이다.	서울동부지법 2010노1876 판결
끌고 간 것 목격했다는 진술만으로 운전했다고 보기 어렵다.	대구지법 2010노3420 판결
음주측정거부 적용대상은 운전자이다.	대법원 2005도8594 판결
음주측정거부죄의 운전자는 종합적으로 판단한다.	대법원 99도2899 판결

02. 명시적인 거부의사

> **교통단속처리지침 제31조 제5항(음주측정거부 성립 요건)**
> 1. 음주측정 거부 명시적 의사표시자
> 2. 현장을 이탈하려 하거나 음주측정을 거부하는 행동
> 3. 명시적인 의사표시를 하지 않으면서 경찰관이 음주측정 불응에 따른 불이익을 5분 간격으로 3회 이상 고지(최초 고지로부터 15분 경과) 했음에도 계속 음주측정에 응하지 않은 때

- 도로교통법에서는 음주측정 횟수를 규정하지 않았다.
- 운전자의 음주측정을 하지 않겠다는 명확한 의사표시만 있으면 된다.
- 명확한 측정거부 의사표시가 있다면 1회 측정거부로도 범죄가 성립된다.
- 음주측정에 불응하면서 현장을 이탈하려는 것은 측정거부에 포함된다.
- 음주측정 할 의사가 있다고 판단될 경우 5분간 3회 총 15분 기회를 준다.

○ 2017. 4. 11. 교통단속처리지침 개정 전에는 10분간 3회 총 30분이었다.
○ 5분간 3회에서 5분은 지속적 측정 요구가 아닌 5분 중 1회 측정 요구이다.
○ 영상녹화로 측정거부 입증자료 확보하고 운전자에게 그 사실을 알린다.

🔔 5분간 3회를 지켜야 측정거부죄 성립?

　교통단속처리침에서 명시적인 의사표시로 음주측정을 거부한 때, 현장을 이탈하려 하거나 음주측정을 거부하는 행위을 하는 때, 명시적인 의사표시를 하지 않으면서 경찰관이 음주측정 불응에 따른 불이익을 5분간 3회 이상 고지(최초 측정요구 시로부터 15분 경과) 했음에도 계속 음주측정에 응하지 않는 경우 등 3가지 항목에 대해서 음주측정 거부죄로 처리할 것을 규정하였다. 명시적인 측정거부 의사표시가 있을 경우 1회 거부만으로 측정거부죄가 성립된다. 명시적인 의사표시는 운전자가 처음부터 경찰관의 음주측정요구에 정당한 사유 없이 불응하겠다는 의사표시이므로 단속 및 측정고지 상황을 녹음·녹화하거나 기록하고 참고인을 확보하는 등 측정을 거부한 사람이 차후 거부사실을 부인할 것에 대비한 증거수집이 뒤따라야 한다. 명시적인 측정거부 의사표시를 하지 않으면서 측정 불응하는 경우에 있어 3회 15분의 경우 술에 취한 운전자가 경찰의 음주측정 고지를 정확히 인식하지 못하였다는 취지로 기회를 주는 것이므로 고지를 명확히 한다. 만취상태이거나 건강상의 이유로 3회 15분이 부족할 수 있다. 경찰관의 합리적 판단에 따라 4회 5회 등 횟수를 더하거나 20분 30분 시간을 늘리는 것은 가능하다. 음주측정거부죄로 처벌하기 위해서는 운전자에게 많은 기회를 주었음에도 정당한 이유 없이 거부하였다는 입증자료를 탄탄히 할 필요가 있다.

03. 부는 시늉만 해도

　음주측정기에 숨을 불어넣지 않으면 음주측정거부죄 성립한다. 명시적으로 측정요구에 불응하는 경우뿐만 아니라 형식적으로 측정에 응하는 것처럼 하면서 실제로 음주측정기에 음주수치가 나타나지 않을 정도로 숨을 불어 넣어 결과적으로 음주측정을 하지 못하게 하는 경우를 말한다. 호흡측정기에 의한 음주측정은 운전자가 호흡측정기에 숨을 세게 불어넣는 방식으로 행하여지는 것으로서 여기에는 운전자의 자발적인 협조가 필수적이다.

　운전자가 경찰공무원으로부터 음주측정을 요구받고 호흡측정기에 숨을 내쉬는 시늉만 하는 등 형식적으로 음주측정에 응하였을 뿐 경찰공무원의 거듭된 요구에도 불구하고 호흡측정기에 음주측정수치가 나타날 정도로 숨을 제대로 불어넣지 아니하였다면 이는 실질적으로 음주측정에 불응한 것과 다를 바 없다. 운전자가 정당한 사유 없이 호흡측정기에 의한 음주측정에 불응한 이상 그로써 음주측정불응의 죄는 성립한다(대판 99도5210, 대판 2004

도5249, 서울남부지원 2007고단614, 대판 2013도8481 등).

04. 고의로 침이나 물을 넣는 행위

A씨는 서해안고속도로를 타고 급차선 변경을 하고 지그재그로 운전하면서 교각 등을 3차례 들이받는 등 위험하게 운전했다. 서울 성북구 종암사거리 부근 도로에 이른 A씨는 112신고 후 자신을 계속 따라 온 시민이 자신의 차량을 가로막자 비로소 멈췄고 신고를 받고 출동한 경찰관에 의해 검거되었다. 경찰서 사무실에서 경찰로부터 음주측정을 요구받고 먼저 물로 입을 헹궜고 이후 다시 입을 헹군다면서 물을 마신 후 호흡식 음주측정기에 과도하게 물이 들어갈 경우 음주 수치가 부정확하게 나오고 오작동한다는 점을 이용, 음주측정기를 불면서 입에 머금은 물을 함께 불어 넣었다. 이에 A씨는 혈중알코올농도는 주취정도에 훨씬 미달한 0.049%가 표시됐다. 경찰은 A씨에게 새로운 음주측정기로 재측정을 요구했다. 그러나 A씨는 3차례 걸쳐 경찰의 음주측정 요구에 정당한 사유 없이 응하지 않았다. 1심 법원은 비정상적인 방법으로 응했다고 하더라도 A씨가 경찰 음주측정에 응한 상태에서 음주측정기에 음주수치가 명확하게 표시된 이상 이를 두고 거부했다 할 수 없고, 경찰청 지침은 법규명령의 효력이 없을 뿐 아니라 통상적인 방법으로 호흡측정이 이뤄진 것을 전제로 하는 것이고 경찰이 음주를 측정함에 있어 합리적인 한도에서는 어느 정도의 재량이 있다고 봐야 한다면서 무죄를 선고했다. 그러나 2심법원은 A씨의 경우 단속 경찰의 재측정요구는 경찰공무원의 재량의 범위 내에 있는 것으로 정당하다고 평가할 수 있다며 단속경찰관의 재측정요구가 정당한 이상 이를 거부한 행위는 음주측정거부에 해당한다고 봐야 한다며 판결 이유를 밝혔다.

05. 호흡측정 어려운 신체조건

울산지방법원 2018. 5. 25. 선고2017고단2338 판결에서는 피고인이 술에 취한 상태에서 운전하였다고 인정할 만한 상당한 이유가 있어 약 38분간 5회에 걸쳐 음주측정기에 입김을 불어 넣는 방법으로 음주측정에 응할 것을 요구받았음에도 음주측정기에 입김을 불어 넣는 시늉만 하는 방법으로 이를 회피하여 정당한 사유 없이 경찰관의 음주측정 요구에 응하지 아니하였다는 공소사실에 관하여, 피고인이 이 사건 당시 오른쪽 안면 신경마비의 후

유증으로 호흡측정기에 의한 음주측정이 심히 곤란한 상태에 있었음이 인정되고, 그로 인해 피고인이 음주측정 수치가 나타날 정도로 숨을 불어넣지 못한 결과 호흡측정기에 의한 음주측정이 제대로 되지 않았다고 하더라도 이를 두고 음주측정에 불응한 것으로 볼 수는 없다는 등의 이유로 무죄를 선고했다. 도로교통법 제44조 제2항에 의하면 술에 취한 상태에서 자동차 등을 운전하였다고 인정할 만한 상당한 이유가 있는 경우에 경찰공무원은 운전자가 술에 취하였는지 여부를 호흡측정기에 의하여 측정할 수 있고 운전자는 그 측정에 응할 의무가 있으나 운전자의 신체 이상 등의 사유로 호흡측정기에 의한 측정이 불가능 내지 심히 곤란한 경우까지 그와 같은 방식의 측정을 요구할 수 없으며, 이와 같은 경우 경찰공무원이 운전자의 신체 이상에도 불구하고 호흡측정기에 의한 음주측정을 요구하여 운전자가 음주측정 수치가 나타날 정도로 숨을 블어넣지 못한 결과 호흡측정기에 의한 음주측정이 제대로 되지 아니하였더라도 음주측정을 불응한 것으로 볼 수 없다(대판 2005도7125).

06. 음주측정 장비가 없는 경우

음주측정은 음주운전 직후 현장에서 측정하는 것이 원칙이다. 그러나 경찰관의 경우 근무방법이나 현장상황에 따라 음주감지기 또는 음주측정기를 소지하지 않는 경우가 있다. 이때 음주운전 의심자에 대해 경찰관이 음주측정기를 가지고 오는 동안 일시적으로 현장대기를 요구하거나 경찰관서로 임의동행을 요구하게 된다. 음주운전 의심자가 대기를 수용할 때에는 음주측정기를 신속하게 가지고 와 음주측정 시행하게 되나 대기를 불수용할 때(처벌을 면하고자 도주하려는 하는 등)에는 대상자의 외관·태도·운전행태 등 객관적 사정(음주감지기 시험, 술 냄새, 혈색, 충혈, 걸음걸이, 발음, 언행, 봐 달라고 하거나 도망하려는 태도 등)을 종합적으로 판단하여 범행장소·시간이 밀접한 경우 음주운전 현행범인으로 체포하게 된다. 음주측정 대기 불수용자 음주운전 현행범 체포하는 기준은 음주운전 의심자로 신고되어 음주감지기로 감지된 경우, 음주감지기 감지되고 외관·태도 등 객관적 사정이 현저한 경우 등이다. 신고내용, 현장상황 및 운전자 행동양상 등을 사진촬영 및 정황진술보고서, 수사(내사)보고에 자세히 기록, 소송 및 공소유지에 활용된다. 음주운전으로 현행범 체포된 자에 대해 음주측정 후 체포 유지 필요성이 없을 경우, 석방 후 석방보고 시행한다. 현행범인으로 체포한 후 체포의 필요성이 없다거나 혈중알콜농도 0.03% 미만인 경우 지체없이 석방 후 석방보고서를 작성한다.

07. 음주감지기에 의한 측정거부

대법원 2017. 6. 8. 선고 2016도16121 판결에서는 경찰공무원이 운전자가 술에 취하였는지를 알아보기 위하여 실시하는 측정은 호흡을 채취하여 그로부터 주취의 정도를 객관적으로 환산하는 측정방법 즉, 음주측정기에 의한 측정을 이해하여야 하고 경찰공무원이 음주 여부나 주취 정도를 측정하는 경우 합리적으로 필요한 한도 내에서 그 측정방법이나 측정횟수에 관하여 어느 정도 재량권을 갖는데 경찰공무원이 운전자의 음주 여부나 주취 정도를 확인하기 위하여 운전자에게 음주측정기를 면전에 제시하면서 호흡을 불어넣을 것을 요구하는 것 이외에도 그 사전 절차로서 음주측정기에 의한 측정과 밀접한 관련이 있는 검사 방법인 음주감지기에 의한 시험도 요구할 수 있다고 봄이 타당하다면서, 음주측정기에 의한 측정의 전 단계에 실시되는 음주감지기에 의한 시험을 요구하는 경우 그 시험 결과에 따라 음주측정기에 의한 측정이 예정되어 있고 운전자가 그러한 사정을 인식하였음에도 음주감지기에 의한 시험에 불응함으로써 음주측정을 거부하겠다는 의사를 표명한 것으로 볼 수 있다면 음주측정거부죄로 처벌함이 정당하다며 음주감지기에 의한 측정거부에 대해 유죄의 판단을 했다. 1심과 2심법원은 음주측정거부죄는 음주측정기에 의해야 하고 음주감지기에 의한 측정거부는 대상이 아니라며 무죄를 선고했었다. 음주측정기에 의한 측정거부를 원칙으로 하고 음주감지기만으로 음주측정거부죄를 적용하려면, ① 술에 취한 상태에 있다고 인정할 만한 상당한 이유가 있고, ② 즉시 음주측정기로 측정을 하게 된다고 고지하고, ③ 음주감지기에 의한 감지를 거부하고 현장을 이탈하는 등 3가지 선행되어야 한다.

음주감지기에 의한 음주측정 거부	
음주감지기에 감지 된 운전자 5분간 붙잡아 둔 것 불법 아니다.	대법원 2017도12949 판결
112신고 받고 출동한 경찰관의 음주감지기 체포는 정당하다.	대법원 2017도5115 판결
운전종료 2시간 후 탁자에 앉아 있는 운전자 체포는 불법이다.	대법원 2016도16121 판결
음주측정거부 의사가 객관적으로 명확한지 판단하는 방법이다.	대법원 2013도8481 판결
음주측정거부죄는 음주측정기에 의해야 한다.	대법원 2008도2170 판결
술에 취하였는지 인정할 만한 상당한 이유가 있어야 한다.	대법원 2002도6632 판결
음주측정방법은 음주측정기에 의해 측정해야 한다.	대법원 99도5377 판결

08. 음주측정기에 의한 측정거부

   도로교통법 제44조 제2항에 의하여 경찰공무원이 운전자가 술에 취하였는지를 알아보기 위하여 실시하는 측정은 호흡을 채취하여 그로부터 주취의 정도를 객관적으로 환산하는 측정방법 즉, 음주측정기에 의한 측정으로 이해하여야 한다(대판 99도5377, 대판 2008도2170). 운전자가 의식이 있는 상태이고 호흡측정 할 수 있었음에도 정당한 사유 없이 경찰관의 음주측정기에 의한 측정거부죄 적용은 적극적이어야 하고 음주 처벌수치가 기록되지 않고 단순히 감지만 음주감지기에 의한 측정거부죄는 예외적으로 인정된다.

09. 처음부터 채혈측정 요구

   도로교통법 제44조 제2항에서 경찰공무원은 교통의 안전과 위험방지를 위하여 필요하다고 인정하거나 제1항의 규정을 위반하여 술에 취한 상태에서 자동차 등을 운전하였다고 인정할 만한 상당한 이유가 있는 때에는 운전자가 술에 취하였는지의 여부를 호흡조사에 의하여 측정할 수 있다. 이 경우 운전자는 경찰공무원의 측정에 응하여야 한다. 제3항에서 ‘제2항의 규정에 의하여 술에 취하였는지의 여부를 측정한 결과에 불복하는 운전자에 대하여는 그 운전자의 동의를 얻어 혈액채취 등의 방법으로 다시 측정할 수 있다’고 규정되었다. 이러한 규정을 체계적으로 해석하면 음주운전의 상당한 이유가 있고 음주측정기에 호흡측정을 할 수 있는 상태의 운전자는 경찰관의 음주측정기에 의한 음주측정에 응해야 하고 정당한 사유 없이 응하지 않을 경우 음주측정거부죄가 성립된다. 광주지방법원 2016. 6. 28. 선고 2015노3447 판결에서는 도로교통법 제44조 제2항에 의하면, 술에 취한 상태에서 자동차 등을 운전하였다고 인정할 만한 상당한 이유가 있는 경우에 경찰공무원은 운전자가 술에 취하였는지 여부를 호흡측정기에 의하여 측정할 수 있으나 운전자의 신체 이상 등의 사유로 호흡측정기에 의한 측정이 불가능 내지 심히 곤란한 경우까지 그와 같은 방식의 측정을 요구할 수는 없으며, 경찰공무원이 운전자의 신체 이상에도 불구하고 호흡측정기에 의한 음주측정을 요구하여 운전자가 음주측정 수치가 나타날 정도로 숨을 불어 넣지 못한 결과 호흡측정기에 의한 음주측정이 제대로 되지 아니하였다고 하더라도 음주측정에 불응한 것으로 볼 수 없기는 하나(대판 2010도2935 등), 이 역시 일반적인 경우 운전자는 경찰관의 호흡측정에 의한 단속요구에 응할 의무가 있다고 보면서, 호흡측정이 불가능하거나 곤란한 경우만 예외를 인정하고 있을 뿐인데, 피고인에게 이러한 예외사유를 인정할 자료가 없고, 경찰청의 교통단속처리지침은 교통단속 경찰관의 업무처리 절차의 안내에 불과하고 위 지침 제38조 제6항에 운전자의 채혈요구시 경찰관의 행동요령이 기재되어 있다고 하더라도 위와 같은 내용은 채혈절차에 대한 설명일 뿐 음주단속의 방법으로서 호흡측정과 혈액요구에 대하여 반드시 응하여야 한다는 근거가 될 수 없다며 피고인이 호흡측정을 할 수 있었음에도 정당한 이유 없이 채혈 측정 요구한 것은 음주측정거부죄에 해당된다며 유죄를 선고하였다. 경찰공무원으로부터 음주측정을 요구받고 호흡측정기에 숨을 내쉬는 시늉만 하는 등 형식적으로 음주측정에 응하였을 뿐 경찰공무원의 거듭된 요구에도 불구하고 호흡측정기에 음주측정 수치가 나타날 정도로 숨을 제대로 불어넣지 아니하였다면 이는 실질적으로 음주측정에 불응한 것과 다를 바 없다(대판 99도5210, 대판 2004도5249, 대판 2013도8481 등). 처음부터 채혈을 요구하며 음주측정기에 의한 측정을 거부하는 운전자에 대해서는 과감하게 음주측정거부죄로 형사입건하고 수사보고서에 질병이 없었으며 정상적으로 음주측정을 할 수 있었다는 점, 채혈을 통해 시간을 벌어서 음주측정 수치를 줄여보려는 노력이 엿보인다는 점 등을 조사하여 수사기록으로 남긴다. 음주측정거부죄로 형사입건한 이상 추가로 채혈하는 일은 없어야 하고 술 마신 양은 술을 마신 장소 등에 대한 현장조사와 주취운전자 정황진술보고서나 피의자신문조서 등을 통해 사고 전 술에 취한 상태에서 운전했음을 입증한다.

제5장
위드마크 계산식

01. 위드마크식 등장

○ 1931년 스웨덴 생리학자 위드마크(widmark)의 실험결과에 따른 공식이다.

○ 남성 20명, 여성 10명 대학생들에게 짧은 시간 술을 마시게 했다.

○ 총 4시간 동안 9회에 걸쳐 채취하고 종료 후 1시간 동안 4~5회 채혈했다.

○ 운전자가 사고 당시 마신 술의 종류, 운전자의 체중, 성별 등의 자료에 의해 운전 당시 혈중알코올농도를 계산하는 방법으로 음주 후 30분에서 90분 사이에 혈중알코올농도가 최고치에 이른 후 시간당 알코올분해 값이 개인에 따라 0.008%에서 0.030%까지 감소하는데 이를 착안하여 음주운전 사고 및 단속 시 실제 음주운전 시간과 실제 단속시간에 차이가 있을 경우 역추산해 운전 당시 음주상태를 추정하게 된다.

🝰 혈중알코올농도는 30~90분 동안 급격히 상승하다 이후 천천히 하강한다.

🝰 남녀 성별계수는 남자 0.52~0.86, 여자 0.47~0.64이다.

🝰 하강국면 알코올 분해량은 시간당 0.008~0.030%이다.

○ 우리나라는 1996년 뺑소니범을 처벌하기 위해 도입되었다

위드마크 계산식

$$C = \left\{ C = \frac{A}{P \times R} = mg/10 = \% \right\} = (b \times t)$$

C = 혈중알코올농도(%)

A = 섭취한 알코올의 양
  음주량(ml)알코올농도×알코올비중(0.7894g/ml)×체내흡수율(0.7)

P = 대상자 체중(kg)

R = 성별 위드마크 계수(남자 0.52~0.86, 여자 0.64)

b = 시간당 알코올분해량(최저 0.008%~최고 0.003%)

t = 시간(음주시간으로부터 90분 초과 후 사고시간까지의 경과시간)

🚨 위드마크 계산식을 통한 혈중알코올농도 계산

사례1) 59kg의 남성이 19.8도의 2홉 소주(360ml) 5병 마신 경우

- 최고혈중알코올농도 $= \dfrac{360 \times 5 \times 19.8 \times 0.7894 \times 0.7}{59,000 \times 0.86(유리한 수치)} = 0.388\%$

- 운전 종료시간과 측정 시간과의 차이가 있는 경우
- 혈중알코올농도 = 최고혈중알코올농도− (b − 경과시간)
- b(시간당 알코올 분해량) = 0.008~0.030%
- 운전자에게 가장 유리한 0.030%를 적용한다.
- 음주시각은 19:30이고 음주운전 시각은 23:30인 경우, 운전 당시 혈중알코올농도를 계산하면 음주 후 운전까지의 경과 시간은 4시간이므로 음주운전 당시 혈중알코올농도는 0.388% − (0.030% × 4) = 0.268%이다.

사례2) 도주 후 5시간 만에 검거되어 0.080% 측정된 경우

- 술을 마시고 차량을 운전하다가 교통사고를 야기하였다.
- 이 사고로 2명이 중경상을 입었음에도 도주하였다.
- 사고발생 후 5시간 만에 검거되어 음주측정 했는데 0.080%가 나왔다.
- 사고발생 시간과 음주측정시간과의 차이가 있어 1시간당 0.008%를 합산하게 되어 혈중알코올농도 0.120%(0.008×5=0.04%)를 적용받게 된다.
- 교통사고가 아니더라도 단순음주로 적발된 후 음주측정을 늦게 한 경우나 또는 운전을 종료한 후 추가로 술을 마시게 된 경우에는 시간당 감소치를 계산하여 합산하거나 계산결과로 음주운전의 유죄로 인정한다.

사례3) 음주측정을 하였으나 운전시각으로 상당히 경과한 후 측정된 경우

- 음주시각 19:40~20:40, 운전시각 22:27~22:37, 혈액채취시각 23:20
  채혈된 혈액 감정결과 혈중알코올농도 0.046%인 경우
- 운전시각(22:37)으로부터 혈중알코올농도 측정시각(23:20)까지 40분,
  즉, $\dfrac{43}{60}$ 시간이 경과하였으므로
  운전 당시 혈중알코올농도는
  $= 0.046 + \dfrac{43}{60} \times 0.008 + 0.0057 = 0.0517\%$

음주측정을 하였으나 운전 시각으로부터 상당시간이 경과한 후 측정이 된 경우, 측정된 혈중알코올분해량을 더하여 음주운전 당시 혈중알코올농도 수치를 계산한다.
즉, 음주운전 당시 혈중알코올농도 = 측정된 혈중알코올농도 + (경과시간 × 0.008)
시간당 알코올분해량은 0.008%~0.030%이나 피의자에게 유리한 0.008을 적용한다.

02. 위드마크식 적용 조건

1) 객관적인 증거수집의 필요

술 취한 상태에서 운전했다는 객관적인 증거가 마련된 상태에서 위드마크식이 적용되어야 한다. 형사재판에서 범죄사실의 인정은 법관으로 하여금 합리적인 의심을 할 여지가 없을 정도의 확신을 가지게 하는 증명력을 가진 엄격한 증거에 의하여야 하므로, 검사의 입증이 위와 같은 확신을 가지게 하는 정도에 충분히 이르지 못한 경우에는 비록 피고인의 주장이나 변명이 모순되거나 석연치 않은 점이 있는 등 유죄의 의심이 간다고 하더라도 피고인의 이익으로 판단해야 한다(대판 2010도14487 등).

2) 위드마크식 전제조건에 대한 엄격한 증명 필요

피의자의 시간당 혈중 알코올의 감소치에 음주량, 체중 등 여러 전제조건이 영향을 미치므로 평균적인 감소치 적용 불가하고(대판 2000도3307, 대판 99도5541), 운전과 측정 사이의 시간 간격, 사고의 경위 및 정황 등 증거에 의하여 인정되는 여러 사정을 종합적으로 판단해야 한다(대판 2013도6285, 대판 2004도4408 등).

3) 혈중알코올농도 상승 시기 등 시간에 대한 증명 필요

사건 발생시간을 특정하는 과정에 오차가 발생할 수 있어 유죄 인정할 수 없고(대판 2005도3904) 혈중알코올농도가 상승하는 구간에서 상승률은 여러 조건에 따라 편차가 매우 커 객관적으로 산정한다는 것은 거의 불가능에 가까우므로 시간당 동일한 비율로 증가한다고 가정하는 것이 가장 합리적이다(서울동부지법 2010노1811).

4) 피의자에게 유리한 기준을 적용

체중, 시간당 분해속도 등 피의자에게 가장 유리한 위드마크 인수를 적용하지 않을 경우 측정치가 처벌기준을 초과하여도 불인정된다(대판 2008도5531). 남자의 성별계수가 0.52~0.86이고, 시간당 감소치가 0.008~0.030%와 같이 차이가 있을 경우 위드마크식 적용을 할 때는 피의자에게 최대한 유리하게 적용한 경우에 한하여 유죄로 인정된다. 시간당 감소치를 중간수치인 0.015%를 적용했다가 대법원에서 무죄 판결이 있었고 이후 0.008% 또는 0.030%를 피의자에게 유리하게 적용해 오고 있다.

🔔 위드마크식 적용의 한계

일반적으로 사람이 음주를 한 후 혈중알코올농도는 최고 혈중알코올농도까지 상승한 후 일정 비율로 하강을 하게 되는데, 상승구간은 최대 90분이다. 음주측정을 하였으나 운전 시각으로부터 상당 시간이 지난 후 측정이 된 경우(18:50분 마지막 잔 → 19:00 음주운전 → 19:40 집 도착 → 19:50 아내와 싸우다가 아내가 "남편이 운전했어요" 라고 112 신고 → 20:20 음주측정), 최종 음주시각으로부터 90분 이내에 운전을 한 경우(22:45 마지막 잔 → 23:00 음주운전 중 주차된 차량 접촉사고 → 23:20 주차차량 차주가 긁힌 것 발견하고 112 신고 → 23:50 블랙박스 통해 가해차량 운전자 확인하여 음주측정), 등과 같이 사후에 측정된 혈중알코올농도 수치 또는 그 수치에서 위드마크 공식을 적용하여 추정한 수치를 운전 당시의 혈중알코올농도로 사용할 수 있는지는 재판과정에서 많은 논란을 야기하고 있다. 측정결과 0.05%가 넘었지만 운전 당시에는 상승기였으므로 0.05%가 아니었을 가능성이 있다라거나 측정결과는 0.10%이 넘었지만 운전 당시에는 상승기였으므로 0.05~0.10 미만이었을 가능성이 있다라는 등이 대표적이다. 역추산의 전제는 음주 운전시부터 음주 측정시까지는 혈중알코올농도가 감소하고 있다는 것인데, 음주 후 곧바로 운전을 한 경우(90분 이내)에는 혈중알코올농도가 상승기에 있을 가능성이 있어 역추산을 할 수 없다고 봐야 한다.

🔔 위드마크식 적용시 착안점

최종 음주시각으로부터 90분이 지난 시점에서 음주운전을 한 사건의 경우 측정된 혈중알코올농도 또는 측정된 값에서 위드마크식을 적용하여 보정된 값(운전시점으로부터 상당기간 지난 후 측정한 경우)을 사용하여 기소여부를 결정한다.

최종 음주시각으로부터 90분 이내에 음주운전을 한 경우라도 운전시각과 혈중알코올농도 측정시점이 근접해 있다면(음주단속 현장) 측정된 혈중알코올농도를 사용하여 기소한다.

최종 음주시각으로부터 90분 이내에 음주운전을 하였고, 운전 시점과 혈중알코올농도 측정시점 간격이 상당한 경우, 위드마크식 적용이 불가능하므로 감정의뢰 하거나 감정에 필요한 정보를 조서나 보고서에 반영한다.

위드마크식의 기초자료가 되는 체중, 음용한 술의 종류 및 알코올농도, 음주량, 음주시각 등은 엄격한 증명이 필요하다. 막연히 진술에 의존할 것이 아니라 함께 술을 마신 사람이나 주점 주인 등의 진술, 계산서, 실제 체중 측정 등을 통하여 객관적으로 입증해야 한다.

※ 대법원 2001. 7. 13. 선고 2001도1929 판결 : 음주운전에 있어서 운전 직후에 운전자의 혈액이나 호흡 등 표본을 검사하여 혈중알코올농도를 측정할 수 있는 경우가 아니라면 소위 위드마크 공식을 사용하여 수학적 방법에 따른 계산결과로 운전 당시의 혈중알코올농도를 추정할 수 있으나, 범죄구성요건 사실의 존부를 알아내기 위해 과학공식 등의 경험칙을 이용하는 경우에는 그 법칙 적용의 전제가 되는 개별적이고 구체적인 사실에 대하여는 엄격한 증명을 요한다고 할 것이다.

🚨 증거수집의 중요성

음주량, 알코올농도, 체중 등 변수는 최대한 정확하게 특정한다. 피의자의 진술에만 의존하지 말고 행적수사, 체중측정 등을 통해 최대한 정확하게 측정 또는 근접치 추정한다. 음주량은 식당 매출전표에서 술 판매량 확인, 업주·종업원 및 같이 술을 마신 일행에 대한 조사로 피의자가 마신 술의 양에 대해 최대한 근접한 양을 추정한다. 체중은 건강검진 지정 병원 등에서 신체검사를 통해 객관적이고 신뢰성 있는 수치를 적용한다. 평소 건강검진 결과를 통해 체중의 변화를 조사, 수사서류에 반영한다. 최종 음주시간은 신용카드 결재 시간(휴대폰 문자로 확인 가능) 및 식당 매출계산기 정산 시간 등을 통해 객관성을 확보한다. 최초 음주 시간 및 음주 속도에 대한 보강 조사를 반드시 병행한다. 최종 음주시간, 음주운전 적발시간(사고시간), 음주측정 또는 채혈시간을 최대한 명확히 한다.

최종 음주시간으로부터 측정(채혈)시간까지 90분이 경과되지 아니한 경우에는 혈중알코올농도가 상승하고 있으므로 위드마크 공식에 의한 감소수치는 적용하지 않아야 한다. 음주운전 처벌기준(혈중알코올농도 0.05%)에 근소하게 근접한 경우에는 전제조건 조사 등 적용 여부에 대하여 더욱 신중하게 적용한다. 운전면허 정지 또는 취소기준에 근접한 경우 측정기 또는 계산식 오차율 고려하여 적용한다.

판례는 만일 혈중알코올농도의 하강기간이라면 위드마크 공식에 의한 역추산 방식이 적용 가능하나 최고치를 향하여 상승하고 있는 시기라면 혈중알코올농도의 분해소멸에 관한 위드마크 공식을 사용하여 혈중알코올농도를 확인할 수 없음을 전제로, 음주측정이 하강기간이라고 단정할 수 없는 시기에 이루어져 운전 당시 음주수치를 추정하기도 어렵다는 취지로 무죄를 선고하고 있다. 음주운전 일제단속의 경우는 물론 교통사고로 인한 음주측정 또는 신고에 의한 음주측정의 경우에도 음주측정기를 반드시 휴대하여 현장에 출동하고, 가능한 한 빨리 측정을 완료하여 운전시와 측정시의 시간적 간극을 최소화해야 한다. 현장 측정을 하지 못한 경우 음주시간, 음주량, 술을 마신 경위 등을 구체적으로 조사한다.

03. 위드마크식 인용 판결

판결1) 울산지방법원 2019. 9. 17. 선고 2019고정67 판결 : 음주측정거부 무죄

🍶 소주 96ml, 몸무게 65kg 대입할 경우
96ml × 0.178(알코올 농도) × 0.7894g/ml(알코올 비중) × 0.7(체내흡수율) ÷ 〔(65kg(체중 최대치) × 0.86(위드마크 상수) × 10〕 = 0.0168%
🍶 소주 144ml, 몸무게 55kg 대입할 경우
〔144ml × 0.178 × 0.7894g/ml × 0.7 ÷ (55kg × 0.86 × 10)〕 = 0.0299%
🍶 소주 144ml, 몸무게 60kg, 체내흡수율 90%, 상수 0.52 대입할 경우
〔144ml × 0.178 × 0.7894g/ml × 0.9 ÷ (60kg × 0.52 × 10)〕 = 0.058%

판결2) 대법원 2017. 9. 21. 선고 2017도661 판결 : 48분 경과시간 합산

🍶 20:30까지 소주 2병 마심
🍶 05:30경 덤프트럭 운전
🍶 06:38경 교통사고 발생함
🍶 07:26경 음주측정기로 0.047% 확인(당시 형사처벌수치 미달)
🍶 06:38~07:26의 차이 48분에 대한 시간당 감소치 0.006%를 합산
🍶 0.053%(= 0.047% + 0.008% × 48분/60분)
음주운전죄 유죄

판결3) 대법원 2008. 8. 21. 선고 2008도 5531 판결 : 운전종료 후 추가 술 마신 것

🍶 22:15경 술을 마신 상태에서 승용차 운전
🍶 22:25경 혈중알코올농도 0.109% 측정
🍶 운전종료 후 알코올도수 0.21% 소주 260ml 마셨음
🍶 위드마크 공식 계산하니 0.077% 〔=(260ml×0.21×0.7894×0.7) / (75×0.52×10)〕
🍶 결국 혈중알코올농도는 0.032%(=0.109% − 0.077%)
🍶 혈중알코올농도 0.05%(당시 음주운전 처벌 기준) 이상의 주취 상태라고 단정할 수 없다.
음주운전죄 무죄

판결4) 대법원 2005. 2. 25. 선고 2004도8387 판결 : 45분 경과시간 합산

- 음주시각 19:40 ~ 20:40
- 운전시각 22:27 ~ 22:37
- 혈액채취시각 23:20
- 채혈된 혈액 감정결과 혈중알코올농도 0.046% 경우 운전종료시간과 음주측정시간의 차 43분
- 운전 당시 혈중알코올농도는 = 0.046 + (× 0.008) = 0.046 + 0.0057 = 0.0517%

판결5) 대법원 2000. 11. 10 선고99도5541 판결 : 5시간 경과시간 합산

위드마크 상수를 0.86으로, 섭취한 알코올의 양을 계산함에 있어서는 가장 낮은 수치인 70% 만이 체내에 흡수되어, 음주개시시각부터 곧바로 생리작용에 의하여 분해소멸이 시작되는 것으로 보고, 평소의 음주정도, 체질, 음주속도, 음주 후 신체활동 정도 등에 좌우되는 시간당 알코올 분해량을 0.03%로 하여 계산하더라도 그 결과,

0.1177% 〔= 【900ml × 0.7894g/ml(알코올비중) × 0.25(소주의 알코올도수) × 0.7(체내 흡수율)】 〕 / 【54kg × 0.86 × 10】 − 0.003% × 5시간〕 0.050% 초과하였음이 인정 된다.

04. 술 마셨으면 언제 운전해야?

성별	몸무게(kg)	소주 1병(360ml, 19도)		생맥주 4잔(2,000ml, 4.5도)	
		알코올 수치(%)	분해시간	알코올 수치(%)	분해시간
남	50	0.109	5시간 44분	0.144	7시간 34분
	60	0.091	4시간 47분	0.120	6시간 18분
	70	0.078	4시간 06분	0.102	5시간 22분
	80	0.068	3시간 34분	0.090	4시간 44분
	90	0.060	3시간 09분	0.080	4시간 12분
	100	0.054	2시간 50분	0.072	3시간 47분
여	50	0.137	7시간 12분	0.180	9시간 28분
	60	0.114	6시간 00분	0.150	7시간 53분
	70	0.098	5시간 09분	0.129	6시간 47분
	80	0.085	4시간 28분	0.113	5시간 56분
	90	0.076	4시간 00분	0.100	5시간 15분
	100	0.068	3시간 34분	0.090	4시간 08분

성별	몸무게(kg)	막걸리 1병(750ml, 6도)		양주 4잔(200ml, 45도)	
		알코올 수치(%)	분해시간	알코올 수치(%)	분해시간
남	50	0.072	3시간 47분	0.172	9시간 03분
	60	0.060	3시간 09분	0.144	7시간 34분
	70	0.051	2시간 41분	0.123	6시간 28분
	80	0.045	2시간 22분	0.108	5시간 41분
	90	0.040	2시간 06분	0.096	5시간 03분
	100	0.036	1시간 53분	0.086	4시간 31분
여	50	0.090	4시간 44분	0.217	11시간 25분
	60	0.075	3시간 56분	0.180	9시간 28분
	70	0.064	3시간 22분	0.155	8시간 09분
	80	0.056	2시간 56분	0.135	7시간 06분
	90	0.050	2시간 37분	0.120	6시간 18분
	100	0.045	2시간 22분	0.105	5시간 31분

05. 상승국면과 하강국면

상승국면은 최종 술을 마신 후 30~90분 동안 체내에 있는 알코올농도가 급격히 상승하는 것을 말하고 하강국면은 90분 이후 점차적으로 하락하는 것을 말한다. 음주운전죄는 운전당시 혈중알코올농도 0.03% 이상인 경우를 처벌하는 규정이다. 이런 이유로 상승국면에 운전했고 상승국면에 음주측정을 하였다면 운전자는 불이익을 보았다고 주장하며 음주운전과 음주측정시간과의 차이에 대한 감소치에 불만을 제기하며 소송을 하게 된다. 분명한 것은 음주운전자가 술집에 들어간 시간과 술 마신 시간, 운전한 시간으로 보아 운전 당시 상승기에 있었다고 단정하기 어렵고, 측정 치수가 0.080% 이상인 상태에서 운전자의 언행 상태는 어눌하고 비틀거리며 얼굴에 홍조를 띄고 있어 이미 술에 취해 있어 보인다. 비록 운전과 측정시간과의 간격이 있고 그때가 혈중알코올농도 상승기로 보이는 경우라 하더라도 그러한 사정만으로 언제나 실제 운전시점의 혈중알코올농도가 처벌기준치를 초과한다는 점에 대한 증명이 불가하다고 볼 수는 없다(대판 2015도7196). 최종음주 후 운전시점이 상승국면이라고 하여 그 수치를 감경해 줄 이유는 없으나 측정결과 0.05% 처벌기준치를 상외하는 상태에서는 상승국면에서 운전했을 가능성이 있음에 술 마신 행적조사 등 증거수집을 명확히 하게 된다.

▶ 대법원 2019. 7. 25. 선고 2018도6477 판결

운전 시점과 혈중알코올농도의 측정 시점 사이에 시간 간격이 있고 그때가 혈중알코올농도의 상승기로 보이는 경우라고 하더라도, 그러한 사정만으로 언제나 실제 운전 시점의 혈중알코올농도가 처벌기준치를 초과한다는 점에 대한 증명이 불가능하다고 볼 수는 없다. 이러한 경우 운전 당시에도 처벌기준치 이상이었다고 볼 수 있는지는 운전과 측정 사이의 시간 간격, 측정된 혈중알코올농도의 수치와 처벌기준치의 차이, 음주를 지속한 시간 및 음주량, 단속 및 측정 당시 운전자의 행동 양상, 교통사고가 있었다면 그 사고의 경위 및 정황 등 증거에 의하여 인정되는 여러 사정을 종합적으로 고려하여 논리와 경험칙에 따라 합리적으로 판단하여야 한다(대법원 2013. 10. 24. 선고 2013도6285 판결 등 참조).

🚨 〔상승국면과 하강국면 판례〕

상승국면이라 하더라도 유죄이다	
0.097%, 상승기로 보이는 경우라 하더라도 유죄이다.	대법원 2017도3322 판결
0.117%, 술을 마셨다고 볼 정황이 풍부하여 유죄이다.	대법원 2015도7194 판결
0.158%, 적어도 0.1% 이상 술에 취한 상태라고 봐야 한다.	대법원 2014도3360 판결
0.201%, 합리적 판단 유죄가 인정된다.	대법원 2013도6285 판결
0.255%, 상승국면이라 하더라도 유죄이다.	대법원 2013도8649 판결
0.090%, 상승국면이라 하더라도 유죄이다.	대법원 2013도10436 판결
0.201%, 적어도 0.05% 이상이었을 가능성은 충분하다.	대법원 2013도6285 판결
0.164%, 위드마크 공식 적용하여도 적법하다.	서울동부지법 2010노1811 판결
상승국면이므로 무죄이다	
0.126%, 하강국면만을 적용하여 행정처분 기준 될 수 없다	대법원 2006두15035 판결
0.065%, 상승국면 운전했으므로 단속수치 미달이다.	대법원 2005도6368 판결
0.047%, 상승국면이라 형사처벌 기준이 될 수 없다.	대법원 2005도3298 판결
0.114%, 상승국면이라 행정처분 기준이 될 수 없다.	대법원 2006두15035 판결
0.101%, 상승국면이라 취소처분 기준이 될 수 없다.	제주지법 2007구합843 판결
0.088%, 위드마크식 적용으로 취소시킴은 위법하다.	부산지법 2006구단3203 판결
0.043%, 하강국면 감소치 합산 면허취소는 위법하다.	대전지법 2007구단1465 판결
경미하게 초과하여 무죄이다	
호흡측정 0.053%, 채혈측정 0.046%	대법원 2006도5683 판결
호흡측정 0.0514%, 채혈측정 0.050%	대법원 2005도6368 판결
호흡측정 0.058%, 채혈측정 0.047%, 위드마크식 0.0512%	대법원 2005도3904 판결
호흡측정 안 함, 채혈측정 0.046%, 위드마크식 0.0517%	대법원 2004도8387 판결
호흡측정 0.007%, 위드마크식 0.066% 또는 0.053%	대법원 2002도6762 판결
호흡측정 0.045%, 위드마크식 0.054%	대법원 2001도1929 판결
호흡측정 없이 위드마크식 계산으로만 0.097%	대법원 2000도3307 판결
상당하게 초과하여 유죄이다	
호흡측정 0.012%, 위드마크식 0.0636%	대법원 2001도2823 판결
호흡측정 없이 위드마크식 계산으로만 0.1177%	대법원 99도5541 판결

06. 위드마크식 10가지 실무활용

사례1) 호흡측정 수치에 불복하여 채혈측정 요구

최종음주	19:00
음주운전적발	22:00
음주측정결과	22:00, 0.030%
채혈측정결과	23:00, 0.025%
위드마크식 적용	1시간 혈중알코올농도 감소치 0.008% 합산
∴ 혈중알코올농도 0.033%(=0.025+0.008)	

사례2) 교통사고 합의 중 2시간 후 경찰에 지연신고

최종음주	00:30
교통사고발생	02:00
음주측정 결과	04:00, 0.09%
채혈측정	안함
위드마크식 적용	2시간 경과 혈중알코올농도 감소치 0.016% 합산
∴ 혈중알코올농도 0.106%(=0.090+0.016)	

사례3) 음주단속 면하고자 경찰관 앞에서 술 마심

최종음주	18:00
음주운전적발	23:00
음주측정결과	0.205%
추가로 술 마신	소주 360, 알코올농도 0.019도
위드마크식 계산(60kg, 남성)	0.091% = (360ml×0.19×0.7894×0.7) / (60×0.52×10)
추가 술 마신 양 빼 줌	0.124 %(=0.205% − 0.091%)
∴ 혈중알코올농도 0.124%	

사례4) 뺑소니 운전자 8시간 만에 음주측정

최종음주	00:30

교통사고발생	01:00
음주측정 결과	09:00, 0.020%
채혈측정	안함
위드마크식 적용	8시간 시간차 = 8 × 0.008% = 0.064% 합산

∴ 혈중알코올농도 0.084%(=0.020+0.064)

사례5) 상승국면에 측정 및 채혈

최종음주시간	19:00
음주운전 적발시간	19:10
음주측정시간 : 결과	19:20 : 음주측정기 0.050%
채혈시간 : 결과	19:40 : 채혈결과 0.048%
적발시간 : 채혈시간 차	30분 : 0.004%(=0.008×30/60)

📖 최종음주 후 채혈시간까지 최고치 90분에 도달하지 않았다.
📖 30분 위드마크식 적용하지 않는다. 0.052%(=0.048+0.004)로 처리하지 않는다.
∴ 혈중알코올농도 0.048%

사례6) 상승국면 측정, 하강국면 채혈

최종음주시간	21:00
음주운전 적발시간	22:00
음주측정시간 : 결과	22:00 : 음주측정기 0.051%
채혈시간 : 결과	22:50 : 채혈결과 0.049%
적발시간과 채혈시간 차	50분 (최종음주 시부터 채혈시간까지 110분)
위드마크식 적용	하강국면 110-90 : 0.002%(=0.008×20/60) 합산
	상승국면 60-90 : 0.004%(=0.008×30/60) 감경

🍺 하강국면은 0.002% 합산해 준다.

🍺 상승국면은 0.004% 감경해 준다. 대법원 2005. 7. 14. 선고 2005도3298 판결에서 1시간 당 0.002% 감소해줘야한다고 보았고, 대법원 2007. 1. 11. 선고 2006두15035 판결에서 분해소멸에 관한 부분만을 역추산 합산하였을 뿐, 상승 부분에 대해 감해 준 바 없어 면허취 소처분을 할 수 없다고 한 판결 등을 감안하고, 이론상 최종음주부터 30˜90분 되는 시점에 이르러 최고치에 도달하므로 상승국면이 하강국면의 0.008%보다 적다고 볼 수 없다. 따라 서 상승국면은 최소 1시간당 0.008%를 대입해 주는 것이 타당하다.

∴ 혈중알코올농도 0.047%(=0.049+0.002-0.004)

사례7) 상승국면 교통사고 발생

최종음주시간	13:00
교통사고 발생시간	13:30
음주측정시간 : 결과	14:00 : 음주측정기 0.048%
교통사고시간 : 측정시간 차	30분 : 0.004%(=0.008×30/60)

🍺 최종음주 후 측정시간까지 최고치 90분에 도달하지 않았다.

🍺 30분 위드마크식 적용하지 않는다.

∴ 혈중알코올농도 0.048%

사례8) 하강국면에서 교통사고 발생하여 1시간 지나 음주측정 한 경우

최종음주시간	18:00
교통사고 발생시간	20:30
음주측정시간 : 결과	21:00 : 음주측정기 0.052%
채혈시간 : 결과	21:30 : 채혈결과 0.048%
교통사고시간과 채혈시간 차	60분 : 0.008%(=0.008×60/60)

∴ 혈중알코올농도 0.056%(=0.048+0.008)

사례9) 하강국면에서 교통사고 발생하여 3시간 30분지나 음주측정 한 경우

최종음주시간	21:00

사고 발생시간	03:00
음주측정시간 : 결과	06:00 : 음주측정기 0.105%
채혈시간 : 결과	06:30 : 채혈결과 0.080%
사고시간과 채혈시간 차	210분 : 0.028%(=0.008×210/60)

∴ 혈중알코올농도 0.108%(=0.080+0.028)

사례10) 하강국면에서 교통사고 발생하여 127분 만에 음주측정 한 경우

교통사고시간	01:40
최종음주시간	01:00
음주측정시간 : 수치	03:07 : 0.049%
경과시간(최종음주부터 90분 뺀 시간)	37분

∴ 혈중알코올농도 0.053% 〔=0.049+(0.008%÷37/60)〕

| 제5장 위드마크 계산식

제6장
음주운전 교통사고

01. 착안 사항

1) 일반원칙

○ 단독사고를 낸 운전자도 음주측정 대상이다.

○ 0.03% 이상이 되어야 음주운전 교통사고이다.

○ 음주 0.03% 미만이면 모두 보험처리 가능하고 부담금도 없다.

○ 중과실 음주운전 교통사고에 있어 운전자 본인의 인적 피해는 제외된다.

○ 물적피해만 발생되었으면 중과실 음주사고로 처리되지 않는다.

○ 음주 0.03~0.08%에 인적피해 결과발생은 운전면허 취소대상이다.

○ 만취운전이나 뺑소니 사망사고를 야기해도 종합보험 처리된다.

○ 음주운전을 숨기거나 보험금을 청구한 경우 보험사기죄 처벌대상이다.

○ 음주운전 약점을 이용한 무리한 금품요구는 공갈 등 형사처벌 대상이다.

2) 범죄일시

○ 범죄일시는 경찰관이 음주차량을 인지한 시점이다.

○ 범죄일시와 단속시간과 같으나 측정시간과는 다르다.

○ 측정시간은 주취자적발보고서 작성과 현행범체포시에 필요하다.

경찰관 단속	일반인 신고	교통사고	음주측정거부
🔔 23:00 차량정지 🔔 23:02 음주감지 🔔 23:20 음주측정 ⇒ 범죄일시 23:00 ⇒ 체포일시 23:00	🔔 01:00 일반신고 🔔 01:10 경찰출동 🔔 01:20 음주측정 ⇒ 범죄일시 01:00 ⇒ 체포일시 01:20	🔔 02:00 교통사고 🔔 02:30 경찰출동 🔔 02:40 음주측정 ⇒ 범죄일시 02:00 ⇒ 체포일시 02:40	🔔 03:00 차량정지 🔔 03:10 음주측정 🔔 03:30 채혈요구 ⇒ 범죄일시 03:00 ⇒ 체포일시 03:10

3) 작성 서류

🔔 음주측정기 사용대장

🔔 주취운전자 적발보고서

🔔 주취운전자 정황진술보고서

🔔 채혈동의서

🔔 면허정지, 취소 진술서 및 통지서 등

🔔 임시운전증명서 발부

🔔 필요시 현행범인체포서, 미란다고지 확인서, 체포통지서, 수사보고서, 진술서

4) 죄수

판결이 확정되지 아니한 수개의 죄 또는 금고 이상의 형에 처한 판결이 확정된 죄와 그 판결확정 전에 범한 죄를 경합범이라 한다(형법 제37조). 경합범을 동시에 판결할 때에는 가장 중한 죄에 정한 형이 사형 또는 무기징역이나 무기금고인 때에는 가장 중한 죄에 정한 형으로 처벌하고 사형 또는 무기징역이나 무기금고인 때에는 가장 중한 죄에 정한 형으로 처벌한다. 무기징역이나 무기금고 이외의 이종의 형인 때에는 병과하고 징역과 금고는 동종의 형으로 간주하여 징역형으로 처벌한다. 1개의 행위가 수개의 죄에 해당하는 상상적 경합범인 경우에는 가장 중한 죄에 정한 형으로 처벌한다(형법 제40조).

음주운전 죄수	
음주운전 횟수 산정하지 않고 공소를 제기한 검사의 적법성	대법원 2019도4608 판결
형의 선고나 유죄의 확정판결 등 있어야 하는 것은 아니다.	대법원 2018도11378 판결
음주운전과 무면허운전은 상상적 경합관계	대법원 2012도5108 판결
45분 차이로 2회 음주단속 된 경우 2개의 죄로 처벌	대구지법 2011노1379 판결
업무상과실재물손괴와 위험운전치사상은 상상적 경합관계	대법원 2009도10845 판결
음주운전과 위험운전치사상죄는 실질적 경합관계	대법원 2008도7143 판결
특가법상 위험운전치사상죄와 교특법상 음주사고는 흡수관계	대법원 2008도9182 판결
2차 음주 사고로 처벌받았으면 1차 음주사고 공소 제기는 면소	대법원 2007도4404 판결
교통사고처리 특례법 제3조 제1항과 제2항은 포괄 1죄	대법원 2006도4322 판결
1차 음주사고 후 20분 후 2차 음주사고 내면 1죄	대법원 2005도4051 판결
음주단속 후 2시간 지나 다시 단속되면 2개의 죄로 처벌	부산지법 2005구단4667 판결
음주운전과 음주측정거부는 실질적 경합관계	대법원 2004도5257 판결
기왕의 사실 자체의 모든 효과까지 소멸한다는 뜻은 아니다.	대법원 95도2446 판결

5) 30분 동안 3건 음주사고를 낸 사건

▶ 대법원 2007. 7. 26. 선고 2007도4404 판결

동일 죄명에 해당하는 수 개의 행위 혹은 연속된 행위를 단일하고 계속된 범의 하에 일정기간 계속하여 행하고 그 피해법익도 동일한 경우에는 이들 각 행위를 통틀어 포괄일죄로 처벌하여야 한다(대판 2005도4051, 대판 2006도1252). 음주운전으로 인한 도로교통법위 반 죄의 보호법익과 처벌방법을 고려할 때 피고인이 혈중알코올농도 0.05% 이상의 음주상 태로 동일한 차량을 일정기간 계속하여 운전하다가 1회 음주측정을 받았다면 이러한 음주 운전 행위는 동일 죄명에 해당하는 연속된 행위로서 단일하고 계속된 범의하에 일정기간 계 속하여 행하고 그 피해법익도 동일한 경우이므로 포괄일죄에 해당한다.

피고인이 순대골목에서 친구들과 술을 마신 후 술에 취한 상태로 승용차를 운전하여 03:20경 여관 앞 노상에 이르러 노상에 주차되어 있는 승용차의 우측 휀다부분을 손괴하고 (1차 사고) 즉시 필요한 조치를 취하지 아니하고 차량을 정차하거나 하차함이 없이 그대로 진행하여 그로부터 20분 후인 같은 날 03:40경 칼국수 앞 노상에 이르러 노상에 주차되어 있던 승용차 좌측 앞 휀다 부분을 손괴한 후(2차 사고), 같은 날 03:50경 음주측정을 받았 는데 혈중알코올농도가 0.161%로 측정된 사실, 그 후 피고인은 혈중알코오올 농도 0.161% 의 술에 취한 상태로 칼국수 앞 노상까지 약 3킬로미터 거리를 운전한 도로교통법 위반으로 벌금 150만원 약식명령을 받아 그 약식명령이 확정되었다.

이 사건은 음주운전으로 인한 도로교통법 위반죄의 공소사실이 03:20경 혈중알코올농도 0.161% 술에 취한 상태에서 3킬로미터 거리를 운전하던 중 1차 사고를 대상으로 하고 있 다. 원심이 이 사건 공소사실인 1차사고 당시의 음주운전에 대한 도로교통법위반죄가 위 약 식명령이 확정된 도로교통법위반죄와 포괄일죄 관계에 있으므로 위 확정된 약식명령의 기 판력이 이 사건 공소사실에 미치게 되어 결국 이 사건 공소사실은 이미 화정판결이 있는 때 에 해당된다는 이유로 1심판결을 파기하여 이 사건 공소사실에 대해 면소를 선고한 것은 정 당하고 거기에 상고이유의 주장과 같은 음주운전으로 인한 도로교통법위반죄의 보호법익과 죄수에 관한 법리오해 등의 위법은 없다.

6) 가해자 본인의 피해는 음주 교통사고 피해에 포함하지 않는다.

'교통사고' 란 차의 교통으로 인하여 발생된 사고로 타인의 생명, 신체, 재산에 대한 피 해 결과가 발생하여야 한다. 가해자 본인을 제외한 타인의 피해를 말한다. 음주 0.05% 운 전하다가 추락하여 운전자 본인만 상해 8주를 입었다면 단순 음주사고로 처리되어 도로교 통법상 음주운전에 대해서 형사처벌을 받는다. 운전면허는 100일간 정지처분 된다. 만약 부인이 동승하고 있어 부인이 2주의 상해를 입었다면 도로교통법상 음주운전 죄와 교통사 고처리 특례법상 음주운전 교통사고 등 2가지로 형사처벌 되고 0.03% 이상(정지 처분)의 술 취한 상태에서 인적 피해를 입게 했다는 이유로 운전면허가 취소되고 1년간 취득 자격 이 상실된다.

교통사고에 있어 피해자는 본인을 제외한 타인을 말하는 것이므로 동승자는 신분에 상관

없이 피해자의 지위에 있게 된다. 운전자의 자기 차량 손해는 도로교통법 제151조의 재물손괴 피해대상(적재물 포함)에 포함되지 않는다(대판79도444). 남의 차를 빌려서 운전하다가 교통사고가 발생된 경우 차주에 대한 민사책임은 있을지언정 교통사고 결과에 따른 피해 보상을 하지 않았다고 하여 형사처벌을 할 수 없다. 남의 차를 절취하여 운전하다가 절취한 차를 손괴시킨 경우 등 역시 도교법 제151조가 정하는 그 밖의 재물에서는 범행의 수단 또는 도구로 제공된 차량 자체는 포함되지 않는다(대판80도620).

7) 상해 범위

교통사고 피해자가 병원에서 진료를 받는 그 자체만으로 상해가 있다고 인정해야 하는가? 진단서가 발부되었다고 상해를 인정해야 하는가? 검사만 받아보려고 병원을 찾았는데 그 자체만으로 상해로 보아야 하는가? 놀랬거나 스트레스로 인한 정신적 고통이 있는 것도 상해로 보아야 하는가? 경미한 교통사고의 경우 종합보험에 가입된 그 자체만으로 공소를 제기할 수 없으니 논란의 여지는 줄어들 것이다. 그러나 음주운전 교통사고의 경우 피해자의 상해에 따라 적용법조와 운전면허 행정처분이 달라지고 가해자에게 커다란 불이익이 될 수도 있고 그렇지 않을 수도 있다.

병원 의사를 신뢰하여 발부된 진단서를 인정하여 상해가 발생된 것으로 처리할 것인지, 교통사고 정도로 보아 상해가 발생할 수 없음에도 피해자가 다소 과장하여 발부받은 것을 보아 상해없음으로 처리할 것인지는 쉽지 않은 결정이다. 술을 마시고 교통사고를 낸 그 자체에 대한 비난이나 중한 처벌을 부과함은 당연하나 그렇다고 이를 빌미로 피해보상을 받으려 했다거나 형사 처벌을 받게 할 목적으로 피해를 과장했다면 이는 바로잡아야 한다. 상해결과는 범죄성립에 중요한 조건이다. 합리적인 의심이 있는 경우 병원 진료기록이나 의사 대상 피해상황을 조사하는 등 적극적인 수사가 필요하다.

사건번호	사고내용	판결(도주혐의)		
		1심	2심	3심
대법원 2015도14535 판결	버스운전자 피해자가 2일 후 병원치료	유죄	무죄	무죄
대법원 2014도214 판결	사고 직후 병원치료, 2주 상해	무죄	무죄	유죄
대법원 2008도1339 판결	차에서 내리지 않고 떠남, 3주 상해	무죄	무죄	유죄
대법원 2007도2085 판결	백미러 파손, 3주 상해	유죄	무죄	유죄
대법원 2006도6737 판결	사고 직 후 피해자와 합의된 상태	무죄	무죄	무죄

02. 갓길 주차차 충돌 사고

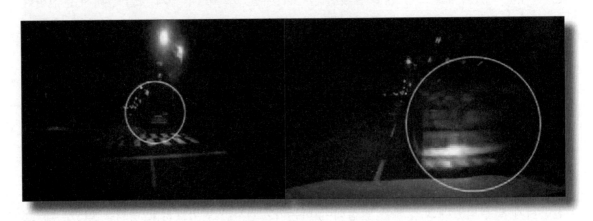

○ 사고원인 : 가해자 0.090%, 안전운전의무위반(도교법 제48조 제1항)
○ 피해결과 : 피해차량 수리비 200만원(가해자 본인 상해 8주)
○ 보험종류 : 종합보험
○ 적용법률 : 가. 도교법 제148조의2 제3항 제3호, 제44조 제1항
　　　　　　　　　 나. 도교법 제151조
○ 형사책임 : 가항 기소, 나항 불기소(공소권 없음)
○ 행정처분 : 면허취소, 1년간 취득자격 상실
○ 민사책임 : 없음(사고부담금 보험사에 지급)
○ 피해보상 : 가해차량 보험사와 합의
○ 착안사항
🚘 0.03% 미만은 음주운전 사고가 아니다.
🚘 0.03~0.08% 물적피해 교통사고는 운전면허 100일 정지처분 대상이다.
🚘 0.03~0.08% 가해자 본인 인적사고는 운전면허 취소 후 1년 취득자격 상실이다.
🚘 0.03~0.08% 타인 인적사고는 운전면허 취소 후 2년 취득자격 상실이다.
🚘 가해자의 상해나 가해차량은 형사책임에 있이 피해범위에 포함되지 않는다.

03. 음주운전 차량 동승자 상해

○ 사고원인 : 가해자 0.220%, 안전운전의무위반(도교법 제48조 제1항)
○ 피해결과 : 동승자 상해 10주, 피해차량 수리비 2,000만원
○ 보험종류 : 종합보험
○ 적용법률 : 가. 도교법 제148조의2, 제3항 제1호, 제44조 제1항
　　　　　　　 나. 특가법 제5조의11 제1항, 형법 제268조
　　　　　　　 다. 도교법 제151조
○ 형사책임 : 가·나항 기소, 다항 불기소(공소권 없음)
○ 행정처분 : 면허취소, 2년간 취득자격 상실
○ 민사책임 : 없음(사고부담금 보험사에 지급)
○ 피해보상 : 가해차량 보험사와 합의
○ 착안사항

🍺 특가법 제5조의11(위험운전치사상) 제1항에 따라 음주 또는 약물의 정상적인 운전이 곤란한 상태에서 자동차(원동기장치자전거를 포함한다)를 운전하여 사람을 상해에 이르게 한 사람은 1년 이상 15년 이하의 징역 또는 1천만원 이상 3천만원 이하의 벌금에 처하고, 사망에 이르게 한 사람은 무기 또는 3년 이상의 징역에 처한다고 규정했다. 교특법 제3조 제1항 제2항 단서 제8호에서는 자동차, 원동기장치자전거, 모든 건설기계조종사 운전자가 도로교통법 제44조 제1항을 위반하여 술에 취한 상태에서 정상적으로 운전하지 못할 우려가 있는 상태에서 형법 제268조의 죄를 범한 경우 적용된다. 특가법은 교특법의 가중처벌 규정이므로 피해결과가 크거나 중한 처벌이 예상되는 경우에는 특가법을 적용하고 그 외는 교특법을 적용한다.

🍺 동승자가 배우자, 자녀라고 하더라도 형사처벌에 있어서는 일반피해자와 같다.

🍺 만약 0.030% + 배우자 상해 2주 발생 시 면허취소 및 교특법 중과실 책임진다.

04. 아파트 지하주차장 사고

○ 사고원인 : 가해자 0.095%, 지하주차장 교행 중 사고
○ 피해결과 : 피해자 상해 2주, 피해차량 수리비 200만 원
○ 보험종류 : 종합보험
○ 적용법률 : 가. 도교법 제148조의2 제3항 제2호, 제44조 제1항
　　　　　　　나. 교특법 제3조 제1항 제2항 단서 제8호, 형법 제268조
　　　　　　　다. 도교법 제151조
○ 형사책임 : 가,나항 기소, 다항 불기소(공소권 없음)
○ 행정처분 : 도로가 아니므로 행정처분 불가
○ 민사책임 : 없음(사고부담금 보험사에 지급)
○ 피해보상 : 가해차량 보험사와 합의
○ 착안사항
🔋 도로가 아니라서 운전면허 취소처분 안 된다.
🔋 음주운전 아니면 형사처벌 안 된다.
🔋 가해차 수리비는 보험금 보상되지 않는다.
🔋 가해자 치료비는 자손보험금 청구가 가능하다.

🚨 주차된 차 손괴 후 명함만 꽂아놓고 현장 이탈한 경우

　소주 1잔 마시고 지하주차장에 주차하다가 부주의로 주차된 차를 들이받았다. 신고하면 음주측정을 할 수 있고 혹시 단속 수치가 나올 수도 있다. 주변에 본 사람이 없어 피해차량 운전석에 명함을 꽂아 두고 현장을 떠났다. 인적사항 미제공 성립은 적극적 행위를 요하므로 명함을 꽂은 것에 더해 사고당사자임을 알 수 있도록 그 외 특별한 조치를 함으로 112신고나 경비실 등에 신고함으로 죄로부터 자유롭다.

　도로교통법 제156조 제10호 규정에 따라 주정차 차만 손괴한 것이 분명한 경우에 제54조 제1항 제2호에 따라 피해자에게 인적사항을 제공하지 않은 경우 20만 원 이하의 벌금, 구류 또는 과료에 처해 지는데, 동법 시행규칙 별표 8에서 인적사항 제공의무위반(주 정차된 차만 손괴한 것이 분명한 경우에 한정 한다)범칙금 12만 원이 부과된다.

05. 안전거리 미확보 사고

○ 사고원인 : 가해자 0.075%, 안전거리 미확보(도교법 제19조 제1항)
○ 피해결과 : 피해자 상해 3주, 피해차량 수리비 200만 원
○ 보험종류 : 종합보험
○ 법률적용 : 가. 도교법 제148조의2, 제3항 제3호, 제44조 제1항
　　　　　　　나. 교특법 제3조 제1항 제2호 단서 제8호, 형법 제268조
　　　　　　　다. 도교법 제151조
○ 형사책임 : 가·나항 기소, 다항 불기소(공소권 없음)
○ 행정처분 : 운전면허 취소, 2년간 취득자격 상실
○ 민사책임 : 없음(사고부담금 보험사에 지급)
○ 피해보상 : 가해차량 보험사와 합의
○ 착안사항
🍺 음주운전이 아닌 한 안전거리미확보 사고는 형사처벌 대상이 아니다.
🍺 진행 중에 앞차를 추돌하는 것은 도교법 제19조 제1항에 따른 안전거리미확보위반 사고로
　 처리된다.
🍺 차량 정체로 멈춰 있는 차를 추돌한 사고는 도교법 제48조 제1항에 따른 안전운전의무위반
　 사고로 처리된다.

🚨 상습 음주운전자, 신호위반 교통사고 야기하여 실형 선고

▶ 울산지방법원 2019. 8. 29. 선고 2019고단1709, 2197(병합) : 징역 1년 6월

〔2019고단1709〕

1. 교통사고처리특례법위반(치상)

피고인은 쏘렌토 차량의 운전업무에 종사하는 사람이다.

피고인은 2019. 3. 14. 22:40경 혈중알코올농도 0.231%의 술에 취한 상태에서 위 쏘렌토 차량을 운전하여 교차로 직전 편도 5차로를 4차로를 따라 진행하던 중 위 교차로에 설치된 신호등의 정지신호에 따라 정차하다가 시속 약 5킬로미터로 직진하여 진행하게 되었다.

당시는 야간이고 그곳 전방에는 신호등이 설치된 사거리교차로가 있었으므로 자동차의 운전업무에 종사하는 사람에게는 전방과 좌우를 잘 살피고 제동 및 조향 장치를 정확하게 조작하면서 안전하게 운전하여야 할 업무상 주의의무가 있었다.

그럼에도 불구하고, 피고인은 이를 게을리 한 채 위와 같이 술에 취한 상태에서 그대로 직진하여 진행한 과실로, 쏘렌토 차량의 진행 방향 전방에서 교차로에 설치된 신호등의 정지신호에 따라 정차 중인 피해자 운전의 SM5 차량의 뒤 범퍼 부분을 쏘렌토 차량의 앞 범퍼 부분으로 들이받았다.

결국 피고인은 위와 같은 업무상 과실로 피해자에게 약 3주간의 치료가 필요한 경추의 염좌 및 긴장 등의 상해를 입게 하였다.

2. 도로교통법위반(음주운전)

피고인은 전항 기재 일시경 식당 앞 도로부터 교차로 직전 도로에 이르기까지 약 200m 구간에서 혈중알코올농도 0.231%의 술에 취한 상태에서 위 쏘렌토 차량을 운전하였다.

🚨 〔2019고단2197〕

1. 교통사고처리특례법위반(치상)

피고인은 코나 승용차를 운전하는 업무에 종사하고 있다.

피고인은 2019. 5. 19. 20:10경 편도 2차로 도로의 2차로를 따라 삼거리 방향으로 진행하였다. 그 곳은 중앙선이 설치되어 있는 곳이므로 자동차의 운전업무에 종사하는 사람에게는 전방 주시를 철저히 하고 차선을 지켜 안전하게 운행하여야 할 업무상 주의의무가 있었다. 그럼에도 불구하고 피고인은 이를 게을리 한 채 위와 같이 술에 취하여 운전하다가 도로 연석을 충격하면서 중앙선을 침범하여, 때마침 반대편에서 마주 오던 피해자 운전의 스포티지 승용차 앞부분을 위 코나 승용차 앞부분으로 들이받았다. 피고인은 위와 같은

업무상 과실로 피해자에게 약 2주간의 치료를 요하는 열린 두개내상처가 없는 진탕의 상해를 입게 하였다.

2. 도로교통법위반(음주운전)

피고인은 위 항과 같은 일시경 해장국 앞에서부터 같은 구 앞에 이르기까지 약 2km 구간에서 혈중알코올농도 0.105%의 술에 취한 상태로 코나 승용차를 운전하였다.

06. 진로변경 중 사고

- ○ 사고원인 : 가해자 0.090%, 진로변경방법위반(도교법 제19조 제3항)
- ○ 피해결과 : 피해자 상해 2주, 가해차 동승자 상해 3주

  피해차량 수리비 200만 원
- ○ 보험종류 : 종합보험
- ○ 법률적용 : 가. 도교법 제148조의2, 제3항 제2호, 제44조 제1항

  나. 교특법 제3조 제1항 제2항 단서 제8호, 형법 제268조

  다. 도교법 제151조
- ○ 형사책임 : 가·나항 기소, 다항 불기소(공소권 없음)
- ○ 행정처분 : 운전면허 취소, 2년간 취득자격 상실
- ○ 민사책임 : 없음(사고부담금 보험사에 지급)
- ○ 피해보상 : 가해차량 보험사와 합의
- ○ 착안사항
- ⑩ 음주운전이 아닌 한 진로변경방법위반사고는 형사처벌 대상이 아니다.
- ⑩ 백색실선에서 진로변경을 할 경우 도로교통법 제5조위반에 따른 중과실 신호 및 지시위반을 적용받아 중과실로 형사처벌 될 수 있다.
- ⑩ 대법원 2015. 11. 12. 선고 2015도3107 판결에서는 백색실선을 침범할 경우 도로교통법 제5조에 따른 안전표지를 위반한 경우에 해당된다고 판시하였다.

07. 신호등 없는 교차로 사고

○ 사고원인 : 가해자 0.125%, 교차로통행방법위반(도교법 제26조 제1항)

○ 피해결과 : 피해자 상해 2명(2주, 3주), 피해차량 수리비 350만 원

○ 보험종류 : 종합보험

○ 법률적용 : 가. 도교법 제148조의2 제3항 제2호, 제44조 제1항

　　　　　　　나. 교특법 제3조 제1항, 제2항 단서 제8호, 형법 제268조

　　　　　　　다. 도교법 제151조

○ 형사책임 : 가·나항 기소, 다항 불기소(공소권 없음)

○ 행정처분 : 운전면허 취소, 2년간 취득자격 상실)

○ 민사책임 : 없음(사고부담금 보험사에 지급)

○ 피해보상 : 가해차량 보험사와 합의

○ 착안사항

🍺 신호등이 없는 교차로에서 일시정지 또는 서행위반으로 발생되었다.

🍺 특가법상 위험운전치사상죄는 음주운전이 사고에 직접원인이 되어야 한다.

🍺 교통사고 원인과 결과로 보아 사고원인이 음주에 있다고 입증되어야 하고, 교특법보다 중한 처벌의 결과가 예상되는 경우에 적용되어야 한다.

🍺 0.100%가 넘으면 무조건 적용해야 한다는 논리는 근거가 부족하다.

🔔 상습 음주운전으로 교통사고 야기하여 징역형 실형

▶ 부산지방법원 2019.9.25. 선고 2019고단1343, 2019고단1764 판결 : 징역 1년

〔2019고단1343〕

1. 교통사고처리특례법위반(치상)

피고인은 제네시스 승용차의 운전업무에 종사하는 사람이다.

피고인은 2019. 03. 15. 01:20경 혈중알코올농도 0.101%의 술에 취한 상태에서 자동차운전면허를 받지 아니하고 위 승용차를 운전하여 아파트 앞 교차로를 편도 1차로 도로 중 1차로를 따라 병원 쪽으로 진행하게 되었다. 그곳은 교통정리가 행하여지지 않는 교차로이므로 운전업무에 종사하는 자로서는 속도를 줄이고 교차로 진입 차량이 있는지 여부를 확인하는 등 안전하게 운전하여 미연에 사고를 방지하여야 할 업무상 주의의무가 있었다. 그럼에도 불구하고 피고인은 술에 취하여 이를 게을리 한 채, 피고인 승용차 진행방향의 좌측에서 우측으로 진행하며 교차로에 진입하던 피해자 운전의 제네시스쿠페 승용차의 조수석 앞부분을 피고인 승용차의 운전석 앞부분으로 들이받았다. 이로써 피고인은 위와 같은 업무상 과실로 피해자에게 약 4주간의 치료가 필요한 늑골 골절 등 상해를 입게 하였다.

2. 도로교통법위반(음주운전), 도로교통법위반(무면허운전)

피고인은 제1항 기재 일시경 여관 앞 도로에서부터 아파트 앞 교차로에 이르기까지 약 500m 구간에서 혈중알코올농도 0.101%의 술에 취한 상태에서 자동차운전면허를 받지 아니하고 제네시스 승용차를 운전하였다.

🔔 [2019고단1764]

피고인은 2019. 5. 7. 00:25경 식당에서 앞 도로까지 약 500m의 구간에서 혈중알콜수치 0.102%의 술에 취한 상태로, 자동차운전면허가 없이 그랜저 승용차를 운전하였다.

08. 횡단보도 벗어난 지점 사고

○ 사고원인 : 가해자 0.035%, 안전운전의무위반(도교법 제48조 제1항)

○ 피해결과 : 피해자 상해 10주

○ 보험종류 : 종합보험

○ 법률적용 : 가. 도교법 제148조의2, 제3항 제3호, 제44조 제1항

　　　　　　 나. 교특법 제3조 제1항 제2항 단서 제8호, 형법 제268조

○ 형사책임 : 가·나항 기소

○ 행정처분 : 운전면허 취소, 2년간 취득자격 상실

○ 민사책임 : 없음(사고부담금 보험사에 지급)

○ 피해보상 : 가해차량 보험사와 합의

○ 착안사항

🔟 횡단보도 벗어나면 횡단보도 보행자 보호의무위반 적용대상이 아니다.

🔟 도로교통법 제27조 제1항에서 모든 차 또는 노면전차의 운전자는 보행자가 횡단보도를 통행하고 있을 때에는 보행자의 횡단을 방해하거나 위험을 주지 아니하도록 그 횡단보도 앞(정지선이 설치되어 있는 곳에서는 그 정지선을 말한다)에서 일시정지하여야 한다고 규정되었다.

🔟 대법원 2008. 5. 15. 선고 2008도1899 판결에서 횡단보도를 통행하고 있는 보행자란 사람이 횡단보도에 있는 모든 경우를 의미하는 것이 아니라 도로를 횡단할 의사로 횡단보도를 통행하고 있는 경우에 한한다고 판시하였다.

09. 도로에 누워있는 사람 역과 사고

○ 사고원인 : 가해자 0.075%, 안전운전의무위반(도교법 제48조 제1항)

○ 피해결과 : 피해자 사망

○ 보험종류 : 종합보험

○ 법률적용 : 가. 도교법 제148조의2 제3항 제3호, 제44조 제1항

　　　　　　　나. 교특법 제3조 제1항, 형법 제268조

○ 형사책임 : 가·나항 기소

○ 행정처분 : 운전면허 취소, 5년간 취득자격 상실

○ 민사책임 : 없음(사고부담금 보험사에 지급)

○ 피해보상 : 가해차량 보험사와 합의

○ 착안사항

🍺 교특법 제3조 제2항 단서 제8호 적용법조항 표기는 상해의 결과만 적용한다.

🍺 운전자가 누워있는 사람을 발견할 수 없었음이 입증되면 형사처벌 안 된다.

🍺 도로환경, 차량의 특징, 피해자 상태, 운전경력, 사고 후 정황 등을 종합하여 사고사실을 알았는지 피할 수 있었는지 등을 조사하고 종합적으로 결정한다.

🍺 대법원 2011. 5. 26. 선고 2010도17506 판결은 택시가 심야시간 골목길에서 누워 있는 사람을 역과하여 사망케 하고 도주하여 사망사고 뺑소니의 유죄를 인정한 사건이다. 늦은 시간 주택이 밀집되어 있는 좁은 골목길이면서 도로가 직각으로 구부러져 가파른 비탈길의 내리막으로 이어지는 커브길이고 확보되어 있던 도로의 폭마저 좁아 통행인이나 장애물이 돌연히 진로에 나타날 개연성이 큰 곳이었으므로 자동차 운전자는 도로상황에 맞게 평소보다 더욱 속도를 줄이고 전방 좌우를 면밀히 주시해 안전하게 운전함으로써 사고를 미연에 방지할 주의의무가 있었는데, 그럼에도 이를 게을리한 채 그다지 속도를 줄이지 않고 진행하다 도로에 누워 있던 피해자를 발견하지 못해 사고를 일으킨 이상 업무상 주의의무를 위반한 잘못이 있다고 보았다.

10. 신호위반 사고

○ 사고원인 : 가해자 0.230%, 신호위반(도교법 제5조)
○ 피해결과 : 피해자 상해 3주, 피해차량 수리비 500만원
○ 보험종류 : 종합보험
○ 적용법률 : 가. 도교법 제148조의2 제3항 제1호, 제44조 제1항
　　　　　　　 나. 특가법 제5조의11 제1항, 형법 제268조
　　　　　　　 다. 도교법 제151조
○ 형사책임 : 가·나항 기소, 다항 불기소(공소권 없음)
○ 행정처분 : 운전면허 취소, 2년간 취득자격 상실
○ 민사책임 : 없음(사고부담금 보험사에 지급)
○ 피해보상 : 가해차량 보험사와 합의
○ 착안사항
🍺 신호위반 인적피해 교통사고는 형사처벌 대상이다.
🍺 신호위반 물적피해만 발생된 교통사고는 형사처벌 대상이 아니다.
🍺 0.230% 술에 취한 상태에서 신호위반하여 인적피해 교통사고를 야기한 경우 특가법상 위험
운전치사상죄를 적용하여 처리된다.

11. 중앙선 침범 사고

○ 사고원인 : 가해자 0.174%, 중앙선 침범(도교법 제13조 제3항)
○ 피해결과 : 피해자 상해 3주, 피해차량 수리비 520만원
○ 보험종류 : 종합보험 가입
○ 법률적용 : 가. 도교법 제148조의2, 제3항 제2호, 제44조 제1항
　　　　　　 나. 특가법 제5조의11 제1항, 형법 제268조
　　　　　　 다. 도교법 제151조
○ 형사책임 : 가·나항 기소 다항 불기소(공소권 없음)
○ 행정처분 : 운전면허 취소, 2년간 취득자격 상실
○ 민사책임 : 없음(사고부담금 보험사에 지급)
○ 피해보상 : 가해차량 보험사와 합의
○ 착안사항

📖 교특법 제3조 제1항 제2항 단서 제2호, 형법 제268조의 중앙선 침범사고는 운전자가 고의로 중앙선을 침범하려는 것을 처벌하는 규정이다.

📖 졸음운전, 과속운전, 전방주시태만 등 과실로 발생한 경우에도 적용된다. 수사내용과 증거결과는 양형과 교특법과 특가법의 선택적 적용법률에 있어 중요한 단서가 된다. 국립과학수사연구원이나 도로교통공단 등 전문기관에 핸들조향이나 브레이크 작동 등 사고에 관해 분석을 의뢰해 중앙선 침범 원인을 밝히는 것은 매우 중요하다.

📖 타인의 차량에 의해 충돌되어 운전자의 의사와 상관없이 중앙선을 넘어갔다거나 동물이나 사람 그리고 옆에 가는 차량을 피하려다가 중앙선을 넘은 경우 등 정당한 사유가 있다면 중앙선 침범 사고로 처리되지 않을 수 있다.

📖 교특법 제3조 제1항 제2항 단서 제8호 중과실 음주운전 교통사고는 특가법 제5조의11 제1항의 위험운전치사상죄에 흡수된다. 따라서 특가법이 적용되면 따로 교특법은 표기하지 않는다.

12. 중앙선 침범 단독 사고

○ 사고원인 : 운전자 0.055%, 중앙선 침범(도교법 제13조 제3항)

○ 피해결과 : 중앙분리대 수리비 500만 원, 동승자 상해 3주

○ 보험종류 : 종합보험

○ 적용법률 : 가. 도교법 제148조의2, 제3항 제3호, 제44조 제1항

　　　　　　　나. 교특법 제3조 제1항 제2항 단서 제2호, 제8호, 형법 제268조

　　　　　　　다. 도교법 제151조

○ 형사책임 : 가·나항 기소, 다항 불기소(공소권 없음)

○ 민사책임 : 없음(사고부담금 보험사에 지급)

○ 피해보상 : 가해차량 보험사와 합의

○ 행정처분 : 운전면허 취소, 2년간 취득자격 상실

○ 착안사항

🔟 동승자도 음주운전 피해자이다.

🔟 동승자의 인적피해는 형사처벌과 운전면허 행정처분 중요한 조건이 된다.

🔟 단독사고는 중앙선 침범이 직접원인 아니라는 이유로 경과실 처리될 수 있다.

🔟 중앙선 침범하여 물적피해만 발생되었다면 단순음주 0.055%와 같이 처리된다.

13. 횡단보도 보행자 사고

○ 사고원인 : 가해자 0.044%, 횡단보도 보행자보호 위반(도교법 제27조 제1항)

○ 피해결과 : 피해자 상해 3주

○ 보험종류 : 종합보험

○ 적용법률 : 가. 도교법 제148조의2 제3항 제3호, 제44조 제1항

　　　　　　　나. 교특법 제3조 제1항 제2항 단서 제6호, 제8호, 형법 제268조

○ 형사책임 : 가·나항 기소

○ 행정처분 : 운전면허 취소, 2년간 취득자격 상실

○ 민사책임 : 없음(사고부담금 보험사에 지급)

○ 피해보상 : 가해차량 보험사와 합의

○ 착안사항

🎖 횡단보도 전 일시정지를 했더라도 보행자 보호하지 못한 책임을 진다.

🎖 횡단보도를 벗어나 보행하면 횡단보도 사고가 아닌 무단횡단 사고로 처리된다.

🎖 자전거 탄 운전자가 차량에 충돌된 경우 횡단보도 사고로 처리되지 않는다.

🎖 대법원 2017. 3. 15. 선고 2016도17442 판결은 횡단보도 보행자를 두텁게 보호하는데 있으
므로 횡단보도 전에 일시정지를 하지 않고 우회전한 행위는 도교법 제27조 제1항 위반에 해
당되고 비록 보도에 있다가 횡단보도로 진입하는 찰라에 우회전차 옆부분에 충돌되었다고 하
더라도 횡단보도 보행자로 보아야 한다고 판단하였다.

🔔 만취운전자 횡단보도 사망사고, 징역형 실형
▶ 창원지방법원 2019. 4. 30. 선고 2019고합19 판결 : 징역 2년, 집유 3년 등

피고인은 2018. 6. 3. 04:26경 혈중알코올농도 0.196%의 술에 취한 상태에서 제네시스 승용차를 운전하여 좌회전하게 되었다. 그곳은 횡단보도가 설치된 교차로가 있고, 당시는 야간으로 시야 확보가 어려운 상태이므로, 이러한 경우 자동차의 운전업무에 종사하는 사람에게는 전방 및 좌우를 잘 살펴 보행자가 있는지 여부를 확인하는 등 진로의 안전을 확보하고 조향장치와 제동장치를 정확하게 조작하여 안전하게 운전함으로써 사고를 미연에 방지하여야 할 업무상주의의무가 있었다.

그럼에도 피고인은 이를 게을리 한 채 술에 만취하여 만연히 진행하다가 피고인 차량의 진행 방향 왼쪽에서 오른쪽으로 횡단보도를 횡단하던 피해자를 미처 발견하지 못하고, 피해자의 오른쪽 다리 부위를 피고인 차량의 앞 범퍼 부분으로 들이받아, 피해자가 바닥에 넘어지는 과정에서 턱뼈에 골절 등을 입게 되었다. 결국 피고인은 음주의 영향으로 정상적인 운전이 곤란한 상태에서 자동차를 운전하여 피해자로 하여금 2018. 6. 7. 05:20경 치료 중이던 병원에서 턱뼈 골절 등에 의한 패혈증으로 사망에 이르게 하였다.

14. 자전거 보도침범 사고

○ 사고원인 : 가해자 0.240%, 보도침범(도교법 제13조 제1항)

○ 피해결과 : 피해자 상해 8주

○ 보험종류 : 무보험

○ 법률적용 : 가. 도교법 제156조 제11호, 제44조 제1항

　　　　　　나. 교특법 제3조 제1항 제8항 단서 제8호 제9호, 형법 제268조

○ 형사책임 : 가·나항 기소

○ 행정처분 : 해당없음

○ 민사책임 : 치료비 및 위자료 등

○ 피해보상 : 가해자와 개별합의 또는 민사소송

○ 착안사항

🪙 자전거 음주운전 범칙금은 0.03% 이상이면 모두 범칙금 3만원이다.

🪙 정당한 사유 없이 음주측정에 불응할 경우 범칙금 10만원이 부과된다.

🪙 자전거 운전 중 인적피해 교통사고를 내면 중과실 교통사고로 처리된다.

🪙 특가법상 위험운전치사상죄는 자동차와 원동기장치자전거만 대상이므로 자전거 운전자가 술에 취한 상태에서 사고를 냈다고 하더라도 특가법 적용은 안된다.

🪙 자전거 만취운전을 해도 소지한 운전면허는 취소되지 않는다.

🪙 도교법 제93조(운전면허의 취소.정지) 제1항 제1호에서 제44조 제1항을 위반하여 술에 취한 상태에서 자동차등을 운전한 경우 취소한다고 규정되었고, 제2호에서 도로교통법 제44조 제1항 또는 제2항 후단을 위반(자동차등을 운전한 경우에 한정한다. 이하 이 후 및 제3호에서 같다)한 사람이 다시 같은 조 제1항을 위반하여 운전면허 정지 사유에 해당하는 경우에 운전면허를 취소한다고 규정되었다. 자동차등은 자동차와 원동기장치자전거를 말하고 자전거는 아니다.

🚨 자전거 운전미숙으로 사망사고 야기
▶ 울산지방법원 2019. 8. 14. 선고 2019고단1124 판결 : 벌금 1,000만원

　피고인은 스타카토 자전거의 운전업무에 종사하는 사람이다.

　피고인은 2018. 8. 10. 14:50경 위 자전거를 운행하여 자전거전용도로를 언양 방면에서 범서 방면으로 진행하게 되었다. 당시 피고인의 지인인 피해자가 피고인과 동행하여 자전거를 운행하고 있었으므로, 피고인으로서는 피해자의 자전거와 충돌을 방지하기 위해 충분한 안전거리를 두고 운행하여야 하고 나란히 운행해서는 아니 되는 업무상의 주의의무가 있었다. 그럼에도 피고인은 피해자가 피고인의 전방에서 알톤 자전거를 운행하다가 우측 갓길로 빠지자, 우측 갓길에서 주행하는 피해자의 자전거와 충분한 거리를 확보하지 않고 자전거전용도로에서 피해자의 자전거와 속도를 맞춰 나란히 운행한 과실로, 피해자가 운전미숙으로 갑자기 피고인이 운행하는 자전거의 전방으로 진입하자 이를 피하지 못하고 위 알톤 자전거의 좌측 앞바퀴 부분을 위 스타카토 자전거의 우측 앞바퀴 부분으로 충격하여 피해자를 도로상에 넘어지게 하여 2018. 8. 20. 12:20경 병원에서 뇌출혈 및 뇌부종에 의한 심폐정지로 사망에 이르게 하였다.

15. 경운기 중앙선 침범 사고

○ 사고원인 : 경운기 가해자 0.140%, 중앙선 침범(도교법 제13조 제3항)
○ 피해결과 : 피해자 3주, 피해차량 수리비 400만 원
○ 보험종류 : 무보험, 미합의
○ 적용법률 : 가. 교특법 제3조 제1항 제2항 단서 제2호, 형법 제268조
　　　　　　　　 나. 도교법 제151조
○ 형사책임 : 가·나항 기소
○ 행정처분 : 해당없음
○ 민사책임 : 치료비 및 위자료 등
○ 피해보상 : 가해자와 개별합의 또는 민사소송
○ 착안사항
🐾 도교법 제2조 제17호에 따라 경운기는 차이다.
🐾 경운기가 중앙선침범 하면 범칙금 발부 대상이다.
🐾 경운기는 도교법 제44조 제1항 규정에 따라 음주운전죄 적용대상이 아니다.
🐾 경운기 운전 중 사람을 다치게 하거나 물건을 손괴하면 교통사고 책임을 진다.
🐾 경운기 운전자가 운전면허 소지하고 있어도 교통사고 벌점은 부과받지 않는다.
🐾 중앙선 침범 좌회전 중 좌측 차와 충돌되면 중앙선침범 사고로 처리될 수 있다.
🐾 경운기 운전 중 중앙선 침범 사고로 처리되면 합의와 관계 없이 형사처벌 된다.

16. 군용트럭 교차로 사고

○ 사고원인 : 가해자 0.035%, 교차로 통행방법위반(도교법 제26조 제2항)

○ 피해결과 : 피해자 상해 2주, 피해차량 수리비 100만원

○ 보험종류 : 종합보험

○ 적용법률 : 가. 도교법 제148조의2 제3항 제3호, 제44조 제1항

　　　　　　나. 교특법 제3조 제1항 제2항 단서 제8호, 형법 제268조

　　　　　　다. 도교법 제151조

○ 형사책임 : 가·나항 기소, 다항 불기소(공소권 없음)

○ 행정처분 : 운전면허 취소, 2년간 취득자격 상실

○ 민사책임 : 없음(사고부담금 보험사에 지급)

○ 피해보상 : 가해차량 보험사와 합의

○ 착안사항

🍺 도로교통법 제2조 제18호에서 자동차란 자동차관리법 제3조 자동차를 말한다.

🍺 자동차관리법 시행령 제2조 제3호에서 군수품관리법의 자동차는 제외되었다.

🍺 군수품관리법 시행령 제1조의2 규정에 따라 전비품은 군용트럭, 화포견인차, 구난차, 전선보수차, 구급차, 중장비운반차 등을 말한다.

🍺 대판 94도1519에서는 군용차량은 번호판이 상이할 뿐 형태나 이용 목적은 일반 차량과 같다고 판시하였다. 군수품관리법 상 전비품에 대해서는 도교법상 자동차로 보아 음주운전 교통사고 등 일반 운전자와 같이 형사책임 등을 묻는다.

🍺 군인 음주운전이나 군인 음주운전 교통사고 수사는 군헌병대 수사관이 한다.

🍺 군인 교통사고 피해자는 군에서 정한 곳에서 피해조사 등을 받는다.

🍺 군용트럭 운전자(군인)는 경찰공무원의 호흡조사 측정에 응해야 한다.

🍺 경찰에서 집행하는 운전면허 행정처분에 따라야 한다.

17. 굴삭기 유턴 중 사고

- ○ 사고원인 : 가해자 0.085%, 유턴위반(도교법 제18조 제1항)
- ○ 피해결과 : 피해자 상해 10주, 피해차량 수리비 250만원
- ○ 보험종류 : 무보험, 미합의
- ○ 법률적용 : 가. 도교법 제148조의2 제3항 제2호, 제44조 제1항
             나. 교특법 제3조 제1항 제2항 단서 제8호, 형법 제268조
             다. 도로교통법 제151조
- ○ 형사책임 : 가.나.다항 모두 기소
- ○ 행정처분 : 건설기계 조종사면허 취소
- ○ 민사책임 : 치료비 및 위자료 등
- ○ 피해보상 : 가해자와 개별합의 또는 민사소송
- ○ 착안사항
- 🔟 굴삭기는 도로교통법상 차에 해당된다.
- 🔟 모든 건설기계는 도로교통법상 음주운전죄 단속 대상이다.
- 🔟 음주운전으로 인적사고 야기하였으므로 교특법 중과실 사고에 대한 책임을 진다.
- 🔟 자동차 운전면허를 소지했더라도 운전면허 정지나 취소처분 대상이 되지 않는다.
- 🔟 건설기계관리법 시행규칙 79조 규정에 따라 조종사면허 행정처분을 받는다.
- 🔟 굴삭기, 지게차, 기중기 등 건설기계관리법 제26조 제1항 단서 규정에 의한 6종의 건설기계를 제외한 일반 건설기계는 면허발급 및 행정처분은 건설기계관리법의 규정에 따른다.
- 🔟 경찰은 건설기계 운전면허 행정처분(건설기계관리법 시행규칙 제79조, 별표 22)에 대한 집행 권한이 없어 관련 서류를 관할 구청에 통보하여 집행토록 한다.

[건설기계조종사 면허의 취소·정지처분]

위 반 사 항	처분기준
건설기계 조종 중 고의 또는 과실로 중대한 사고를 일으킨 때 고의로 인명피해(사망·중상·경상 등을 말한다)를 입힌 때	취소
과실로 3명 이상을 사망하게 한 때	취소
과실로 7명 이상에게 중상을 입힌 때	취소
과실로 19명 이상에게 경상을 입힌 때	취소
기타 인명피해를 입힌 때 사망 1명마다	면허효력정지 45일
중상 1명마다	면허효력정지 15일
경상 1명마다	면허효력정지 5일
재산피해 피해금액 10만원마다	면허정지효력 1일 (90일 넘지 못함)
건설기계의 조종 중, 고의 또는 과실로 「도시가스사업법」 제2조 제5호의 규정에 의한 가스공급시설을 손괴하거나 가스공급시설의 기능에 장해를 입혀 가스의 공급을 방해한 때	면허효력정지 180일
면허정지처분을 받은 자가 그 정지기간 중에 건설기계를 조종한 때	취소
술에 취한 상태(혈중알코올농도 0.03 이상 0.08미만을 말한다. 이하 이 호에서 같다)에서 건설기계를 조종한 때	면허효력정지 60일
술에 취한 상태에서 건설기계를 조종하거나 사고로 사람을 죽게 하거나 다치게 한 때	취소
술에 만취한 상태(혈중알코올농도 0.08센트 이상)에서 건설기계를 조종한 때	취소
2회 이상 술에 취한 상태에서 건설기계를 조종하여 면허효력정지를 받은 사실이 있는 사람이 다시 술에 취한 상태에서 건설기계를 조종한 때	취소
약물(마약, 대마, 향정신성 의약품 및 「유해화학물질 관리법 시행령」 제26조에 따른 환각물질을 말한다)을 투여한 상태에서 건설기계를 조종한 때	취소

18. 비접촉 진로변경 사고

○ 사고원인 : 가해자 0.040%, 진로변경방법위반(도교법 제19조 제1항)
○ 피해결과 : 피해자 상해 3주, 피해차량 수리비 71만원
○ 보험종류 : 종합보험
○ 적용법률 : 가. 도교법 제148조의2 제3항 제3호, 제44조 제1항
　　　　　　　나. 교특법 제3조 제1항 제2항 단서 제8호, 형법 제268조
　　　　　　　다. 도교법 제151조
○ 형사책임 : 가·나항 기소, 다항 불기소(공소권 없음)
○ 행정처분 : 운전면허 취소, 2년간 취득자격 상실
○ 민사책임 : 없음(사고부담금 보험사에 지급)
○ 피해보상 : 가해차량 보험사와 합의
○ 착안사항
🕊 비접촉이더라도 법규위반이 사고에 직접원인이 되면 사고책임을 진다.
🕊 진로변경 차 피하며 가드레일 충돌된 경우 진로변경 차가 가해차 된다.
🕊 사고를 몰랐다면 도주혐의는 무죄, 음주운전 교통사고에 대해서만 책임을 진다.
🕊 사고를 알 수 있었다는 증거가 확인되면 특가법상 도주차량 운전죄가 적용된다.
🕊 자동차 대 자동차 교통사고에 있어, 교통사고를 야기하고도 아무런 조치를 취하지 않고 현장을 떠날 경우 인적피해 구호조치 미비에 따른 특가법상 도주차량 운전죄, 교통상 장해 또는 위험을 제공하고도 조치를 취하지 않았다는 취지로 도로교통법상 사고 후 미조치죄 등 2개 법률조항이 적용된다.

19. 보도에 서 있는 사람 충돌 사고

○ 사고원인 : 가해자 0.267%, 안전운전의무위반, 뺑소니

○ 피해결과 : 피해자 사망

○ 보험종류 : 종합보험

○ 적용법률 : 가. 도교법 제148조의2 제3항 제1호, 제44조 제1항

               나. 특가법 제5조의3 제1항 제1호, 제5조의11, 형법 제268조

○ 형사책임 : 가·나항 기소

○ 행정처분 : 운전면허 취소, 5년간 취득자격 상실

○ 민사책임 : 없음(사고부담금 보험사에 지급)

○ 피해보상 : 가해차량 보험사와 합의

○ 착안사항

🍺 사망사고 결과가 발생되면 음주운전이나 뺑소니가 아니더라도 형사처벌 된다.

🍺 뺑소니 사망사고는 음주운전의 의심이 충분하므로 신속한 증거수집이 중요하다.

🍺 음주운전 현장증거와 교통사고 영상 블랙박스 압수물 관리는 매우 중요하다.

🍺 음주운전자 위드마크식 적용 후 기소할 경우 객관적 증거가 선행되어야 한다.

🚨 음주운전 뺑소니 사고 후 측정거부, 징역형 실형

▶ 울산지방법원 2019. 8. 29 선고 2019고단1775 판결 : 징역 1년 2월

1. 특정범죄가중처벌등에관한법률위반(위험운전치상), 특정범죄가중처벌등에관한법률위반(도주치상), 도로교통법위반(사고후미조치), 도로교통법위반

　피고인은 싼타페 승용차의 운전업무에 종사하는 사람이다. 피고인은 2019. 3. 7. 10:25 경 위 차량을 운전하여 사거리를 편도 4차로의 도로 중 3차로로 진행하던 중 좌회전을 하게 되었다. 그 곳은 평소 통행량이 많고 신호등이 설치된 장소이므로 이러한 경우 자동차의 운전업무에 종사하는 사람에게는 전방을 잘 살피며 신호에 따라 안전하게 운전하여 사고를 미리 방지하여야 할 업무상 주의의무가 있었다. 그럼에도 불구하고 피고인은 술에 취하여 술 냄새가 나고, 혈색이 붉고, 보행이 비틀거리는 등 정상적인 운전이 곤란한 상태에서, 양방향 직진 신호가 점등되어 있는 것을 무시하고 3차로에서 그대로 좌회전을 시도한 과실로, 반대 차로에서 직진 신호에 따라 직진하는 피해자가 운전하던 말리부 승용차의 운전석 문쪽을 피고인이 운전하던 위 싼타페 승용차의 앞 범퍼 부분으로 들이받았다. 피고인은 위와 같이 음주의 영향으로 정상적인 운전이 곤란한 상태에서 위 싼타페 승용차를 운전하여 피해자에게 2주 이상의 치료가 필요한 두피의 표재성 손상 등의 상해를, 피해차량의 동승자인 피해자에게 2주 이상의 치료가 필요한 경추의 염좌 및 긴장 등의 상해를 각각 입게 함과 동시에 피해차량을 수리비 4,035,596원이 들 정도로 손괴하고도 즉시 정차하여 피해자들을 구호하는 등 필요한 조치를 취하지 아니하였다.

2. 특정범죄가중처벌등에관한법률위반(위험운전치상), 도로교통법위반

　피고인은 2019. 3. 7. 10:30경 제1항 기재와 같이 음주의 영향으로 정상적인 운전이 곤란한 상태에서 사고현장을 벗어나 도주하기 위하여 위 싼타페 승용차를 운전하여 삼거리 도로를 우회전하게 되었다. 그곳은 좁은 도로로 우회전을 하는 구간이고 당시 피해자가 운전하는 그랜저 승용차가 반대편 차로에서 우회전을 하기 위해 정차하고 있었으므로 이러한 경우 자동차의 운전업무에 종사하는 사람에게는 속도를 줄이고 전방을 잘 살피며 조향 및 제동장치를 정확하게 조작하여 사고를 미리 방지하여야 할 업무상 주의의무가 있었다. 그럼에도 불구하고 피고인은 술에 취하여 이를 게을리한 채 회전반경을 넓게 하여 우회전을 한 과실로 피고인이 운전하던 위 싼타페 승용차로 피해차량의 왼쪽 측면을 들이받았다. 결국 피고인은 음주의 영향으로 정상적인 운전이 곤란한 상태에서 위 싼타페 승용차를 운전하여 피해자 F에게 약 2주간의 치료가 필요한 경추부 염좌 등의 상해를 입게함과 동시에 피해차량을 수리비 135,400원이 들 정도로 손괴하였다.

3. 도로교통법위반(음주측정거부)

피고인은 2019. 3. 7. 10:30경 마트 앞 도로에서, 술을 마신 상태에서 싼타페 승용차를 운전하던 중 교통사고 신고를 받고 출동한 파출소 교통안전계 소속 경위로부터 피고인에게서 술 냄새가 나고 비틀거리며 얼굴에 홍조를 띠는 등 술에 취한 상태에서 운전하였다고 인정할 만한 상당한 이유가 있어 2회에 걸쳐 음주측정기에 입김을 불어 넣는 방법으로 음주측정에 응할 것을 요구받았다. 그럼에도 피고인은 이를 회피하여 정당한 사유 없이 경찰공무원의 음주측정요구에 응하지 아니하였다.

20. 경찰 차량 정면 충돌 사고

○ 사고원인 : 가해자 0.020%, 중앙선 침범(도교법 제13조 제3항)
○ 피해결과 : 경찰관 1명 사망, 피해차량 수리비 400만원
○ 보험종류 : 종합보험
○ 적용법률 : 가. 교특법 제3조 제1항, 형법 제268조
　　　　　　　 나. 도교법 제151조
○ 형사책임 : 가항 기소, 나항 불기소(공소권 없음)
○ 행정처분 : 운전면허 120일 정지(중침 30점 + 사망 90점)
○ 민사책임 : 없음
○ 피해보상 : 가해차량 보험사와 합의
○ 착안사항
📖 음주운전 0.030% 미만이면 음주사고에 대한 책임을 지지 않는다.
📖 공무집행방해나 공용물건손상죄 적용은 공무집행 의사가 있어야 한다.
📖 중앙선 침범을 경찰차량 충돌한 경우 중과실 교통사고로 처리된다.
📖 사망하였으므로 적용법조에 제2호는 표기하지 않는다.

21. 음주단속 경찰관 매달고 도주

○ 사고원인 : 가해자 0.270%, 안전운전의무위반(도교법 제48조 제1항)
○ 피해결과 : 경찰관 상해 3주
○ 보험종류 : 종합보험
○ 적용법률 : 가. 도교법 제148조의2 제3항 제1호, 제44조 제1항
　　　　　　　 나. 특가법 제5조의11, 형법 제268조
○ 형사책임 : 가.나항 기소
○ 행정처분 : 운전면허 취소, 2년간 취득자격 상실
○ 민사책임 : 없음(사고부담금 보험사에 지급)
○ 피해보상 : 가해차량 보험사와 합의
○ 착안사항
🖐 고의가 없다면 음주운전 교통사고로 처리된다.
🖐 고의없이 경찰관 상해 입히고 도주하면 도주차량 운전죄 적용된다.
🖐 자동차는 위험한 물건이다.
🖐 경찰관에게 상해를 입혔으면 특수공무집행방해가 성립된다.
🖐 경찰차나 음주측정기 등을 손괴한 경우 공용물건손상죄가 성립된다.

🚨 음주운전자가 경찰차 추돌 후 도주한 사건
▶ 울산지방법원 2019. 6. 14. 선고 2019고단309 선고 : 징역 1년 6월 실형

[범죄사실]

피고인은 2010. 12. 13. 울산지방법원에서 도로교통법위반(음주운전)죄로 벌금 200만 원의 약식명령, 2014. 1. 28. 같은 법원에서 같은 죄로 벌금 500만 원의 약식명령을 각각 발령받았다.

1. 도로교통법위반(음주운전)

피고인은 2019. 1. 6. 23:00경 도로에서부터 도로에 이르기까지 약 2.5km 구간에서 혈중알코올농도 0.077%의 술에 취한 상태로 포터 화물차를 운전하였다.

2. 특정범죄가중처벌등에관한법률위반(도주치상), 도로교통법위반(사고후미조치)

피고인은 포터 화물차의 운전업무에 종사하는 사람이다.

피고인은 2019. 1. 6. 23:10경 위 1항 기재와 같이 술에 취한 상태로 위 화물차를 운전하여 도로를 진행하던 중 경찰서 교토안전계 소속 경위인 피해자등이 음주단속을 하는 것을 보고 이를 피해 도망하였고, 경찰관이 탑승한 순찰차의 추격을 받게 되었다. 당시 피해자 운전의 승용차가 피고인의 차량 후미에서 순찰차가 피고인의 차량 앞에서, 순찰차가 피고인의 차량 좌측에서 피고인을 각각 추격하는 상황이었으므로, 이러한 경우 자동차의 운전업무에 종사하는 사람으로서는 순찰차의 지시에 따르고 전후.좌우 차량의 통행상황을 잘 살피고 안전하게 진행하여야 할 업무상주의의무가 있었다. 그럼에도 불구하고 피고인은 위와 같이 술에 취한 상태로 도망하다가 차량 앞뒤좌우로 진로가 모두 막히게 되자 도주로를 찾는 과정에서 만연히 차량을 후진한 과실로 피고인 차량의 뒤 범퍼 부분으로 피해자 운전의 순찰차 앞 범퍼 부분과 보닛 부분을 들이 받았다.

결국 피고인은 위와 같은 업무상 과실로 피해자로 하여금 약 3주간의 치료가 필요한 우견관절 회전근개염 등의 상해를 입게 하고, 수리비 3,446,797원이 들도록 피해자 운전의 위 순찰차를 손괴하고도 즉시 정차하여 피해자를 구호하는 등 필요한 조치를 취하지 아니하고 도주하였다.

22. 음주단속 경찰관 치고 도주

　2019. 8. 30. 15:50경 서울시 관악구의 한 교차로에서 이륜차 운전자 A가 도로교통법 제5조 신호위반을 하였다. 경찰관으로부터 정차 요구를 받게 되자 2차로에서 1차로로 차로를 변경하여 도주하였다. 경찰관이 A의 진행 방향 앞으로 뛰어가 가로막자 A는 경찰관이 다칠 수 있다는 사실을 알면서도 그대로 진행하며 이륜차 앞부분으로 경찰관의 오른쪽 발 정강이 부위를 들이받아 바닥에 넘어지게 하여 약 2주간의 치료를 요하는 상해를 입혔고 아무런 조치 없이 도주하였다. A는 경찰에 검거된 후 교통경찰관이 교통단속과 계도를 하고 있음을 알았고 본인 역시 경찰관의 교통단속을 피해 도주한 사실만 있을 뿐 경찰관을 충격하여 다치게 한 사실 없다며 혐의를 부인했다. 그러다가 이후 경찰이 확보한 CCTV 영상 등을 제시함에 신호위반으로 단속되면 면허정지가 될 것이 우려되어 도주했고, 그 과정에서 경찰관을 이륜차에 충돌되어 넘어진 사실을 알았으나 피해가 크지 않았고 경찰관이 자신의 이륜차 번호를 특정하지 못하여 붙잡으로 하지 않을 것이라는 생각에 현장을 떠났다며 범죄사실을 자백하였다. 경찰은 A의 범죄사실에 대해 교통단속과 교통 위해의 방지 등에 관한 정당한 직무 집행을 방해하고 이로 인하여 경찰관에게 상해를 입혔다는 취지로 하였다.

　서울중앙지방법원 2020. 2. 14 선고 2019고합954 판결은 A에 대해 교통단속 업무를 하는 경찰관을 들이받고 지나쳐 상해에 이르게 하였고 운행하던 이륜차의 속도나 경찰관의 위치 등에 비춰 교통단속을 하던 경찰관에게 중한 상해를 입게 할 수 있는 매우 위험한 행위라며 형법 제144조 제2항 전문 제1항 제136조 제1항 특수공무집행방해치상죄 적용하여 징역 2년에 집행유예 3년을 선고하고 80시간의 사회봉사를 명했다.

🚨 음주단속 중 승용차의 창틀을 잡고 있던 의경에게 상해
▶ **창원지방법원 2019. 7. 19. 선고 2019고단718 판결 : 징역 6월 집유 2년**

　피고인은 2019. 1. 2. 22:30경 모닝 승용차를 운전하여 도로를 진행하던 중, 그 곳에서 음주단속 근무 중이던 경찰서 소속 피해자인 의경이 손으로 운전석 앞 창틀을 잡고 있었음에도 불구하고 계속 진행하여 피해자가 피고인의 승용차를 붙잡고 뒤 아가다가 중심을 잃고 우측 발목을 접지르게 하여 피해자에게 약 2주간의 치료가 필요한 우측 발목의 기타 부분의 염좌 및 긴장 등의 상해를 가하였다. 이로써 피고인은 경찰관의 교통단속에 관한 정당한 직무집행을 방해함과 동시에 피해자에게 상해를 가하였다.

23. 경찰관 치어 살인미수죄 적용

2015. 7. 25. 07:50경 교차로 인근 편도 3차로 도로의 2차로에서 승용차 운전자가 신호대기로 잠들어 있다. 신고를 받고 출동한 경찰관이 깨우자 운전자는 차에서 내려 경찰관에게 자신의 이름과 주민등록번호를 알려주면서 경찰관의 음주감지기에 의한 음주측정에 응하였다. 그러다가 음주감지기에 음주운전 처벌 수치의 반응이 나오자 당시 집행유예 기간이고 운전면허가 취소되면 생계가 위협받게 된다는 우려에 도주하기로 마음을 먹고 경찰관을 밀치며 자신이 타고 온 승용차 운전석에 올라탔다. 경찰관은 운전자의 운전을 제지하기 위해 운전석 문을 열고 상체를 승용차 안에 넣어 차량 열쇠를 빼려 했다. 그러나 운전자가 승용차를 급출발시키게 됨에 경찰관은 좌측 겨드랑이가 승용차의 열린 운전석 문에 걸쳐졌고 좌측 다리는 도로에 우측다리는 운전석 바닥에 놓인 채 매달리게 되었다. 운전자는 이런 사실을 알면서도 경찰관을 차에서 떨어뜨리기 위해 시속 약 37km 속도로 51m 구간에서 지그재그로 운행하였고 손으로 경찰관의 발을 잡아 승용차 밖으로 밀쳤다.

이러다가 반대 방향 1차로에서 신호대기 중인 다른 승용차 앞부분을 충격하였다. 경찰관이 계속하여 열려있는 운전석 창문을 잡고 매달려 있자 시속 92.1km 속도로 급가속하여 약 179m 구간을 지그재그로 운행하면서 다시 중앙선을 넘어 역주행하여 승용차 좌측 앞부분으로 가드레일을 2차 충격하였고, 역주행하여 반대 방향에서 2차로 따라 진행하던 1톤 봉고화물차의 전면 부분을 승용차 전면으로 3차 충돌, 그 충격으로 반대 방향 1차로로 진입하면서 1차로 직진하는 스포티지 승용차 전면 부분을 4차 충돌하여 그 충격으로 경찰관을 도로 바닥에 넘어지게 하였다. 운전자는 당시 혈중알코올농도 0.140% 술에 취한 상태였고 경찰관은 약 14주간 이상의 치료를 요하는 중상해를 입었다. 운전자는 경찰관이 승용차 열린 운전석 차 문에 매달려 있다가 도로 바닥에 떨어지거나 다른 차량과의 충격으로 사망할 수 있음을 충분히 예견하고도 급가속하며 중앙선 침범 역주행하고 손으로 경찰관을 밀치며 경찰관을 살해하려고 하였으나 그 뜻을 이루지 못하고 미수에 그쳤고, 위험한 물건인 승용차를 이용하여 경찰관의 교통단속과 교통 위험의 방지에 관한 정당한 공무집행을 방해하였다.

경찰은 운전자에 대해 형법 제254조 제1항 살인미수, 형법 제144조 제2항 제1항, 형법 제136조 제1항 특수공무집행방해치상, 특정범죄 가중처벌 등에 관한 법률 제5조의11 위험운전치상, 도로교통법 제148조의2 제1항 제2호, 제44조 제1항, 도로교통법 제 152조 제1호, 제43조 무면허운전죄 등을 적용하였다.

부산지방법원 2016. 4. 8. 선고 2015고합639 판결은 운전자에 대해 살인미수죄 등을 인정하여 징역 3년의 실형을 선고했다. 음주운전을 하다가 도로상에 잠이 든 피고인이 신고를 받고 출동한 경찰관인 피해자를 차량에 매단 상태에서 질주하고 그로 인하여 연달아 교통사고까지 일으킨 것으로 그 죄질이 매우 불량한 점, 피해자가 자칫하였으면 이 사건으로 생명을 잃을 수 있었던 점, 특수공무집행방해치상죄의 경우 공무집행방해의 정도가 중하고 전치 14주의 중한 상해의 결과가 발생하였다는 점, 특정범죄 가중처벌 등에 관한 법률 위반(위험운전치사상)죄로 인한 다른 피해자들의 피해도 작지 않은 점 등을 감안하였다.

24. 경찰관 치어 살인죄 적용

2005. 12. 7. 21:40경 도로에서 운전자가 술을 마신 채 무면허로 승용차를 운전하다가 경찰관에게 적발되었다. 음주측정을 위해 하차할 것을 요구받게 됨에 상습적인 무면허·음주운전 및 벌금 미납으로 구속될 것이 우려되어 이를 면하기 위하여 도망하기로 마음먹었다. 운전자는 경찰관이 하차 요구를 하면서 유리창이 내려진 운전석 문짝 창틀 아랫 부분과 손잡이를 두 손으로 잡고 문을 열려고 하는 순간 차량을 출발시켰다. 경찰관은 자동차 문짝 창틀을 붙잡고 있는 상태에서 정지하라고 요구함에 이를 무시한 채 곧바로 급가속하였고 미처 차량 문짝에서 손을 떼지 못한 경찰관은 두 손으로 차량 문짝 아래 창틀과 뒤쪽 창틀을 붙잡고 매달리게 되었다. 그럼에도 계속하여 급가속하여 약 1.5km에 걸쳐 시속 약 120km가 넘는 속도로 진행하였고 차 문을 잡고 있던 경찰관을 차에서 떨어뜨리기 위하여 1차로와 3차로를 가로지르면서 지그재그식으로 운전하며 철제 중앙분리대를 차량의 왼쪽 옆부분으로 그대로 들이받아 차에 매달려 있던 경찰관을 자동차와 중앙분리대 사이에 짓이겨지게 하여 그 충격으로 경찰관을 사망케 하였다.

경찰은 운전자의 범죄사실에 대해 형법 제250조 제1항 살인, 형법 제144조 제2항, 제1항, 제136조 특수공무집행방해치사, 교통사고처리 특례법 제3조 제1항, 제2항 단서 제7호, 제8호, 형법 제268조 업무상과실치상, 도로교통법 제148조의2, 제44조 제1항 음주운전, 도로교통법 제152조, 제43조 제1항 무면허운전 등을 적용하였다.

수원지방법원 2006. 6. 2. 선고 2006고한1 판결은 운전자에 대해 살인죄 등을 적용하여 징역 18년의 실형을 선고했다. 상해의 고의 여부에 대해 사람이 자동차의 문에 매달린 상태에서 차의 속도가 시속 약 120km 정도에 이를 경우 붙잡은 손을 놓칠 개연성이 매우 높고, 이 경우 아스팔트 도로에 그대로 떨어지는 것만으로 사망할 가능성이 있으며, 지하차

도나 도로의 중앙분리대에 근접하여 운전할 경우 중앙분리대에 충돌하여 사망할 가능성이 있다고 보이는 점과 차에서 떨어져 뒤따르는 차에 충격되어 사망할 가능성도 있는 점, 차에 매달린 경찰관을 차에서 떨어뜨리려고 하였던 점에 비춰 미필적으로나마 살해의 고의가 상당하다고 보았다.

25. 윤창호법 음주 사망 사고

　2018. 9. 25. 02:25경 부산 해운대구 중동 미포오거리 앞 횡단보도에서 A○○(27세)씨가 몰던 승용차가 보도를 침범하여 횡단보도를 건너기 위하여 보도에 서 있던 휴가를 나왔던 현역 군인 윤창호(22세)씨 등 2명을 들이받았다. 이 사고로 윤창호씨는 의식불명 상태로 병원에서 치료를 받았던 중에 11. 9. 사망했다. A씨는 혈중알코올농도 0.181%(채혈측정 및 위드마크 적용) 만취상태였다.

　경찰은 A씨가 술에 취한 상태에서 운전에 집중하지 않아 발생된 사고로 보았다. 20대 국회에서는 음주운전 처벌수치를 0.05%에서 0.03%로, 음주 3진 아웃을 2진 아웃으로, 음주운전으로 사망사고를 야기한 경우 무기 또는 3년 이상의 징역에 처하도록 하는 도로교통법과 특정범죄 가중처벌 등에 관한 법률 개정안을 통과시켰다. 이렇게 통과된 법안을 일명 '윤창호법'이라고 부르게 되었다. 이 사고로 A씨는 징역 6년 실형을 선고 받았다. 음주운전 형사처벌 기준이 되는 혈중알코올농도 0.05%에서 0.03%로 상향한 것은 온 국민들의 뜻을 모아 음주운전에 대한 심각성을 고민하고 해결하고 근절하기 위한 노력의 결과라고 보여짐에 음주운전 죄의 역사에 큰 의미가 있다.

🚨 「특정범죄 가중처벌 등에 관한 법률」 일부 개정용('18.12.18.시행)

조항	행위	개정 전	개정 후 시행
위험운전 치사상 (제5조의11)	음주 또는 약물의 영향으로 정상적인 운전이 곤란한 상태에서 자동차(원동기장치자전거를 포함한다)를 운전	(상해) 10년 이하의 징역 또는 500만원 이상 3천만원 이하 벌금 (사망) 1년 이상 유기징역	(상해) 1년 이상 15년 이하의 징역 또는 1천만원 이상 3천만원 이하 벌금 (사망) 무기 또는 3년 이상 유기징역

🚨 「도로교통법」 일부 개정용('19.6.25.시행)

구분		개정 전	개정 후 시행
술 취한 상태의 기준		0.05%	0.03%
형사처벌 (제148조의2)	0.03~0.05%	〈신설〉	(0.03~0.08%) 1년↓, 500만 원↓
	0.05~0.1%	6개월↓, 300만원↓	
	0.1~0.2%	6개월~1년, 300만 원~500만 원	(0.08~0.2%) 1년~2년, 500만 원~1천만 원
	0.2% 이상	1년~3년, 500만 원~1천만 원	2년~5년, 1천만원~2천만 원
	2회	〈신설〉	(2회 이상) 2년~5년, 1천만 원~2천만 원
	3회 이상	1년~3년, 500만원~1천만 원	
	측정불응		1년~5년, 500만 원~2천만 원
운전면허 정지취소 (제93조제1항)	정지수치 중 취소대상 횟수	3회 이상	2회 이상
	면허 취소기준	0.1%↑	0.08%↑
	위험운전치사상	0.05↑ 인적피해	0.03%↑ 인적사고
	음주운전 사고 후 미조치	5년	5년
운전면허 취득결격 (제82조제2항)	음주운전 교통사고 — 사망	〈신설〉	5년
	음주운전 교통사고 — 3회 이상	3년	2회 이상, 3년
	음주운전 교통사고 — 2회	1년	
	음주운전 교통사고 — 1회	1년	2년
	음주운전 단순위반 — 3회 이상	2년	2회 이상, 2년
	음주운전 단순위반 — 2회	1년	
	음주운전 단순위반 — 1회	1년	1년

26. 크림빵 아빠 뺑소니 사망 사고

    2015. 1. 10. 01:30경 충북 청주시 흥덕구 무심천로에서 화물차 기사로 일하며 만삭아내의 교원 임용시험을 뒷바라지 하던 29세 가장 강** 씨가 귀가하는 도중 무단횡단을 하다 뺑소니 차에 치어 숨졌다. 사고 전 아내와 전화 통화에서 "좋아하는 케이크 대신 크림빵을 사서 미안하다" 며 "태어나는 아이에게 훌륭한 부모가 되자"고 말한 것으로 전해져 온 국민이 뺑소니 피해에 대한 심각성과 우려에 더해 처벌강화의 목소리가 높아졌다.

    이 사건은 일명 '크림빵 아빠', '크림빵 뺑소니' 사건으로 알려지게 되었다. 경찰 수사가 진행되면서, 자동차 중고차 매매 사이트인 '보배드림' 등에서 영상을 공개하여 용의차량 특정하는데 도움을 주기도 했다. 가해자 A씨는 경찰의 수사망이 조여오자 피해자를 친 차량을 몰래 수리하는 등 은폐를 시도했다가 사고 발생 19일 만에 자수했다. 경찰은 A씨가 사고 당시 소주 4병 이상 마시고 음주운전을 한 것으로 조사되어 위드마크 계산식을 통해 혈중알코올농도 0.162% 특정하여 특가법상 도주차량 운전죄에 더해 음주운전죄도 추가입건 했다.

    1심 재판부는 허씨가 사고를 내고 도주했다가 19일 만에 검거돼 사고 당시 혈중알코올농도를 알 수 있는 개관적 자료는 없다며 동료들의 진술과 A씨의 몸무게 등만으로 적어도 0.10% 이상에 해당한다고 보기 어렵다는 이유로 음주운전죄 무죄를 선고하며 뺑소니에 대해서만 징역 3년을 선고했다. 2심도 역시 음주운전죄에 대해서는 무죄를 선고했다. 대법원은 2016. 3. 24. 선고를 통해 위드마크식 적용에 있어 자백에 더해 행적 수사, 체중 측정 등 객관적 증빙자료를 반드시 제시해야 하는데 증거가 부족하다며 도주차량 운전죄 징역 3년 확정하면서 음주운전죄는 무죄를 선고했다.

🚨 만취운전자 갓길 보행자 사망케 하고 도주
▶ **서울동부지방법원 2019. 8. 30. 선고 2019고단1422 판결 : 징역 2년 6개월**

1. 도로교통법위반(음주운전)

피고인은 2019. 5. 2. 시간 불상경 시장 건너편에서부터 같은 날 02:03경 도로에 이르기까지 약 3km 구간에서 혈중알콜농도 0.167%의 술에 취한 상태로 레이 승용차를 운전하였다.

2. 특정범죄가중처벌등에관한법률위반(도주치상)

피고인은 제1항 기재 승용차의 운전 업무에 종사하는 사람이다.

피고인은 2019. 5. 2. 01:54경 혈중알콜농도 0.167%의 술에 취한 상태에서 위 승용차를 운전하여 사거리 쪽에서 편도 2차로 중 2차로를 따라 시속 미상의 속도로 진행하게 되었다. 당시는 심야 시간으로 주변이 어두웠으므로 자동차의 운전업무에 종사하는 사람에게는 맑은 정신을 유지하고 전방주시를 철저히 하면서 운전하여 사고를 미연에 방지하여야 할 업무상의 주의의무가 있었다. 그럼에도 불구하고 피고인은 이를 게을리 한 채 술이 취한 상태에서 자동차를 운전하고 전방 주시를 소홀히 한 과실로 피고인 진행 방향의 도로 가장자리에서 마주보고 걸어오던 피해자 B(30세)를 피고인의 승용차 우측 앞 범퍼 부분으로 들이받았다. 결국 피고인은 위와 같은 업무상의 과실로 피해자에게 치료일수 미상의 뇌출혈 등의 상해를 입게 하고도 즉시 정차하여 피해자를 구호하는 등 필요한 조치를 취하지 아니하고 그대로 도주하였다.

27. 뮤지컬 배우 남편, 동승자 사망 사고

유명 뮤지컬 배우의 남편인 A씨는 2018. 8. 27. 23:15경 경기도 구리시 강변북로 남양주 방향 토평 나들목 인근에서 승용차를 운전하다가 도로 갓길에 정차중이던 25톤 화물차를 들이 받았다. 이 사고로 승용차에 타고 있던 5명 중 뮤지컬 단원과 배우 등 2명이 숨지고 3명이 부상을 입었다. A씨는 운전 당시 혈중알코올농도 0.104% 만취상태에서 1차로를 과속으로 진행하다가 2차로에서 1차로로 진로변경 중인 버스의 우측으로 피해 앞지르기 하다가 사고가 발생되었다. 1심법원은 A씨에 대해 징역 4년 6월의 선고했으나 A씨는 형량이 높다며 항소했다. 2심 항소심에서는 조금 낮은 징역 3년 6월의 형을 선고했다. 대법원은 2019. 8. 18. 징역 3년 6월의 형을 확정했다.

28. 방송 MC 뺑소니 사고

    방송 MC A씨는 2016. 4. 20. 23:20경 서울 영등포구 교차로에서 인도 위 전봇대를 들이 받았다. 사고처리를 하지 않고 가해차량을 사고현장에 놔둔 채 현장을 떠났다가 사고 발생 21시간 만인 다음 날 오후 8시 25경 경찰서에 출석했다. 음주측정 결과 0.000%였다.

    A씨는 술을 못 마신다며 음주 사실을 부인했고 몸이 아파 치료를 우선 받으러 간 것 뿐이라고 진술했다. 그러나 경찰은 A씨 술을 마시고 운전하다가 사고를 냈고 사고처리를 할 경우 음주운전에 대한 처벌이 될 것이 두려워 차를 두고 현장을 떠난 것으로 의심했다.

    이후 사고를 내기 전 영등포의 한 식당에서 일행과 4시간 동안 41도 소주 6병, 생맥주 9잔 마신 것을 확정했고, 사고 직후 응급실에서 치료를 받음에 있어 진료기록부에 소주 2병을 마셨다고 기록된 점, 의료진과 일행이 A씨가 술을 마셨다고 진술한 점, cctv 상에서 A씨의 상기된 얼굴색도 확인된 점 등의 증거를 통해 사고 전 음주운전을 한 것으로 보았다. 위드마크식을 적용해 A씨의 혈중알코올농도를 0.148%로 특정해 기소했다.

    1, 2심 법원은 피고인이 술을 마시고 운전했다는 합리적 의심은 들지만 술의 양이나 음주 속도 등이 측정되지 않았기에 혈중알코올농도 0.05% 이상 상태에서 운전했다는 것은 증명이 되지 않는다며 음주운전죄 무죄를 선고했다.

    검사의 상고에 따라 대법원은 2018. 3. 16. 선고를 통해 A씨가 술을 마시고 운전했다는 합리적 의심은 들지만 음주운전의 증명이 되지 않는다며 음주운전죄는 무죄를 확정하고, 뺑소니(사고 후 미조치) 혐의에 대해서만 유죄를 인정하여 벌금 500만원을 선고했다.

제7장
음주운전 경합범

01. 범인도피

〔형법〕
제151조(범인은닉과 친족간의 특례)
①벌금 이상의 형에 해당하는 죄를 범한 자를 은닉 또는 도피하게 한 자는 3년 이하의 징역 또는 500만원 이하의 벌금에 처한다.
②친족 또는 동거의 가족이 본인을 위하여 전항의 죄를 범한 때에는 처벌하지 아니한다.

- 범인의 수사, 재판 및 형의 집행 등 형사사법 작용 곤란케 한 행위이다.
- 그 방법에는 어떠한 제한이 없다.
- 현실적으로 형사사법 작용의 방해 결과가 초래될 것을 요구하지 않는다.
- 벌금 이상의 형은 법정형 중 가장 중한 형이 벌금 이상의 죄를 말한다.
- 범죄의 혐의를 받아 수사대상이 되어 있는 자도 포함한다.
- 벌금 이상의 형에 해당하는 범죄를 범한 자라는 것만 인식하면 된다.
- 수사 또는 소추 중에 있는 형사피의자 또는 형사 피고인도 포함한다.
- 은닉은 수사기관의 발견 또는 체포를 면탈하게 할 장소의 제공을 말한다.
- 도주는 수사기관의 발견·체포를 방해하는 일체의 행위를 말한다.
- 허위로 범인임을 자처하고 허위사실을 진술하는 행위는 위 죄에 해당한다.
- 친족, 호주 또는 동거의 가족이 본인을 위한 경우 처벌하지 아니한다.
- 범인이 친족, 호주 또는 동거 가족을 교사한 경우 범인도피교사죄로 처벌된다.
- 교사하여 죄를 범하게 한 자는 죄를 실행한 자와 동일한 형으로 처벌 한다.
- 실행의 착수에 이르지 아니한 때에는 음모 또는 예비에 준하여 처벌한다.
- 교사를 받은 자가 범죄의 실행을 승낙하지 아니한 때에도 같다.

음주운전자를 숨겨준 죄	
언니에게 대신 운전했다고 허위진술을 부탁	울산지법 2013고단2962 판결
음주운전 했다고 허위진술하면 범인도피죄	부산지법 2010고단4033 판결
친구에게 경찰에서 거짓말로 운전했다고 부탁	부산지법 2008고단3232 판결
어떻게 해 봐라는 교사가 아니다.	대법원 2005도7528 판결
친 동생에게 뺑소니 운전 허위 자백 교사는 유죄	대법원 2005도3707 판결
공소권 없는 사건도 범인도피죄 적용 대상	대법원 2000도4078 판결

02. 교사 · 방조 〔━━━━━━〕

〔형법〕

제31조(교사)
① 타인을 교사하여 죄를 범하게 한 자는 죄를 실행한 자와 동일한 형으로 처벌한다.
② 교사를 받은 자가 범죄의 실행을 승낙하고 실행의 착수에 이르지 아니한 때에는 교사자와 피교사자를 음모 또는 예비에 준하여 처벌한다.
③ 교사를 받은 자가 범죄의 실행을 승낙하지 아니한 때에도 교사자에 대하여는 전항과 같다.

제32조(방조)
① 타인의 범죄를 방조한 자는 종범으로 처벌한다.
② 종범의 형은 정범의 형보다 감경한다.

1) 교사

🏵 교사죄는 범죄의사 없는 타인에게 범죄결의, 실행하게 한 것을 말한다.
🏵 종범과 함께 범행 실행행위 이전, 이후의 범인을 원조하는 일종의 공범이다.
🏵 교사범이 성립하기 위해서는 다음과 같은 조건이 필요하다.
  – 타인으로 하여금 범행을 결의하게 해야 한다.
  – 행위는 설득, 부탁, 위협, 유혹, 약속, 요청 등 제한이 없다.
  – 묵시적 방법도 가능하나 부작위에 의해서는 인정되지 않는다.
  – 구체적인 범죄와 관련해서 해야 한다.
  – 구체적인 인물을 대상으로 교사하여야 한다.
🏵 행위자가 이미 범행을 결의하고 있는 경우에는 교사가 불가능하다.
🏵 범행결의를 강화하는 심리적 방법에 의한 종범의 성립은 가능하다.
🏵 범행을 계획하고 있음에 구체적인 범행으로 나아가게 했다면 교사죄 성립한다.
🏵 범죄의 결의 + 실현할 범죄행위와 관련한 고의 등 2중의 고의가 필요하다.

2) 방조

🏵 방조죄는 정신적으로 또는 물질적으로 정범의 범죄행위를 돕는 것을 말한다.
🏵 범행도구를 빌려주거나 범죄장소, 범죄자금 제공, 조언, 격려 등을 말한다.
🏵 정범에게 두려움을 없애주고 안전감을 일으켜 정범의 결의도 포함된다.
🏵 음주운전을 예상할 수 있을 정도였다면 동승자의 음주운전 방조죄가 성립된다.
🏵 종범을 처벌하되, 정범의 형보다 감경한다고 규정된 필요적 감경대상이다.
🏵 정범의 범죄실행 결과발생이라는 정범의 고의 등 이중의 고의가 있어야 한다.
🏵 고의에 의한 것이어야 하므로 과실에 의한 방조는 있을 수 없다.
🏵 미수에 그칠 것을 예견하면서 방조하는 미수의 방조는 인정되지 않는다.

○ 정범의 범행 방지 의무있는 자의 부작위에 의한 종범이다(대판 85도1906).

○ 정범의 실행행위의 착수가 없는 이상 방조죄만이 독립하여 성립될 수 없다.

○ 자동차 운전면허가 없는 자에게 승용차를 제공하여 그로 하여금 무면허운전을 하게 하였다면 이는 도로교통법위반(무면허운전) 범행의 방조행위에 해당한다(대판 78도3113 판결, 대판 2000도1914).

○ 음주운전 동승자에 대한 경찰수사 대상은 ① 만취하여 차량을 운전하기 어렵다는 것을 알면서도 동승한 자, ② 3회 이상 상습 음주운전자 습벽을 알고 있는 관계자, ③ 음주측정거부 또는 공무집행방해 행위를 방조한 자 등이다. 음주단속 현장에서 작성된 주취운전 동승자 정황진술서, 블랙박스, CCTV 등을 확보하여 객관적으로 명백한 경우에 한하여 방조죄로 형사입건 한다.

3) 음주운전 피의자(동승자) 불기소 혐의없음 종결

　피의자가 임○○이 혈중알콜농도 0.253%의 술에 취한 상태로 운전하는 승합차에 동승한 사실은 인정된다. 피의자는 임○○으로부터 차키를 빼앗고 운전 도중 차량기어를 주차상태(P)로 바꾸는 등 운전을 만류하였으나 임○○이 고집을 부려 어쩔 수 없이 동승하게 되었을 뿐 임○○의 음주운전을 도와주어 용이하게 하지 않았고 그에 대한 고의도 없었다는 취지로 주장한다. 방조죄는 정범의 실행행위를 도와주어 용이하게 실행하도록 함으로써 성립되는 것으로서, 그 방법에는 정범의 실행도구를 제공하거나 조언 또는 격려를 한다거나 기타 적극적, 소극적, 물질적, 정신적 방법이 모두 포함된다 할 것이나, 방조죄가 성립하기 위해서는 그 방조 상대방의 구체적인 범행의 실행을 원조하여 이를 용이하게 하는 행위의 존재 및 그 점에 대한 행위자의 인식이 요구된다. 피의자의 진술, 이 사건 교통사고 발생보고서, 교통사고 관련자 진술서의 각 기재내용에 의하면, 피의자는 임○○이 정상적인 운전이 곤란한 상태로 술을 마셨다는 사실을 알고 있었고 임○○ 운전의 승합차에 동승한 사실은 인정되나, 피의자가 승합차에 동승한 행위만으로는 임○○으로 하여금 물리적으로 음주운전을 용이하게 한다고 보기 어렵고, 또한 이로 인하여 임○○의 음주운전 실행 결의가 더욱 강하게 조장되거나 이미 이뤄진 결의에 대한 부담을 완화하여 의지적 측면에 기여한다고 보기 어려우며, 피의자에게는 자신의 위와 같은 행위가 임○○의 음주운전을 용이하게 하는 것이라는 방조의 고의가 있다고 보기 어렵다. 위 인정되는 사실만으로는 피의자의 주장을 뒤집고 피의사실을 인정하기 어렵고, 달리 이를 인정할 만한 증거가 없다. 증거 불충분하여 혐의 없다.

🚨 음주단속 현장, 음주운전자 바꿔치기

▶ 수원지방법원 2019. 5. 23. 선고 2019고단749 판결 : 동승자 벌금 200만원 등

1. 피고인 김①①
1) 도로교통법위반(음주운전)
 피고인은 2018. 11. 5. 05:32경 혈중알콜농도 0.194%의 술에 취한 상태로 앞 도로에서부터 방향 7.6km 지점에 이르기까지 약 20km의 구간에서 쉐보레 승용차를 운전하였다.

2) 범인도피교사
 피고인은 2018. 12. 3. 13:33경 피의자의 위 가항 기재 일시경 위와 같이 음주운전을 한 사실을 은폐하고자 피의자와 연인 관계인 최에게 그가 음주운전을 한 것이라고 진술해 달라고 말하여 최로 하여금 허위 자백할 것을 마음먹게 하였다. 그리하여 피고인은 최로 하여금 2018. 12. 3. 13:33경 경찰서 교통조사팀 사무실에서 경장 김에게 최가 당시 위 음주운전을 하였다는 취지로 허위로 진술하게 하였다. 이로써 피고인은 위 최로 하여금 벌금 이상의 형에 해당하는 죄를 범한 자를 도피하게 하도록 교사하였다.

2. 피고인 최
 피고인은 2018. 11. 5. 05:32경 고속도로 방향 7.6km 지점에서 음주운전을 한 사실이 없음에도, 2018. 12. 3. 13:33경 경찰서 교통조사팀 사무실에서 경장 김으로부터 누가 음주운전을 하였는지 질문을 받자 위 김의 교사에 따라 피고인이 음주운전을 하였다고 허위로 진술하였다. 이로써 피고인은 벌금 이상의 형에 해당하는 죄를 범한 위 김을 도피하게 하였다.

교통사고, 직장동료가 허위로 운전했다고 진술

▶ 울산지방법원 2017. 6. 8. 선고 2017고단955 판결 : 피고인 B 벌금 100만원

1. 피고인 A

1) 교통사고처리특례법위반(치상)

피고인은 포터 화물차의 운전업무에 종사하는 사람이다.

피고인은 2017. 1. 16. 18:00경 식당 앞 삼거리 노상을 종합운동장 방향으로 편도2차로 중 2차로를 따라 직진하게 되었다. 이러한 경우 자동차의 운전업무에 종사하는 사람으로서는 전방을 주시하고 선행 차량과의 간격을유지하며 안전하게 진행하여야 할 업무상 주의의무가 있었다. 그럼에도 불구하고 피고인은 자동차 운전면허 없이 위와 같은 주의의무를 게을리한 채 그대로 진행한 과실로 마침 같은 차로에서 선행 사고로 정차 중이던 피해자가 운전하는 토스카 승용차의 뒤 범퍼부분을 피고인 차량 앞 범퍼부분으로 들이 받았다. 결국 피고인은 위와 같은 업무상 과실로 피해차량에 탑승하고 있던 피해자에게 약 2주간의 치료를 요하는 경추의 염좌상을, 피해차량 동승자인 피해자에게 약 2주간의 치료를 요하는 다발성 좌상 등을 각각 입게 하였다.

2) 도로교통법위반(무면허운전)

피고인은 2017. 1. 16. 18:00경 자동차 운전면허 없이 앞 도로에서부터 같은 시 D '***' 식당 앞 도로에 이르기까지 약 800m 구간에서 포터 화물차를 운전하였다.

3) 범인도피교사

피고인은 위 가항과 같은 일시, 장소에서, 자동차 운전면허 없이 화물차를 운전하다가 교통사고가 발생하자, 피고인 차량에 동승 중이던 직장 동료인 B에게 "내가 면허 정지 상태이니 나 대신 운전하였다고 말해 달라"고 부탁하여, 위 B으로 하여금 그가 피고인을 조수석에 태우고 위 화물차를 운전한 것처럼 진술할 것을 마음먹게 하였다. 그에 따라 위 B은 2017. 1. 26. 10:00경 양산경찰서 교통조사계 사무실에서, 위 사건을 수사하는 경찰관 경위에게 "내가 포터 화물차를 운전하다가 토스카 승용차를 추돌하는 교통사고를 일으켰습니다"라고 허위 진술하였다. 이로써 피고인은 B으로 하여금 범인을 도피하도록 교사하였다.

2. 피고인 B

피고인은 2017. 1. 26. 10:00경 경찰서 교통조사계 사무실에서, 사실은 A가 자동차 운전면허 없이 포터 화물차를 운전하다가 토스카 승용차를 추돌하는 교통사고를 야기했다는 사실을알고 있음에도 불구하고, 위 2의 다항과 같이 A의 부탁을 받고, 위 사건을 조사하던

경찰관 경위에게 피고인이 사고차량을 운전하였다는 취지로 허위 진술하였다. 이로써 피고인은 벌금 이상의 형에 해당하는 죄를 범한 자를 도피하게 하였다.

🚨 음주단속 경찰관 상해 입히고 도주, 운전자 바꿔치기
▶ 서울남부지방법원 2012. 10. 19. 선고 2012고합648 판결 : 최, 벌금 3백만 원

[범죄사실]

피고인들은 서울 영등포구 ○○동 ○○○-○ 소재 ○○빌딩 지하 1층에 있는 의약소모품 제조·판매회사인 '○○○○'의 직원들로서 회사 선후배 관계이다.

1. 피고인 손○○
1) 도로교통법위반(음주운전), 도로교통법위반(무면허운전)

피고인은 2012. 8. 29. 09:40경 자동차 운전면허 없이 혈중알콜농도 0.108%의 술에 취한 상태로 위 '○○빌딩' 앞 도로에서 서울 영등포구 ○○동 ○○○-○ 소재 '○프라자' 앞 도로까지 약 3㎞ 구간에서 '○○○○' 사장 소유의 ○○더○○○○호 승합차를 운전하였다.

2) 특수공무집행방해치상

피고인은 전항의 기재와 같이 음주·무면허 상태로 승합차를 운전하던 중, 같은 날 10:05경 서울 영등포구 ○○동 ○○○○-○○ 앞길에서 서울 영등포경찰서 ○○파출소 소속 경위 민○○(여, 45세)으로부터 "차량조회 결과 무면허 운전자의 차량으로 확인되니 운전면허증을 제시해 달라"는 요구를 받게 되자 면허증과 신분증을 가지고 오지 않았다며 지인 박○○의 인적사항을 허위로 불러주는 등으로 시간을 끌면서 도망갈 기회를 엿보다가 피고인에게서 술 냄새가 난다고 생각한 경위 민○○이 음주측정도 같이 해야겠다며 위 승합차의 운전석 문을 반쯤 열고 하차를 요구하자 음주·무면허 사실이 발각될 것이 두려워 그대로 도주하기로 마음먹었다.

이에 피고인은 위 승합차를 운전하여 서서히 앞으로 진행하던 중, 양손으로 위 승합차의 운전석 창틀을 붙잡은 상태로 위 승합차를 따라 앞으로 달려가던 경위 민○○으로부터 "멈춰라, 계속 진행하면 공무집행방해죄가 추가될 수 있다"는 사실을 수회 고지받았음에도 불구하고 더욱 속도를 내어 차량을 진행하고, 이 때 위 승합차의 운전석 창틀을 붙잡은 손을 미처 놓을 기회가 없었던 경위 민○○이 위 승합차에 매달리게 된 상태에서 약 10m 가량을 진행하다가 급히 우회전을 하는 과정에서 창틀을 붙잡고 있던 손을 놓치고 바닥에 나가떨어지게 함으로써 위험한 물건인 자동차를 이용하여 경찰공무원의 음주·무면허 운전단속에 관한 정당한 직무집행을 방해하고, 그로 인하여 경위 민○○에게 약 3주간의 치료를 요하는 좌 주관절 및 슬부 염좌상 등을 입게 하였다.

3) 범인도피교사

피고인은 전항의 기재와 같이 공무집행 중인 경위 민ㅇㅇ에게 상해를 입게 하고 위 민ㅇㅇ으로부터 무전연락을 받은 경찰관들의 추격을 피해 도주하던 중, 같은 날 10:15경 서울 영등포구 ㅇㅇ동 ㅇㅇㅇ-ㅇ 소재 'ㅇ프라자' 인근 골목길에서 조수석에 타고 있던 최ㅇㅇ에게 "음주운전으로 면허가 취소된 상태이니 자리를 좀 바꿔달라, 이따가 경찰관에게 체포되면 네가 운전한 것이라고 말해 달라"고 부탁함으로써 최ㅇㅇ에게 위 승합차의 실제 운전자인 것처럼 허위 진술할 것을 마음먹게 하여 최ㅇㅇ과 서로 자리를 바꿔 앉은 다음, 최ㅇㅇ이 위 승합차를 운전하여 계속해서 도주하던 중 잠시 후 위 'ㅇ프라자' 앞길에서 경찰관들에게 검거되자 최ㅇㅇ이 경찰관들에게 "내가 운전한 사람이다"라고 허위 진술을 하게 하여 범인도피를 교사하였다.

2. 피고인 최ㅇㅇ의 범인도피

피고인은 2012. 8. 29. 10:05경 위 'ㅇ프라자' 앞길에서, 제1의 다항 기재와 같이 손ㅇㅇ의 교사에 따라 실제 운전자가 누구인지를 묻는 경찰관들에게 "내가 운전자가 맞다"라고 말하는 등 실제 운전자인 손ㅇㅇ를 감추어 주는 허위 진술을 하여 범인인 손ㅇㅇ를 도피하게 하였다.

03. 공무집행방해

1) 공무집행방해

> **[형법]**
> 제136조(공무집행방해) ① 직무를 집행하는 공무원에 대하여 폭행 또는 협박한 자는 5년 이하의 징역 또는 1천만 원 이하의 벌금에 처한다.
> ② 공무원에 대하여 그 직무상의 행위를 강요 또는 조지하거나 그 직을 사퇴하게 할 목적으로 폭행 또는 협박한 자도 전항의 형과 같다.

- 공무집행방해는 직무 집행하는 공무원에 대한 폭행. 협박으로 성립한다.
- 직무의 집행은 공무원이 그 직무권한 상 할 수 있는 모든 행위를 말한다.
- 반드시 국가 또는 공공단체의 의사를 강제하는 집행행위에 한정되지 않는다.
- 공무원의 직무집행은 적법한 것임을 요한다.
- 적법여부 판단기준은 법원의 객관적 판단에 의한다.
- 폭행은 공무원에 대하여 가하는 일체의 불법한 유형력의 행사를 말한다.
- 폭행은 공무원을 향하여 가함을 필요로 하나 직접적이건 간접적이건 불문한다.
- 협박은 공포심을 일으키게 하는 데 족한 일체의 해악의 통고를 말한다.
- 협박은 상대방이 공포심을 일으켰는가는 불문한다.
- 폭행·협박은 그로 인하여 직무의 집행에 방해가 될 수 있을 정도이면 족하다.
- 고의는 공무원이라는 것과 폭행 또는 협박을 가한다는 인식이 있으면 족하다.
- 직무의 집행을 방해할 의사는 필요하지 않다.

경찰관의 정당한 공무집행을 방해한 경우	
경찰관직무집행법에 따른 제지의 정당성	대법원 2013도9937 판결
적법한 공무집행 요건	대판 2012도9937 판결
경찰관이 모욕죄로 체포하자 폭행한 것은 정당방어	대법원 2011도3682 판결
직접 제지하는 방법 외 없는 절박한 사태	대법원 2007도9794 판결
신호위반 스티커 단속에 불만 갖고 경찰관에게 욕설	대법원 2003도8336 판결
도주차량 못가게 창문을 손으로 잡고 따라가는 것	대법원 96도281 판결
경찰관이 운전면허증 제시 요구 거부하며 현장 이탈	대법원 94도701판결

2) 특수공무집행방해

[형법]

제144조(특수공무방해) ① 단체 또는 다중의 위력을 보이거나 위험한 물건을 휴대하여 제 136조, 제138조와 제140조 내지 전조의 죄를 범한 때에는 각조에 정한 형의 2분의 1까지 가중 한다.
② 제1항의 죄를 범하여 공무원을 상해에 이르게 한 때에는 3년 이상의 유기징역에 처한 다. 사망에 이르게 한 때에는 무기 또는 5년 이상의 징역에 처한다.

📖 특수공무집행방해는 단체 또는 다중의 위력을 보이거나 위험한 물건을 휴대하여 공무집행 방해하거나 법정 또는 국회회의장을 모독한 경우, 공용서류나 공무상비밀표시, 공무상보관물 무효로 하는 경우, 공용물 파괴하는 경우를 말한다.

📖 위험한 물건이라 함은 흉기는 아니라고 하더라도 널리 사람의 생명, 신체에 해를 가하는데 사용할 수 있는 일체의 물건을 포함한다.

📖 위험한 물건에 해당하는지 여부는 사회통념에 비추어 상대방이나 제3자가 생명 또는 신체에 위험을 느낄 수 있는지 여부에 따라 판단 한다.

📖 자동차는 사람의 생명 또는 신체에 위해를 가하거나 다른 사람의 재물을 손괴하는데 사용되었다면 위험한 물건에 해당한다.

📖 휴대하여는 소지과 널리 이용한다는 뜻도 포함된다(대판 2002도5783).

경찰관을 다치게 하거나 사망케 한 경우	
0.065% 음주단속경찰관 끌고가다 7주 상해 입힌 경우	창원지법 2017고합290 판결
순찰차를 들이받아 경찰관을 다치게 함	서울중앙지법 2013고합88 판결
음주단속중인 경찰관을 매달고 질주하여 징역형	부산지법 2012고합206 판결
체포되지 않으려고 경찰관 들이받아 상해를 입힌 경우	부산지법 2009고단5112
음주단속 경찰관 들이받아 상해 입히고 도주	대전지법 2009고합238 판결
경찰관을 들이받아 상해 입히고 도주	대구지법 2008고합436 판결
추격해 온 경찰관 다리 절단 사망케 함	대법원 2008도3 판결
매달린 경찰관을 차에서 떨어뜨려 사망케 함	수원지법 2006고합1 판결

🔔 음주단속 중인 경찰관을 차량으로 끌고 간 사건
▶ 창원지방법원 2018. 1. 11. 선고 2017고합290 판결

가. 특수공무집행방해치상

피고인은 2017. 11. 23. 03:36경 O 코란도 승용차를 운전하여 00시00로 00에 있는 '000' 앞 도로를 지나던 중 음주단속을 하고 있던 피해자 김해서부경찰서 0지구대 소속 순경 김00으로부터 음주감지기를 통한 음주 확인 결과 음주가 감지되었다는 이유로 진행을 멈추고 차에서 내릴 것을 요구받았다. 피고인은 음주운전으로 단속되면 운전면허가 취소될 것을 염려하여 도주하기로 마음먹고 피해자가 손으로 위 차량의 운전석 창문을 잡고 있음에도 위험한 물건인 위 차량을 급출발하여 피해자를 끌고 가다가 피해자를 그곳 바닥에 넘어지게 하여 피해자에게 약 7주간의 치료를 요하는 우측쇄골 골절 등의 상해를 가하였다. 이로써 피고인은 위험한 물건을 휴대하여 경찰공무원의 음주단속에 관한 정당한 직무집행을 방해하고 피해자를 상해에 이르게 하였다.

나. 도로교통법위반(음주운전)

피고인은 2017. 11. 22. 21:40경 김해시 삼계로 9에 있는 "000" 식당 앞 도로에서부터 김해시 해반천로 000에 있는 "000" 앞 도로까지 약 1km 상당의 거리에서 혈중알코올농도 0.062%의 술에 취한 상태로 차량을 운전하였다.

3) 위계에 의한 공무집행방해

> **[형법]**
> 제137조(위계에 의한 공무집행방해) 위계로서 공무원의 직무집행을 방해한 자는 5년 이하의 징역 또는 1천만 원 이하의 벌금에 처한다.

- 위계로서 공무원의 직무집행을 방해하는 죄를 말한다.
- 그 수단이 폭행·협박이 아니라 위계이다.
- 직무집행 중의 공무원에 대하여 행하여지는 것에 한하지 않는다.
- 공무원이 아닌 제3자를 기만함으로써도 범할 수 있다.
- 직무집행 예상된 후 행해졌다면 단순 공집은 성립되지 않으나 본죄는 성립된다.
- 직무집행이 현실로 방해된 경우에만 본죄는 성립된다.
- 위계는 타인의 부지 또는 착오를 이용하는 것이다.
- 비밀이든 공연이든 불문한다.

◍ 수사기관에서의 참고인은 반드시 진술하거나 허위의 증거를 제출하였다 하더라도, 수사기관이 충분한 수사를 하지 아니한 채 이와 같은 허위의 진술과 증거만으로 잘못된 결론을 내렸다면, 피의자 등의 위계에 의하여 수사가 방해되었다고 볼 수 없어 위계에 의한 공무집행방해죄가 성립하지 않는다.

◍ 피의자나 참고인이 피의자의 무고함을 입증하는 등의 목적으로 적극적으로 허위의 증거를 조작하여 제출하였고 그 증거 조작의 결과 수사기관이 그 진위에 관하여 나름대로 충실한 수사를 하더라도 제출된 증거가 허위임을 발견하지 못하여 잘못된 결론을 내리게 될 경우 위계에 의한 공무집행방해죄가 성립된다.

위계에 의한 공무집행방해	
과속단속카메라 촬영 피하려 파워매직 세이퍼 뿌린 행위	대법원 2007도8024 판결
타인의 소변을 마치 자신이 소변인 것처럼 제출한 경우	대법원 2007도6101 판결
타인의 혈액을 자신의 혈액인 것처럼 제출	대법원 2003도1609 판결

04. 사문서위조 및 동행사

[형법]

제229조(위조등 공문서의 행사) : 제225조 내지 제228조의 죄에 의하여 만들어진 문서, 도화, 전자기록 등 특수매체기록, 공정증서원본, 면허증, 허가증, 등록증 또는 여권을 행사한 자는 그 각 죄에 정한 형에 처한다.

제230조(공문서등의 부정행사) : 공무원 또는 공무소의 문서 또는 도화를 부정행사한 자는 2년 이하의 징역이나 금고 또는 500만원 이하의 벌금에 처한다.

제231조(사문서등의 위조변조) : 행사할 목적으로 권리·의무 또는 사실증명에 관한 타인의 문서 또는 도화를 위조 또는 변조한 자는 5년 이하의 징역 또는 1천만원 이하의 벌금에 처한다.

제234조(위조사문서등의 행사) : 제231조 내지 제233조의 죄에 의하여 만들어진 문서, 도화 또는 전자기록 등 특수매체기록을 행사한 자는 그 각 죄에 정한 형에 처한다.

제235조(미수범) : 제225조 내지 제234조의 미수범은 처벌한다.

제239조(사인등의 위조, 부정사용)

① 행사할 목적으로 타인의 인정, 서명, 기명 또는 기호를 위조 또는 부정사용한 자는 3년 이하의 징역에 처한다.

② 위조 또는 부정사용한 타인의 인장, 서명, 기명 또는 기호를 행사한 때에도 전항의 형과 같다.

⚖ 제240조(미수범) : 본장의 미수범은 처벌한다.

🔅 사실증명에 관한 문서라 함은 권리·의무에 관한 문서 외의 문서로서 사적 거래상 중요한 사실을 증명하는 문서만을 뜻한다고 볼 것이 아니라 그 밖의 중요한 사회적 이해관계를 가지는 사실을 증명하는 문서도 포함한다고 봄이 상당하다.

🔅 단속경찰관의 주취운전자적발보고서 서명날인 또는 무인을 하는 것은 중요한 사회적 이해관계를 가지는 사실을 증명하는 문서이다.

🔅 주취운전자적발보고서 운전자 확인란에 타인의 성명을 기재하고 무인을 찍는 행위, 교통사고발생 진술서나 피의자신문조서를 작성함에 있어 타인의 이름을 쓰고 서명 날인하여 경찰관에게 제출하는 행위 등은 형법 제239조 서명위조, 위조사서명행사죄에 해당된다(대판 2004도6483, 대판 2005도4478).

사문서위조 및 동행사	
친형 인적사항 도용 등 6가지 범죄	울산지법 2013고단2109 판결
회사동료 인적사항 도용	부산지법 2009고단4314 판결
동생 명의 인적사항 도용	서울남부지법 2007고단307판결

🔔 음주운전으로 단속되자 형의 주민등록번호 사용
▶ **대구지방법원 2019. 10. 8. 선고 2019고단1372 선고 : 징역 8월**

[범죄사실]
피고인은 징역 3년에 집행유예 5년을 선고받고, 현재 집행유예 기간 중이다.

1. 도로교통법위반(음주운전) 및 도로교통법위반(무면허운전)
피고인은 2018. 11. 3. 07:00경 클럽 앞 도로에서부터 같은 구에 있는 앞 도로까지 약 50m 구간에서 자동차운전면허를 받지 아니하고 혈중알코올농도 0.095%의 술에 취한 상태로 제네시스 승용차를 운전하였다.

2. 주민등록법위반
피고인은 2018. 11. 3. 07:25경 위 도로에서 피고인의 인적사항을 묻는 경찰서 지구대 소속 순경 전○○에게 피고인의 형인 변○○의 주민등록번호를 불러주어 다른 사람의 주민등록번호를 부정하게 사용하였다.

3. 사서명위조 및 위조사서명행사

피고인은 위 제2항 일시, 장소에서 음주운전으로 단속되어 위 순경 전○○에게 피고인의 형인 '변○○'의 이름, 주민등록번호를 불러주고, 위 순경 전○○으로부터 휴대용 정보단말기(PDA) 화면에 나타난 '변○○'의 인적사항이 기재된 음주운전단속결과통보의 운전자란에 서명할 것을 요구받자, 전자터치펜을 사용하여 임의로 '정'이라고 기재하고 동그라미를 쳐 변○○의 서명을 하고, 그 자리에서 위와 같이 위조한 서명을 그 위조된 사실을 모르는 위 순경 전○○에게 교부하였다.

이로써 피고인은 행사할 목적으로 타인의 서명을 위조하고 이를 행사하였다.

4. 사문서위조 및 위조사문서행사

피고인은 위 제2항 일시, 장소에서 위 순경 전○○으로부터 음주측정을 받자 행사할 목적으로 권한 없이 검은색 볼펜을 사용하여 주취운전자 정황진술보고서의 성명 란에 피고인의 형의 이름인 '변○○'라고 기재한 뒤 그 이름 옆에 '변○○'이라는 취지의 서명한 다음, 그 위조된 사실을 모르는 위 순경 전○○에게 위조된 주취운전자 정황진술보고서를 마치 진정하게 성립된 것처럼 건네주었다.

이로써 피고인은 사실증명에 관한 사문서인 변○○ 명의의 주취운전자 정황진술보고서 1장을 위조하고 이를 행사하였다.

🚨 운전면허증 휴대폰으로 찍어 경찰관에게 제시한 경우
▶ 대법원 2019. 12. 12. 선고 2018도2560 판결

도로교통법 제92조 제2항에서 제시의 객체로 규정한 운전면허증은 적법한 운전면허의 존재를 추단 내지 증명할 수 있는 운전면허증 그 자체를 가리키는 것이지, 그 이미지파일 형태는 여기에 해당하지 않는다. 이와 같은 공문서부정행사죄의 구성요건과 입법 취지, 도로교통법 제92조의 규정 내용과 입법 취지 등에 비추어 보면, 자동차 등의 운전자가 운전 중에 도로교통법 제92조 제2항에 따라 경찰공무원으로부터 운전면허증의 제시를 요구받은 경우 운전면허증의 특정된 용법에 따른 행사는 도로교통법 관계 법령에 따라 발급된 운전면허증 자체를 제시하는 것이라고 보아야 한다. 이 경우 자동차 등의 운전자가 경찰공무원에게 다른 사람의 운전면허증 자체가 아니라 이를 촬영한 이미지파일을 휴대전화 화면 등을 통하여 보여주는 행위는 운전면허증의 특정된 용법에 따른 행사라고 볼 수 없는 것이어서 그로 인하여 경찰공무원이 그릇된 신용을 형성할 위험이 있다고 할 수 없으므로, 이러한 행위는 결국 공문서부정행사죄를 구성하지 아니한다.

05. 공용서류 등의 무효 💿💿💿

[형법]

제141조(공용서류 등의 무효, 공용물의 파괴)

① 공무소에서 사용하는 서류 기타 물건 또는 전자기록 등 특수매체기록을 손상 또는 은 닉하거나 기타 방법으로 그 효용을 해한 자는 7년 이하의 징역 또는 1천만원 이하의 벌금 에 처한다.

② 공무소에서 사용하는 건조물, 선박, 기타 또는 항공기를 파괴한 자는 1년 이상 10년 이 하의 징역에 처한다.

형법 제143조(미수범) 제140조 내지 전조의 미수범은 처벌한다.

🔘 정당한 권한 없이 공무소 사용서류의 효용을 해함으로 성립된다.

🔘 소유권과 관계 없이 공무소를 보호하기 위한 목적이 있다.

🔘 공무소에서의 사용목적으로 보관하는 일체의 문서를 말한다.

🔘 작성자가 공무원인지, 그 작성 목적이 공무소 사인을 위한 것인지 불문한다.

🔘 경찰관이 작성 중인 주취운전자 적발보고서를 찢어버릴 경우도 본죄가 성립된다.

🔘 서류 또는 물건의 소유권이 누구에게 있는가도 불문한다.

🔘 운전자용 주취운전자적발보고서 등은 동법 적용대상이 아니다.

공용서류 등 무효	
주취운전자 적발보고서 등을 손으로 찢어버린 사례	의정부지법 2013고단1011 판결
경찰관이 보관하는 진술서	대법원 98도4350 판결
음주서류 찢고, 가짜 음주운전적발보고서 사용	대법원 95도1706 판결
미완성된 피의자신문조서가 공문서인지	대법원 80도1127 판결

🔔 출동한 경찰관이 제시한 현행범체포서 등 서류를 찢은 사건

▶ 서울동부지원 2018. 9. 14. 선고 2018고단1816 판결 : 징역 6월 집유 2년 등

1. 모욕

피고인은 2018. 2. 12. 21:51경 서울 송파구 소재 ○○감자탕에서 손님들이 싸운다는 신고를 받고 출동한 서울송파경찰서 삼전지구대 소속 경사 이○윤의 어깨를 툭툭 쳐서, 같 은 경찰서 기동순찰대 소속 경위 이○헌에게 이를 제지당하자, 피해자인 위 이○헌에게 "경찰관이 나한테 욕을 하네, 너 지금 나한테 욕했냐? 왜 마스크를 쓰고 있어? 왜 욕을 하고

지랄이야" 라면서 피해자가 착용하고 있던 마스크를 벗겨 바닥에 던지고 계속해서 위 피해자에게 "이 새끼가 욕을 하네, 짭새가 그래도 되느냐, 이 새끼야" 라고 말하였다. 이로써 피고인은 공연히 피해자를 모욕하였다.

2. 공무집행방해

피고인은 위 1항 기재 일시, 장소에서 위와 같이 출동한 서울송파경찰서 기동순찰대 소속 경위 이○헌에게 욕설을 하면서 위 이○헌의 멱살을 잡고, 주먹으로 배를 3회 때리고, 발로 정강이를 2회차 폭행하였다. 계속해서 피고인은 피고인의 행동을 촬영하고 있는 서울송파경찰서 삼전지구대 소속 경사 이○윤에게 다가가 주먹으로 위 이○윤의 배를 1회 때렸다. 이로써 피고인은 경찰관들의 신고사건 처리 및 관래 순찰에 대한 정당한 직무집행을 각각 방해하였다.

3. 공용서류손상

피고인은 2018. 2. 12. 22:15경 동 기재와 같은 범행으로 현행범인 체포되 같은 날 22:20경 서울 송파구 백제고분로 238 소재 서울송파경찰서 삼전지구대에서 인치된 다음, 같은 날 23:30경 위 삼전지구대 소속 경사 이○윤이 피고인의 서명·날인을 받기 위해 건네준 체포·구속 피의자 신체확인서와 현행범인 피체포자에 대한 권리고지 확인서를 찢어버렸다. 이로써 피고인은 공무소에서 사용하는 서류를 각 손상하였다.

06. 공갈

[형법]
제350조(공갈)
① 사람을 공갈하여 재물의 교부를 받거나 재산상의 이익을 취득한 자는 10년 이하의 징역 또는 2천만 원 이하의 벌금에 처한다.
② 전항의 방법으로 제삼자로 하여금 재물의 교부를 받게 하거나 재산상의 이익을 취득하게 한 때에도 전항의 형과 같다.
제351조(상습범) : 상습으로 제347조 내지 전조의 죄를 범한 자는 그 죄에 정한 형의 2분의 1까지 가중한다.
제352조(미수범) : 제347조 내지 제348조의2, 제350조와 제351조의 미수범은 처벌한다.

🔟 공갈이란 재물, 재산상 이익을 교부하게 하는 수단으로 행하여지는 협박이다.
🔟 재물이란 동산·부동산을 불문한다.

🔔 재산상의 이익이란 채무의 면제나 노무의 제공 등을 말한다.

🔔 사람의 항거를 불능하게 하는 정도의 것이 아니라는 점에서 강도죄와는 다르다.

🔔 협박의 내용인 해악의 종류에는 제한이 없다.

🔔 통고된 사실의 진위 여부나 현실가능성의 유무도 불문한다.

🔔 해악의 통보는 명시적임을 요하지 않는다.

🔔 자기의 상품, 경력, 지위 등을 빙자하여 부당 청구도 공갈죄가 될 수 있다.

🔔 공갈자의 이득 목적 달성여부는 기소와 무관하다(대판 89도2036, 대판 911도2344, 대판 2801, 대판 2003도709 등 참고).

🔔 교통사고를 당한 피해자가 교통사고를 일으킨 사람이 음주운전을 하였다는 것을 알고 이를 빌미로 금원을 갈취할 경우 "공갈죄"로 처벌받게 된다.

🔔 공갈죄는 정당한 권리가 있더라도 그 권리행사를 빙자하여 사회통념 상 용인되기 어려운 정도를 넘는 협박을 수단으로 상대방을 외포케 하여 재물의 교부 또는 재산상의 이익을 받으려한 경우에 성립한다.

🔔 음주운전 대상으로 고의 사고 후 금품 갈취

▶ 청주지방법원 2016. 4. 26. 선고 2015고단1970 판례 : 폭처법(공동공갈)

피고인 우OO를 징역 1년, 피고인 연OO을 징역 6월, 피고인 임OO를 징역 4월에 각 처한다. 다만, 이 판결 확정일로부터 피고인 우OO에 대하여는 2년간, 피고인 임OO에 대하여는 1년간 위 각 형의 집행을 유예한다.

피고인 우OO에게 120시간의 사회봉사를, 피고인 임OO에게 40시간의 사회봉사를 각 명한다. 압수된 증 제1호[삼성 휴대폰]를 피고인 우OO로부터 몰수한다.

[범죄사실]

피고인들과 김OO은 시 일대 유흥지역에서 음주운전 차량을 상대로 일부러 접촉사고를 일으킨 후 운전자를 상대로 합의금을 주지 않으면 수사기관에 신고할 듯한 태도를 보여 금원을 갈취하기로 공모하였다.

1. 피고인 우OO, 피고인 연OO, 김OO의 공동범행

피고인들은 동 일대 술집이 밀집한 지역에서 대기하고 있다가 술집에서 나와 운전을 하는 사람을 물색한 다음 뒤따라가 접촉사고를 낸 후 운전자를 상대로 합의금을 주지 않으면 음주운전 사실을 신고할 것처럼 겁을 주어 금원을 갈취하기로 공모하였다.

피고인들과 김OO은 2015. 6. 5. 01:20경 동에 있는 '마트' 앞 노상에서 피고인 우OO가 운전하는 아반떼 승용차에 셋이 함께 동승한 다음 음주운전자를 물색하던 중, 마침 술을 마신 채 검정색 포르테 승용차를 운전하는 피해자 변○○을 발견하자 피해자의 승용차를 뒤따라가 같은 날 01:38경 노상에 이르러 피해자가 포르테 승용차를 주차하려 하자 피고인 우○○는 자신이 운전하는 아반떼 차량을 이용하여 피해자의 승용차 조수석 부분을 고의로 들이받았다.

계속하여 피해자가 차에서 내리자 피고인 우○○는 피해자에게 "아저씨 술 마셨죠? 경찰 부를까요?"라고 겁을 주고, 피고인 연○○은 피해자의 옆에서 자신의 팔과 가슴에 있는 문신을 보여주면서 "어떻게 처리할 거냐! 보험 부를거냐!"라고 말하여 합의금을 주지 않으면 수사기관에 신고할 듯한 태도를 보이며 피해자를 협박하고, 김○○은 차에서 내려 피해자의 주변에서 담배를 피우면서 전화기를 꺼내어 신고를 할 듯한 태도를 보이며 위화감을 조성하였다.

피고인들은 공모하여 위와 같이 피해자를 공갈하여 이에 겁을 먹은 피해자로부터 금원을 교부받기로 하고 그 즉시 피해자를 근처에 있는 시티은행 사창지점으로 데리고가 피해자의 국민은행 계좌에서 피고인 우○○ 명의의 신한은행 계좌로 990,000원을 송금받아 이를 갈취하였다.

2. 피고인 우○○, 피고인 임○○의 공동범행

피고인들은 2015. 6. 20. 01:00경 카페 앞 노상에서 피고인 우○○가 운전하는 아반떼 승용차에 함께 탄 채 음주운전자를 물색하던 중, 마침 술을 마신 상태에서 베라크루즈 승용차를 운전하는 피해자 박○○을 발견하자 아반떼 승용차로 피해자의 승용차를 뒤따라 가 경적을 울리며 피해자의 승용차 앞을 가로막고 차를 세우라고 소리를 지르고, 이에 피해자가 정차하자 피고인들은 차에서 내려 피해자에게 "아저씨, 술 마셨죠? 내차를 긁고 갔어요. 어떻게 할 거에요?"라고 말하면서 피해자를 협박하였다. 그러나, 사실은 피해자의 승용차와 피고인들의 승용차는 접촉하여 사고가 난 사실이없고, 피고인들은 기존의 사고로 파손된 아반떼 승용차의 운전석 펜더 부분을 가리키면서 피해자의 음주운전을 빌미로 합의금을 주지 않으면 수사기관에 신고할 듯한 태도를 보여 피해자를 협박하고 피해자로부터 금원을 갈취하려고 하였으나, 마침 교통사고가 발생하였다는 주변의 신고로 경찰관이 출동하는 바람에 그 뜻을 이루지 못한 채 미수에 그쳤다.

07. 협박·특수협박

[형법]

제283조(협박, 존속협박)
① 사람을 협박한 자는 3년 이하의 징역, 500만원 이하의 벌금, 구류 또는 과료에 처한다.
② 자기 또는 배우자의 직계존속에 관하여 제1항의 죄를 범한 때에는 5년 이하의 징역 또는 700만원 이하의 벌금에 처한다.
③ 제1항 및 제2항의 죄는 피해자의 명시한 의사에 반하여 공소를 제기할 수 없다.

제284조(특수협박) : 단체 또는 다중의 위력을 보이거나 위험한 물건을 휴대하여 전조 제1항, 제2항의 죄를 범한 때에는 7년 이하의 징역 또는 1천만원 이하의 벌금에 처한다.

제285조(상습범) : 상습으로 제283조 제1항, 제2항 또는 전조의 죄를 범한 때에는 그 죄에 정한 형의 2분의 1까지 가중한다.

제286조(미수범) : 전3조의 미수범은 처벌한다.

- 협박죄는 사람을 협박함으로써 성립된다.
- 협박을 수단으로 개인이 법적으로 보호되어 있다는 신뢰를 침해하는 죄이다.
- 사람의 행동의 자유를 침해하는 것은 협박에 해당되지 않는다.
- 재산상의 이득을 목적으로 하는 것이 아니므로 강도나 공갈죄와 구별된다.
- 개인의 법적 안전의식이 보호법익이므로 법인은 객체가 될 수 없다.
- 의사결정의 능력이 없는 영아·명정자·정신병자는 협박죄의 객체가 될 수 없다.
- 협박은 해악을 고지하여 상대방에게 공포심을 일으키는 것을 말한다.
- '두고 보자', '입을 찢어 버릴라'는 협박에 해당하지 않는다(대판 86도1140).
- 길흉화복의 경고는 사정에 따라 협박이 될 수 있다(대판 2000도3245).
- 협박의 기수시기에 대한 다수설은 침해범설의 입장이다.
- 현실적으로 공포심을 일으킬 필요는 없다(대판 2007도606).
- 거동으로 해악을 고지할 수도 있다(대판 2009도5146).
- 자동차를 운전함에 있어 시비가 되었고 상당구간 고의 급제동하는 등의 행위가 있었다면 협박죄의 처벌이 가능하다. 이로 인해 사고가 발생되었다면 교통사고가 아닌 형법상 상해죄와 재물손괴죄를 적용받는다. 자동차를 사용하여 사람의 생명 또는 신체에 위해를 가하거나 다른 사람의 재물을 손괴한 경우에는 특수협박죄가 적용된다.

협박	
16km 추격하여 정상 주행차량 방해	대법원 2011도10670 판결
피해자에게 겁을 주기 위하여 자동차 후진하여 충돌	대법원 2010도10256 판결
고의로 후진하여 추돌사고 야기	춘천지법 2010노136 판결
트렁크에서 손도끼 꺼내 협박	부산지법 2008고단3444 판결

🔔 택시가 경적 울리며 욕설하여 협박죄로 형사처벌
▶ 울산지방법원 2019. 5.3. 선고 2018노1205 판결 특수협박 : 벌금 500만원

피고인은 택시를 운전하는 사람으로서, 2017. 12. 16. 21:30경 위험한 물건인 위 택시를 운전하여 동사무소 앞 편도 4차로 도로를 운전하던 중 피해자 운전의 베르나 승용차가 자신의 진로를 방해하였다는 이유로 화가 나 수회 경적을 크게 울린 후 위 베르나 승용차를 따라가 부딪힐 것처럼 좌·우측으로 흔들며 운행을 하고, 사거리 부근에서 정차를 하게 되자 창문을 열고 피해자와 피해자의 처인에게 "대가리를 뺀다"라고 큰소리로 욕설을 하였다. 이로써 피고인은 위험한 물건을 휴대하여 피해자를 협박하였다.

🔔 택시가 제동하여 시내버스에게 추돌케 한 보복운전
▶ 서울북부지방법원 2016. 11. 15. 선고 2016고단1969 판결 : 징역 6월 등

피고인은 2016. 5. 11. 20:40경 택시를 운전하던 중 사거리 앞 도로에서 편도 3차로 중 3차로를 따라 진행하던 피해자가 운전하는 서울 호 버스방향에서 '구청' 방향으로 진행하다가 손님을 기다리기 위하여 정차하다가 그 뒤의 진로를 막게 되었고, 이에 피해자가 피고인을 향해 경적을 울렸다. 그러자 피고인은 앞서 진행하던 위 버스를 추월하여 위 도로를 위 방향으로 위 버스 앞에서 진행하다가 서울 동대문구 앞 편도 2차로에 이르러, 급제동을 하고, 다시 진행하다가 재차 급제동을 하여 피해자를 협박하고 위 택시의 뒤범퍼로 위 버스의 앞범퍼를 들이받아 피해자 ㈜ ○○여객 소유인 위 버스를 723,560원의 수리비가 들도록 손괴하였다.

이로써 피고인은 위험한 물건인 승용차를 휴대하여 피해자를 협박하고, 피해자 ㈜ ○○C 여객의 재물을 손괴하였다.

08. 모욕

[형법]

제311조(모욕) : 공연히 사람을 모욕한 자는 1년 이하의 징역이나 금고 또는 200만원 이하의 벌금에 처한다.

제312조 : (고소와 피해자의 의사)
① 제308조와 제311조의 죄는 고소가 있어야 공소를 제기할 수 있다.
② 제307조와 제309조의 죄는 피해자의 명시한 의사에 반하여 공소를 제기할 수 없다.

- 모욕죄는 공연히 사람을 모욕함으로 성립되는 범죄이다.
- 공연이라 함은 불특정 또는 다수인이 인식할 수 있는 상태를 의미한다.
- 사람의 가치에 대한 사회적 평가를 의미하는 외부 명예를 보호법익으로 한다.
- 모욕이란 사실을 적시하지 아니하고 사람의 사회적 평가를 저하시킬 만한 추상적 판단이나 경멸적 감정을 표현하는 것을 의미한다.
- 명예훼손죄는 사실의 적시, 모욕죄는 그냥 욕만으로도 성립한다.
- 피해자의 외부적 명예가 경멸적 감정을 공연히 표시함으로써 성립된다.
- 현실적으로 침해될 위험이 발생하지 않아도 성립된다(대판 2016도9674).
- 보고 듣는 자가 없다고 하더라도 모욕죄가 성립된다.
- 다수인의 자격에 일정한 제한이 있는 경우에도 공연성이 있다(대판 83도3292).
- 일반모욕죄는 피해자 등의 고소가 있어야 기소할 수 있는 친고죄이다.
- 외국원수나 외국사절에 대한 모욕죄는 반의사불벌죄이다.
- 친고죄에 대하여는 범인을 알게 된 날로부터 6월을 경과하면 고소하지 못한다.
- 불가항력의 사유가 있는 때에는 그 사유가 없어진 날로부터 기산한다.

모욕	
니기미 십할 경찰이면 다가, 십할 놈	대구지법 2013고정2717 판결
경찰관에게 욕설하여 모욕죄, 형사입건	청주지법 2013노941
혼자 근무 중인 경찰관에 대한 욕설은 대상 아님	대법원 2004도2880 판결
나쁜 놈 죽일 놈	대법원 87도739 판결
개 같은 년	대법원 90도873 판결
대머리 까진 새끼	대법원 81도2280 판결

09. 무고

[형법]

제156조(무고) : 타인으로 하여금 형사처분 또는 징계처분을 받게 할 목적으로 공문소 또는 공무원에 대하여 허위의 사실을 신고한 자는 10년 이하의 징역 또는 1천만원 이하의 벌금에 처한다.

- 무고죄는 타인에게 형사처분 또는 징계처분을 받게 할 목적이 있어야 한다.
- 공무소 또는 공무원에 대하여 허위의 사실을 신고하는 때에 범죄가 성립한다.
- 객관적 사실에 반한다는 것을 확정적, 미필적으로 인식하고 신고하는 것이다.
- 일부에 허위의 사실이 포함되어 있어도 범죄의 성부에 영향을 미치는 중요한 부분이 아니고, 과장한 것에 불과한 경우에는 무고죄에 해당하지 않는다.
- 개인의 법적 안정성을 침해할 우려가 있을 정도로 고소사실 전체의 성질을 변경시키는 때에는 무고죄 성립될 수 있다(대판 2003도7178, 대판 2008도3754).

무고	
미란다원칙 고지하지 않았고 폭력까지 행사했다며 고소	대구지법 2011고단6328 판결
불법체포 되었다며 경찰관을 고소	대법원 2008도8573 판결

🚨 뺑소니 차량에 치었다고 허위신고
▶ **인천지방법원 2015. 7. 21. 선고 2015고합244 판결 : 벌금 150만 원**

피고인은 2014. 9. 5. 01:35경 경찰서 파출소에서 사실 이○○이 운전하는 코란도 차량에 부딪힌 사실이 없음에도 불구하고 '모텔 앞에서 코란도 차량이 나와서 자신의 왼쪽다리를 치더니 다친 것에 대한 아무런 말이 없이 무엇을 촬영하느냐고 하여 이에 차량 운전자와 실랑이가 있었지만 결국 차량 운전자가 달아났다.'는 취지의 허위내용의 신고를 하여 이○○으로 하여금 형사처분을 받게 할 목적으로 무고하였다.

10. 위증

[형법]

제152조(위증, 모해위증)

① 법률에 의하여 선서한 증인이 허위의 진술을 한 때에는 5년 이하의 징역 또는 1천만 원 이하의 벌금에 처한다.

② 형사사건 또는 징계사건에 관하여 피고인, 피의자 또는 징계혐의자를 모해할 목적으로 전항의 죄를 범한 때에는 10년 이하의 징역에 처한다.

- 위증죄는 법률에 의하여 선서한 증인이 허위의 진술을 하는 것을 말한다.
- 법률에 의하여 선서한 증인에 한하여 성립하는 일종의 신분이다.
- 수사단계에서 선서하지 않은 증인이나 참고인은 이에 해당하지 않는다.
- 허위의 진술은 자기의 기억에 반하는 사실을 진술하는 것을 말한다.
- 객관적 진실에 부합되더라도 자기의 기억에 반한 진술은 허위의 진술이 된다.
- 교사자와 피교사자를 음모 또는 예비에 준하여 처벌한다.
- 교사받은 자가 범죄실행을 승낙하지 아니한 때에는 위와 같이 처벌한다.
- 재판 또는 징계처분이 확정되기 전에 자백, 자수하면 감경 또는 면제한다.

위증	
음주운전을 면해주기 위해 법원에서 허위진술	대구지법 2013고단4858 판결
피고의 얼굴은 그전부터 알고 있었지만 허위진술	부산지법 2008고단2842 판결
교통사고 타인에게 법정에서 허위 진술하도록 교사	부산지법 2008고단6265 판결
동승자 아들에게 법정에서 허위진술 부탁	부산지법 2007고단2345 판결

🔔 음주운전 교통사고에 탑승한 동승자가 친구를 위해 허위로 위증

▶ 대구지방법원 2016. 11. 3. 선고 2016고단2660 판결 : 징역 6월 집유 1년

[범죄사실]

1. 위증

피고인은 2015. 11. 10. 14:30경 대구 수성구 C에 있는 대구지방법원 별관 제2호 법정에서 위 법원 2015고단3664호 D에 대한 도로교통법위반(사고후미조치) 등 사건의 증인으로 출석하여 선서한 후, ① 사실은 2015. 9. 30.경 전화상으로 검사에게 "D가 제 발로 간 것인지, 누가 부축해 준 것인지 나는 사실 아무것도 본 기억이 없다."라고 진술하였음에도 불구하고, 검사의 "(9월 30일 검사하고 통화할 때에는) 피고인이 제 발로 간 건지 누가 부축해 준 건지 나는 사실 아무것도 본 기억이 없다 이렇게 진술했잖아요? 그때."라는 질문에 "아닙니다.", "본인은 사실 제 발로 간 건지, 누가 부축해준 건지 아무것도 본 기억이 없다 그 얘기를 제가 마지막으로 다시 확인하니까 정확하게 그렇게 말씀하셨잖아요?"라는 질문에 "아닙니다. 제가 그때 당시에 2, 3명이서 옮기는 걸 봤고. 들었고."라고 답변하는 등 "2015. 9. 30.경 전화상으로 검사에게 '2, 3명이 D을 부축해서 가는 것을 보았다'라고 진술하였었다."는 취지로 허위 증언하였으며, ② 사실은 피고인은 사고 이후 사고현장에 계속 있었기 때문에 D가 있던 벤치로 가서 D의 상태를 확인하고, 대화를 나누지 않았음에도 불구하고, 변호인의 "그리고 사고 나고 몇 분쯤 뒤에 경찰이 현장에 도착했습니까?"라는 질문에 "몇 분까지는 기억이 나지않는데 제가 일단 갔다가 벤치가 어디 있는지도 확인을 하고 다시 인명피해가 있나? 없나? 다시 또 확인하러 오는 시간까지 한 5분에서 10분 사이였던 것 같습니다."라고 답변하였고, 판사의 "증인은 사고 이후에 피고인이 앉아있는 벤치로 찾아가서 피고인이랑 대화를 나누었다고 그랬죠?", "피고인이 앉아있는 벤치로 찾아간 건 언제입니까? 사고 직후입니까? 아니면 시간이 흐른 뒤 경찰이 오고 난 뒤."라는 질문에 "그러고 난 뒤 얼마 안 있다가 일단 저도 벤치 있는 쪽으로 찾아 갔더니 저도 얼마나 걸어갔는지 기억이 안 납니다. 정신이 되게 없었는데 일단은 제가 찾아갔었어요. 운전자를 찾아가 가지고 '괜찮냐'고 물어봤을 때 일단 저한테 제일 먼저 무슨 얘기를 했냐면 '사람 안 쳤냐? 사람 친 거 아닌가?'"라고 답변하는 등 사고 이후에 D가 있던 벤치로 가서 D의 상태를 확인하였다는 취지로 허위 증언하였고, ③ 사실은 사고현장에 출동한 경찰관인 E가 D를 체포하기 전에 피고인에게 운전자가 어디에 있는지 등에 대해 추궁하였을 때 '모른다.'고 대답한 사실이 있음에도 불구하고, 판사의 "이후에 경찰이 와서 증인한테 무슨 얘기를 했습니까?"라는 질문에 "처음에 '옆에 타고 있던 사람이 누구냐?'라고 물어봤던 것 같아요. 저한테 '어떻게 아는 사이냐?' 근데 저는 어떻게 보면 회사를 하면서 주위에 지인 분한테는 그때 당시에 소개받아서 그때 당시에 관계는 되

게 애매했었거든요. 그래서 '어떻게 아는 사이냐? 집은 아느냐?' 뭐 물어봤을 때 '저는 잘 모르겠습니다.' 이 얘기했던 것까지만 기억나요. 그러니까 경찰이 주위에 있는 사람들한테 묻고다니는 것까지만 기억이 납니다." 라고 대답하고, 판사의 "지금 사고가 나서 사실 운전자를 찾아야 하는 상황일 텐데 경찰로서는. 동승자한테 운전자가 어디 있는지 안 물어봤나요?" 라는 질문에 "아, 저한테 경찰이 왔을 때는 운전자를 찾고 난 뒤에 왔을 겁니다. 그래서 저한테 '아는 사람이냐?' 이런 걸 물어봤던 것 같아요." 라고 대답하고, "운전자를 찾고 난 뒤에?" 라는 질문에 "운전자를 찾고 난 뒤에 저한테 와서 꼬치꼬치 캐물었지 처음에 저한테 동승자인지 딱 알아보고 운전자 어디 갔어요? 이렇게 얘기하지 않았었습니다." 라고 대답하는 등 "D를 체포하기 전에 경찰관 E가 피고인에게 운전자 D의 위치에 대해 물어본 적이 없으며, 운전자의 위치에 대해 '모른다.' 는 대답을 한 적이 없다." 는 취지로 허위 증언하였다.

이로써 피고인은 자신의 기억에 반하는 허위의 진술을 하여 위증하였다.

2. 도로교통법위반(음주운전) 방조

피고인은 2015. 5. 23. 00:00~01:20경 사이 식당에서, 당시 피고인이 공동대표를 하기로 했던 돼지갈비의 실질적 운영자인 D 등과 함께 술을 마시게 되었다. 이후 피고인은, D가 자신의 차량은 위 식당 주차장에 두고, 당시 여자 친구인 홍○○의 차로 귀가하기로 하여 홍○○가 위 식당으로 D을 태우러 오던 중이었음을 알고 있었음에도, 함께 술을 마신 D의 F 체어맨 승용차의 조수석에 먼저 탑승하였고, 이에 D가 피고인에게 택시비로 5만 원을 주면서 택시를 타고 귀가할 것을 종용하였음에도, D에게 "여기가 어디인지 모르겠습니다. 형님, 택시도 없고, 길도 모르겠고…" 라고 말하면서 위 승용차에서 내리지 않는 등 어머니 집까지 태워다 달라는 취지의 말과 행동을 함으로써 D로 하여금 혈중알코올농도 0.150%의 술에 취한 상태로 위 식당 앞 도로에서부터 대구 중구 G에 있는 H 후문 앞 도로에 이르기까지 약 1km 구간에서 위 체어맨 승용차를 운전하게 하여 D의 음주운전 범행을 용이하게 하였다.

이로써 피고인은 D의 음주운전을 방조하였다.

11. 뇌물과 뇌물공여 🚨

[형법]
제129조(수뢰, 사전수뢰)
① 공무원 또는 중재인이 그 직무에 관하여 뇌물을 수수, 요구 또는 약속한 때에는 5년 이하의 징역 또는 10년 이하의 자격정지에 처한다.
② 공무원 또는 중재인이 될 자가 그 담당할 직무에 관하여 청탁을 받고 뇌물을 수수, 요구 또는 약속한 후 공무원 또는 중재인이 된 때에는 3년 이하의 징역 또는 7년 이하의 자격정지에 처한다.

제133조(뇌물공여 등)
① 제129조 내지 제132조에 기재한 뇌물을 약속, 공여 또는 공여의 의사를 표시한 자는 5년 이하의 징역 또는 2천만 원 이하의 벌금에 처한다.

🍺 공무원이 직무의 대가로 부당한 이익을 얻는 행위를 규제하기 위한 법률이다.
🍺 뇌물이란 부당이익, 불법적 보수로서 재산적 이익뿐 아니라 무형의 이익도 포함된다.
🍺 직무란 법령에 정해진 직무와 관련 있는 직무, 과거에 담당하였거나 장차 담당할 직무라 할지라도 법령상 일반적인 직무 권한에 속하는 직무를 막론한다.
🍺 직위와 밀접한 관계가 있는 행위, 관례나 사실상 소관하는 직무도 포함된다.
🍺 뇌물공여죄는 공무원이나 중재인이 그 직무와 관련하여 부정한 청탁을 받고 제3자에게 뇌물을 주도록 요구하거나 줄 것을 약속함으로써 성립하는 범죄이다.

🚨 뇌물공여의사표시죄

파출소 소속 경위 B 외 1명이 다른 교통사고를 처리하는 과정에서 본인 소유 서울 ○○○○○○○호 포터차량을 비틀거리며 주행하는 것을 목격하고 이에 음주감지한 바, 음주가 감지되며 본인 스스로 음주운전 사실을 시인하여 순찰차에 승차하여 파출소로 동행을 요구하자, 이를 모면할 목적으로 위 단속경찰관인 경위 B에게 "가진 돈이 이것밖에 없다. 잘 좀 봐줘라"는 말과 함께 현금 123,000원(일만 원권 12매, 일천 원권 3매)을 건네는 것을 거부하자 순찰차량 운전석에 상기 현금을 던지는 등 일방적으로 뇌물공여의 의사표시를 하였다.

🚨 음주운전자가 경찰관에게 뇌물 준 사건
▶ 의정부지방법원 2017. 8. 7. 선고 2017노1384 판결 : 1,500만원 벌금

1. 음주운전

피고인은 2017.1.25. 21:15경 의정부시 회룡로 221 장암 주공 5단지 앞 GS25 편의점 앞 도로에서 장암주공 5단지 입구 앞 도로까지 약 30~40m 구간을 혈중알코올농도 0.205% 의 술에 취한 상태로 ○○○호 그랜저 승용차량을 운전하였다.

2. 뇌물공여의사표시

피고인은 제1항 기재 일시 장소에서 음주운전자가 있다는 112신고를 받고 출동한 경기의 정부경찰서 지구대 소속 경위 서○○로부터 음주측정을 및 운전면허증 제시를 요구받자 이를 거부하면서 "한 번 봐 달라. 나는 도봉경찰서 교통위원회 소속이다" 라고 수 차례 말을 하며 지갑에서 1만 원권 지폐 2장을 꺼내 경위 서○○의 근무복 바지 주머니에 넣어 주었다. 피고인은 경위 서○○이 2만원을 돌려주며 운전면허증을 제시하라고 요구하자 이에 응하지 않으면서 "봐 달라" 라고 말하고 지갑 속에서 5만 원권 지폐 2매 합계 10만 원을 꺼내 경위 서○○의 바지 주머니에 넣어주었다. 이로써 피고인은 공무원의 직무에 관하여 뇌물공여의 의사를 표시하였다.

12. 보험사기방지 특별법

[보험사기방지 특별법]

제1조(목적) : 이 법은 보험사기행위의 조사·방지·처벌에 관한 사항을 정함으로써 보험계약자, 피보험자, 그 밖의 이해관계인의 권익을 보호하고 보험업의 건전한 육성과 국민의 복리증진에 이바지함을 목적으로 한다.

제8조(보험사기죄) : 보험사기행위로 보험금을 취득하거나 제3자에게 보험금을 취득하게 한 자는 10년 이하의 징역 또는 5천만 원 이하의 벌금에 처한다.

제9조(상습범) : 상습으로 제8조의 죄를 범한 자는 그 죄에 정한 형의 2분의 1까지 가중한다.

제10조(미수범) : 제8조 및 제9조의 미수범은 처벌한다.

제11조(보험사기죄의 가중처벌)

① 제8조 및 제9조의 죄를 범한 사람은 그 범죄행위로 인하여 취득하거나 제3자로 하여금 취득하게 한 보험금의 가액(이하 이 조에서 "보험사기이득액"이라 한다)이 5억 원 이상일 때에는 다음 각 호의 구분에 따라 가중처벌한다.

1. 보험사기이득액이 50억 원 이상일 때 : 무기 또는 5년 이상의 징역
2. 보험사기이득액이 5억 원 이상 50억 원 미만일 때 : 3년 이상의 유기징역

1) 운전자 바꿔치기 후 보험금 편취

유○○는 아반떼 실 소유자이고 손○○은 위 차량 운전자이다.

손○○는 아반떼 승용차량을 운전하다 건외 박○○(48세,여)를 충격하는 사고가 발생하였다. 위와 같이 차량을 운전하다 사고가 발생하였으면 손○○이 차량 운행을 하다 사고가 발생한 것으로 보험회사에 사고접수를 하여야 함에도 불구하고, 손○○이 차량 보험처리가 되지 않는다는 사실을 알고 차량 실소유자 유○○과 사전 모의하여 유○○이 차량 운행을 하다가 사고가 발생한 것으로 보험사에 사고 접수하였다(각각 벌금 1백만원).

2) 음주운전 후 허위신고 보험금 편취

혈중알코올농도 0.140%의 술에 취한 상태로 본인 소유 제네시스 승용차량을 운전하다가 피해자 김○○가 운전하는 마티즈 승용차량을 충돌하는 교통사고를 야기하자 동 사고의 보험처리를 위하여 사실은 교통사고임에도 불구하고 마치 주차된 자신의 차량을 불상의 차량이 충격하고 도주한 사건인 것처럼 ○○화재 콜센터에 전화하여 보험금 편취를 시도하였다(사기미수, 음주사고 포함 벌금 8○○만 원).

3) 뺑소니 허위 접수하여 보험금 편취

화물차량과 자신이 운전하는 외제 승용차가 접촉하여 자신의 차량 운전석 뒷바퀴 부분이

파손되자 무면허 상태에서 자차보험이 적용되지 않음을 인지하고 자차보험으로 처리하기 위해 ○○체육관 주차장에 주차하였으나 누군가 충격 후 도주한 것처럼 위장하여 보험접보하고 수리비 명목으로 보상금을 교부받아 편취하였다(벌금 100만 원).

4) 차량 고의 파손 후 보험금 편취

교통사고 등을 이유로 수리를 위하여 공업사에 입고되는 차량들에 대하여 파손되지 않은 부분을 돌과 망치 등으로 고의로 파손하여 파손되지 않은 부분을 확대 수리한 후 사진촬영하여 보험사에 보험금 청구, 편취하기로 마음먹고 피해자 ○○보험 주식회사에 수리견적서를 근거로 수리비를 청구하여 송금받는 등 총 9대에 걸쳐 피해자 회사들로부터 보험금을 편취하였다(벌금 5백만 원).

5) 고의 교통사고 보험금 편취

신호를 위반하거나 차선을 변경하는 차량을 상대로 고의로 교통사고를 유발하고 충격이 경미한 관계로 입원치료가 필요하지 않음에도 불구하고 입원치료를 받는 방법으로 총 20회에 걸쳐 보험금을 편취하였다(징역 1년).

[민사적 책임]

음주운전은 **1회 적발 시 10%, 2회 적발시 20% 보험료가 할증**되고 **음주운전 교통사고 시**에는 종합보험에 가입되어 있어도 **대인사고 300만원, 대물사고 100만원의 자기부담금을 부담**해야 한다. 보험료는 본인 명의 자동차보험에 한해 할증된다.

할증	대상	할증율	기간
법규위반별보험할증	무면허, 도주	20%	2년
	음주운전 1회	10%	
	음주운전 2회 이상	20%	
	신호위반	5%(2~3회) 10%(4회이상)	
	속도위반		
	중앙선침범		

※ 경찰에 직접 단속되었을 경우에 한함.

[형사적 책임]

음주운전을 하게 되면 형사처벌 대상이 된다. 「도로교통법」 제148조의 2에 의거 **단순음주**의 경우 **5년 이하의 징역이나 2000만원 이하의 벌금, 음주운전**으로 사람이 다치는 **교통사고**를 야기한 경우는 「특정범죄 가중처벌 등에 관한 법률」에 의해 **부상사고인 경우 1년 이상 15년 이하의 징역 또는 1,000만원 이상 3,000만원 이하의 벌금, 사망사고인 경우 무기 또는 3년 이상의 징역**형을 처벌받는다.

2019년 06월 25일부터 음주운전의 위험성과 상습 음주운전에 대한 경각심을 높이기 위해 음주운전 처벌 기준을 강화하였다.

음주운전 처벌기준 강화(2019.06.25.)

위반횟수		처벌기준
1회	0.2% 이상	2년 ~ 5년 이하 징역 / 1,000만원 ~ 2,000만원 이하 벌금
	0.08% ~ 0.2%	1년 ~ 2년 이하 징역 / 500만원 ~ 1,000만원 이하 벌금
	0.03% ~ 0.08%	1년 이하 징역 / 500만원 이하 벌금
측정거부		1년 ~ 5년 이하 징역 / 500만원 ~ 2,000만원 이하 벌금
2회 이상 위반		2년 ~ 5년 이하 징역 / 1,000만원 ~ 2,000만원 이하 벌금

※ 관련근거: 도로교통법 제148조의2

[행정상 책임]

구분		단순음주	대물사고	대인사고
1회	0.03~0.08% 미만	벌점 100점	벌점100점(벌금110점)	면허취소(결격기간2년)
	0.08~0.2% 미만	면허취소(결격기간 1년)	면허취소(결격기간 2년)	
	0.2% 이상			
	음주측정거부			
2회 이상		면허취소(결격기간 2년)	면허취소(결격기간 3년)	
음주운전 인사사고 후 도주				면허취소(결격기간 5년)
사망사고				

| **제7장 음주운전 경합범**

제8장
음주운전 체포절차

01. 현장 대기명령

  갑은 2016. 5. 2. 새벽 술을 마신 상태로 운전하다가 앞서가던 을과 유턴방법 위반으로 시비가 붙었다. 출동한 경찰관 순찰차에 음주측정기가 없었기 때문에 경찰관은 인근 지구대에 연락하여 음주측정기를 하차 현장으로 가지고 오게 하였다. 경찰관은 집에 간다는 이유로 현장을 이탈하려는 갑을 가지 못하게 제지하였다. 음주측정기가 도착할 때까지 5분 정도 계속되었다. 음주측정기가 도착한 후 경찰관은 갑에게 약 10분 간격으로 4회 음주측정을 요구하였으나 측정에 불응하자 음주측정을 거부한다는 이유로 현행범으로 체포하였다.

  대법원 2018. 12. 13. 선고 2017도12949 판결은 갑이 술에 취한 상태에서 자동차를 운전하였다고 인정할 만한 상당한 이유가 있었다고 보이는 상황이었으므로 단속 경찰관으로서는 갑의 음주운전 여부를 확인하기 위하여 음주측정을 할 필요가 있었다고 판단되고, 이러한 상황에서 갑에 대한 음주감지기 실험 결과 음주반응이 나타났으로 갑이 그 이후 음주측정기에 의한 측정을 위하여 예정되어 있는 경찰관의 일련의 요구에 불응한다면 음주측정거부에 해당한다고 볼 여지가 있다고 보았다. 그러면서 갑이 경찰관의 음주측정 요구를 피하여 현장을 이탈하려 하거나 도주함으로써 도로교통법위반 음주측정거부죄가 성립하고, 그 이후 경찰관이 갑을 붙잡아 둔 행위는 범죄성립 이후의 사정에 불과하다고 볼 것인지, 아니면 경찰관의 조치가 여전히 불법체포에 해당하여 갑이 불법체포 상황에서 음주측정 요구에 불응한 것은 음주측정거부에 해당하지 않는 것인지 다시 판단할 필요가 있다면서 불법이 아니라는 취지로 원심법원에 파기 환송하였다.

02. 임의동행

수사관이 수사 과정에서 동의를 받는 형식으로 피의자를 수사 관서 등에 동행하는 것은 피의자의 신체의 자유가 제한되어 실질적으로 체포와 유사하다. 이를 억제할 방법이 없어 법을 통해서는 제도적으로는 물론 현실적으로도 임의성을 보장할 수 없다. 아직 정식 체포·구속단계 이전이라는 이유로 헌법 및 형사소송법이 체포·구속된 피의자에게 부여하는 각종 권리보장 장치가 제공되지 않는 등 형사소송법 원리에 반하는 결과를 초래할 가능성이 크다. 그래서 판례는 수사관이 동행에 앞서 피의자에게 동행을 거부할 수 있음을 알려 주었거나 동행한 피의자가 언제든지 자유로이 동행 과정에서 이탈 또는 동행 장소에서 퇴거할 수 있었음이 인정되는 등 오로지 피의자의 자발적인 의사에 의하여 수사 관서 등에 동행이 이루어졌다는 것이 객관적인 사정에 의하여 명백하게 입증된 경우에 한하여 임의동행의 적법성이 인정된다(대판 2009도6717).

임의동행 적법/불법 사례	
임의동행의 형식을 취했더라도 실질은 임의출석에 해당 한다.	울산지원 2017노1644 판결
임의동행 후 음주측정 거부, 공집 현행범인 체포는 적법하다.	대법원 2016도10544 판결
자진하여 경찰차 탑승 후 이동 중 하차 요구 거절은 적법하다.	대법원 2015도2798 판결
음주측정을 위한 임의동행 후 행한 것이므로 적법하다.	대법원 2012도8890 판결
긴급후송된 병원 응급실은 범죄현장이다.	대법원 2011도15258 판결
경직법 제4조에 따라 보호조치 후 음주측정은 적법하다.	대법원 2011도4328 판결
시청직원 봐달라고 말하며 순순히 동행에 의한 경우 적법하다	대법원 2009도6717 판결
경직법 상 보호가 필요하여 보호한 후 음주측정은 적법하다.	대법원 2007도5928 판결
운전 종료 후 5시간 지났어도 음주측정 요구는 적법하다.	대법원 2000도6026 판결
합의로 2시간 지나 경찰서 동행 음주측정 요구는 적법하다.	대법원 96도3096 판결
현행범 체포절차 거치지 않은 강제연행 불법이다.	청주지법 2015노1375 판결
폭행 사건 처리 과정에서 음주측정거부죄는 불법이다.	대법원 2013도8481 판결
교통사고 조사목적 경찰서 동행 후 음주측정 요구는 불법이다.	대전지법 2013고정827 판결

위법체포로 이뤄진 음주측정 거부죄는 무죄이다.	대법원 2012도11162 판결
교통조사 위해 파출소에 와서 음주측정 중 도주한 것 무죄이다.	서산지원 2012고합182 판결
추격하여 검거하고 경찰서 동행할 때 현행범 체포해야 한다.	부산지법 2011고정2086 판결
적법절차 위반하여 수집한 2차 증거는 증거로 활용 안 된다.	대법원 2010도2094 판결
경찰서 동행 목적을 말하지 않았으면 불법체포이다.	대구지법 2009고단1743 판결
서면에 의한 체포통지 등 서류 없으면 증거 부족 불법체포이다.	부산지법 2008고정9097 판결
임의동행 후 6시간 지나 긴급체포는 불법이다.	대법원 2005도6810 판결
하차 요구를 거절하고 데려갔다면 불법이다.	강릉지원 2006노329 판결
임의동행 없이 집에 도착해 있는 운전자 동행은 불법이다.	대법원 2004도8404 판결

03. 임의동행 판단기준

▣ 경찰서에 갈 필요가 없었음에도 경찰관이 운전자의 적극적인 요청에 따라 경찰서로 이동한 점, ▣ 운전자가 순찰차에 승차하여 경찰서로 가는 동안 순찰차에서 하차하겠다는 의지를 밝히지 않아던 것으로 보이는 점, ▣ 운전자가 경찰서에 도착한 후 봐달라는 이야기만 했을 뿐 별다른 저항을 하지 않았던 것으로 보이는 점, ▣ 사건 당시 운전자에 대하여 어떠한 강제적 제약은 없었던 것으로 보이는 점, ▣ 경찰관이 운전자의 퇴거를 강압적으로 막은 적도 없는 점, ▣ 검찰이나 법원으로부터 증인으로 출석한 경찰관들이 운전자에게 임의동행에 대한 고지사항을 고지하였다고 말하는 점, ▣ 운전자가 정식재판청구를 하기 전까지 임의동행의 위법성 또는 강제성 등에 관한 어떠한 이의도 제기하지 않은 점, ▣ 임의동행을 거부할 수 있음을 알려주지 않았거나 임의동행 동의서가 작성되지 않았다는 것은 임의동행의 적법성을 판단하는 유일한 요소가 아니라 부분적 요소에 해당하는 것으로 운전자의 자발적인 의사에 의하여 이루어졌음이 객관적인 사정에 의하여 명백하게 입증되는 경우 등이다.

04. 임의동행에 따른 문제점

음주측정기 소지 시 임의동행을 거부하더라도 바로 측정을 요구할 수 있어 음주측정을 하지 못하는 문제는 없다. 그러나 측정기 미소지 시 임의동행을 요구하였으나 대상자가 동행을 거부하면 현행범 요건을 충족하지 못해 음주측정을 못하는 상황이 발생할 수 있다.

- 음주측정을 위해 임의동행을 요구했으나 운전자가 저항해 공무집행방해로 현행범 체포하는 것은 위법한 강제연행에 해당해 무죄(2015.8.22.창원지법)
- 음주측정을 위해 파출소로 동행할 것을 요구받은 자가 아버지의 차로 가겠다고 출발한 후 연락 두절되었으나 임의동행 요구만으로 호흡측정 요구라 할 수 없어 측정거부 무죄(2013.6.13. 대전지법)

음주측정기 없이 음주사실 확인 시 처리요령, 경찰청, 교통단속처리지침 요약

대상자에게 측정을 위해 현장에서 대기할 것을 요구한다.
- 대기 수용시 : 근접 측정기를 신속하게 가지고 와서 음주측정 시행
- 대기 불수용시 : 대상자의 외관태도운전행태 등 객관적 사정을 종합적으로 판단해 범행장소, 시간이 밀접한 경우 음주운전 현행법으로 체포
- ※ 객관적 사정이라 함은 음주감지기 시행, 술 냄새, 혈액, 충혈, 걸음걸이, 발음, 언행, 봐 달라고 하거나 도망하려는 태도 등을 말한다.

음주측정 대기 불수용자 현행범 체포기준
- 음주운전 의심자로 신고되어 음주감지기로 감지된 경우
- 음주감지기 감지되고 외관태도 등 객관적 사정이 현저한 경우
- 음주운전 현행범 체포된 자에 대해 음주측정 후 체포 유지 필요성이 없으면 석방 후 석방보고 시행한다(0.03%미만인 경우 지체없이 석방 후 석방보고).
- 음주운전 의심자 신고나 음주감지기에 감지되지 않았으면 체포하지 않는다.

🔔 경찰관서 임의동행 후 공무집행방해로 현행범 체포

　30대 남성 갑은 100cc 원동기장치자전거 운전자이다.

　2015. 4. 3. 00:30경 도로에서 음주운전을 하다가 접촉사고를 냈고, 사고 신고를 받고 출동한 경찰관들과 음주운전 여부를 확인하기 위해 경찰서 지구대로 임의동행 하였다. 갑은 같은 날 01:18경 및 01:25경 위 지구대에서 경찰관 ○○○로부터 2회에 걸쳐 음주측정에 응할 것을 요구받았으나 음주측정기에 입김을 불어 넣는 시늉만 하는 등의 방법으로 이에 불응하고 음주측정이 되지 않았다며 구대 밖으로 나가려고 하였다. 그러자 ○○○은 갑이 지구대 밖으로 나가지 못하도록 제지하였고, 이에 갑은 ○○○의 얼굴에 가래침을 뱉고 양손으로 ○○○의 가슴을 2~3회 때리는 등 폭행하고, ○○○에게 "너 이 새끼 죽여버린다, 너 개새끼 집에 쫓아가서 가족들 다 죽여버린다"라고 말하며 협박하였다. 이에 ○○○은 그 즉시 갑이 이와 같이 정당한 직무집행 중인 경찰관을 폭행, 협박하여 공무집행을 방해하였다는 이유로 甲을 현행범인으로 체포하였다. 갑은 현행범으로 체포된 상태에서 같은 날 01:32경 ○○○로부터 재차 음주측정을 요구받아 이에 응하였는데, 그 결과 혈중알코올농도가 0.134%로 측정되었다. 임의동행한 후 언제든지 경찰서를 나갈 자유가 있기 때문에 이를 제지한 행위는 적법한 공무집행이라고 볼 수 없다며 경찰의 행위가 위법한 직무집행이기 때문에 이에 대항해 이뤄진 폭행이나 협박 역시 위법성이 없고 음주운전의 증거로 사용된 음주측정 결과 역시 증거능력이 없다며 음주운전 혐의점에 대해 무죄를 주장하였다.

　대법원 2017. 8. 24. 선고 2016도10544 판결에서 이 사건 甲이 임의동행 후 언제든지 경찰관에게 퇴거할 자유가 있기는 하지만, 당시 갑은 ○○○부터 음주측정을 요구받고 음주측정기에 입김을 불어 넣는 시늉만 하는 등의 방법으로 이에 불응하고는 음주측정이 되지 않았다며 ○○지구대 밖으로 나가려고 하였으므로 이와 같은 피고인의 행위는 특별한 사정이 없는 한 전체적으로 음주측정을 거부하는 행위로 볼 수 있어, ○○○가 이를 제지하는 정도의 행위는 도로교통법 제44조 제2항에 따른 경찰공무원의 정당한 음주측정 요구행위로서 적법한 직무집행에 해당한다. 위와 같은 ○○○의 적법한 직무집행에 대한 갑의 제1차 폭행, 협박행위는 공무집행방해죄에 해당하고, 공무집행방해죄의 현행범으로 적법하게 체포된 후 무단히 이를 벗어나려는 피고인의 행위를 제지하는 ○○○에 대한 제2차 폭행, 협박행위도 공무집행방해죄에 해당한다. 또한 공무집행방해죄의 현행범인으로 적법하게 체포된 상태에서 이루어진 갑에 대한 음주측정의 결과를 담은 주취운전자 적발보고서, 주취운전자 정황진술보고서, 음주측정기 사용대장, 음주측정기록은 모두 증거능력이 인정되어 도로교통법 위반(음주운전)죄의 유죄 증거로 사용할 수 있다며 유죄로 보았다.

05. 경직법 상 보호조치

경찰관은 수상한 거동 기타 주위의 사정을 합리적으로 판단하여 술 취한 상태로 인하여 자기 또는 타인의 생명, 신체와 재산의 위해를 미칠 우려가 있는 자 등 응급의 구호를 요한다고 믿을 만한 상당한 이유가 있는 자를 발견한 때에는 보건의료기관 또는 공공구호기관에 긴급구호를 요청하거나 24시간을 초과하지 않는 범위 내에서 경찰관서에 보호하는 등 적절한 조치를 할 수 있다(경직법 제4조).

2009. 11. 3. 00:30경 고양시 일산서구 탄현동에 있는 맥도널드 앞 도로의 편도 2차로 중 1차로에서 자신의 차량에 시동을 켠 채로 그대로 정차하여 운전석에 잠들어 있다가 신고를 받고 출동하여 자신을 깨우는 경찰관에게 욕설하며 폭행하였고, 경찰관은 운전자가 술 냄새가 나고 혈색이 붉으며 말을 할 때 혀가 심하게 꼬이고 비틀거리며 걷는 등 술에 취한 것으로 보이자 경직법 제4조에 따른 보호조치 대상자로 보아 순찰차 뒷좌석에 태운 뒤 일산경찰서 탄현지구대로 데려왔다. 경찰관들은 피고인이 지구대에 도착한 직후인 00:47경부터 01:09분 사이에 피고인에게 3회 음주측정을 요구하였으나 피고인은 이에 불응하였다.

위 음주측정 요구 당시 피고인에 대한 보호조치가 종료된 상태였다거나 사후의 음주측정에 의하여 음주운전 여부를 확인할 수 없음이 명백하다고 볼 만한 자료도 없다. 경찰관이 탄현지구대로 보호조치된 피고인에게 음주측정을 요구한 것은 도로교통법 제44조 제2항에 따른 것이므로 그러한 음주측정요구에 불응한 피고인이 행위는 피고인에 대한 보호조치가 경찰관직무집행법을 위반한 것으로 위법함에도 불구하고 그러한 위법한 보호조치 상태를 이용하여 음주측정요구가 이루어졌다는 등의 특별한 사정이 없는 한 음주측정불응죄에 해당한다고 보아야 한다.

대법원 2012. 2. 9. 선고 2011도4328 판결에서, 원심에서 보호조치가 종결된 피고인에 대하여 지구대에서 자유롭게 퇴거할 수 있음을 고지하거나 피고인에 대한 체포영장을 발부받는 방법 등으로 적법한 강제처분을 거치지 아니하고 이루어진 음주측정요구는 위법한 체포 상태에서 이루어진 것으로 보아야 하므로 음주측정불응되는 성립하지 않는다고 판시하였으나, 이는 법리를 오해하고 보호조치의 종료 여부에 관하여 필요한 심리를 다하지 않았다며 유죄의 취지로 판결했다.

06. 현행범인 체포

　무분별한 현행범 체포는 심각한 인권침해 요소이다. 현행범인은 누구든지 영장 없이 체포할 수 있다(형소법 제212조). 현행범인으로 체포하기 위하여는 행위의 가벌성, 범죄의 현행성과 시간적 접착성, 범인·범죄의 명백성 이외에 체포의 필요성, 즉 도망 또는 증거인멸의 염려가 있어야 한다. 이러한 요건을 갖추지 못한 현행범인 체포는 법적 근거에 의하지 아니한 영장 없는 체포로서 위법한 체포에 해당한다(대판 2016도19907). 현행범인 체포의 요건을 갖추었는지 여부는 체포 당시의 상황을 기초로 판단하여야 하고, 이에 관한 검사나 사법경찰관 등 수사 주체의 판단에는 상당한 재량의 여지가 있지만, 체포 당시의 상황으로 볼 때 그 요건의 충족 여부에 관한 검사나 사법경찰관 등의 판단이 경험칙에 비추어 현저히 합리성을 잃은 경우에는 그 체포는 위법하다고 보아야 한다. 그 대상은 음주운전 범죄사실을 부인하는 자, 신원이 불확실한 자, 음주측정을 거부한 자, 음주운전으로 중한 인적피해 교통사고를 야기한 자, 상습 음주운전으로 구속수사가 예상되는 자, 수배 중인 자, 기타 증거인멸 도주 우려가 있는 자 등이다. 경찰관은 현행범인을 체포할 때에는 현행범인에게 도주 또는 증거인멸의 우려가 있는 등 당장에 체포하지 않으면 위법행위를 제지할 다른 방법이 없는 경우인지 등을 고려해야 한다.

현행범인 체포의 적법성	
음주측정기 가져온다며 5분 붙잡아 둔 것은 적법이다.	대법원 2017도12949 판결
운전 종료 후 음주감지기 거부는 체포요건으로 어려워 위법하다.	대법원 2016도19907 판결
'술에 취한 상태'의 의미와 경찰관 보호조치 대상 판단은	대법원 2012도11162 판결
강제연행 후 이뤄진 채혈 측정 결과의 증거능력 없다.	대법원 2010도2094 판결
운전 종료 후 40분 경과 후 현행범 체포는 위법이다.	대법원 2007도1249 판결
현저한 합리성을 잃은 경우 위법한 체포는 위법하다.	대법원 2002도4227 판결
운전종료 후 5시간 후 자고 있는 피의자 현행범 체포는 적법하다.	대법원 2000도6026 판결
불법체포의 공무집행방해는 위법성이 조각된다.	대법원 99도4341 판결
현행범인 체포요건 갖추지 않았으면 무죄이다.	대법원 98도3029 판결

🔔 음주측정을 위한 체포는 불법
▶ 대법원 2017. 4. 7. 선고 2016도19907 판결 : 무죄(항소심은 유죄)

 현행범인은 누구든지 영장 없이 체포할 수 있다(형사소송법 제212조). 현행범인으로 체포하기 위하여는 행위의 가벌성, 범죄의 현행성과 시간적 접착성, 범인·범죄의 명백성 이외에 체포의 필요성, 즉 도망 또는 증거인멸의 염려가 있어야 한다. 이러한 요건을 갖추지 못한 현행범인 체포는 법적 근거에 의하지 아니한 영장 없는 체포로서 위법한 체포에 해당한다(대법원 1999. 1. 26. 선고 98도3029 판결 등 참조). 여기서 현행범인 체포의 요건을 갖추었는지 여부는 체포 당시의 상황을 기초로 판단하여야 하고, 이에 관한 검사나 사법경찰관 등 수사주체의 판단에는 상당한 재량의 여지가 있지만, 체포 당시의 상황으로 볼 때 그 요건의 충족 여부에 관한 검사나 사법경찰관 등의 판단이 경험칙에 비추어 현저히 합리성을 잃은 경우에는 그 체포는 위법하다고 보아야 한다(대법원 2002. 6. 11. 선고 2000도5701 판결, 대법원 2002. 12. 10. 선고 2002도4227 판결 등 참조).

🔔 지구대를 나가려는 운전자를 붙잡은 경찰관 적법
▶ 대법원 2020. 8. 20. 선고 2020도7193 판결 〔공무집행방해〕

 경찰관이 음주운전을 하려는 사람이 있다는 112 신고를 받고 현장에 출동하여 만취한 상태로 시동이 걸린 차량의 운전석에 앉아있는 피의자를 발견하였다. 경찰관은 하차를 계속 거부하는 피의자에게 지구대로 가서 차량에 설치된 블랙박스 영상을 재생하여 보는 방법으로 운전 여부를 확인하자고 하였다. 피의자는 명시적인 거부 의사표시 없이 차량에서 내리더니 곧바로 도주하였다. 경찰관은 피의자를 약 10m 정도 추격하여 피의자의 앞을 가로막는 방법으로 제지한 뒤 "그냥 가면 어떻게 하느냐"는 취지로 말하자 피의자는 위 경찰관의 뺨을 때렸고, 계속하여 도주하고 폭행하려고 하자 경찰관은 피의자를 공무집행방해죄의 현행범으로 체포하였다. 대법원은 피고인이 도주하는 방법으로 차량 블랙박스 확인을 위한 임의동행 요구를 거부하였더라도 이미 착수한 음주측정에 관한 직무를 계속하기 위하여 피고인의 도주를 제지하는 것은 도로교통법상 음주측정에 관한 일련의 직무 집행과정에서 이루어진 행위로써 정당한 직무 집행에 해당한다고 판단하여 불법체포에 따른 정당행위를 주장한 피고인의 상고를 기각하였다.

07. 체포영장 신청 요건

1) 혐의 상당성과 정당한 이유 없이 출석에 불응

형사소송법 제200조의2(영장에 의한 체포)

① 피의자가 죄를 범하였다고 의심할 만한 상당한 이유가 있고, 정당한 이유 없이 제200조의 규정에 의한 출석요구에 응하지 아니하거나 응하지 아니할 우려가 있는 때에는 검사는 관할 지방법원판사에게 청구하여 체포영장을 발부받아 피의자를 체포할 수 있고, 사법경찰관은 검사에게 신청하여 검사의 청구로 관할지방법원 판사의 체포영장을 발부받아 피의자를 체포할 수 있다.

2) 체포 필요성(도망할 염려, 증거인멸 염려)

형사소송규칙 제96조의3(체포의 필요)

체포영장의 청구를 받은 판사는 체포의 사유가 있다고 인정되는 경우에도 피의자의 연령과 경력, 가족관계나 교우관계, 범죄의 경중 및 태양 기타 제반 사정에 비추어 피의자가 도망할 염려가 없고 증거를 인멸할 염려가 없는 등 명백히 체포의 필요가 없다고 인정되는 때에는 체포영장의 청구를 기각하여야 한다. 체포영장이 발부되기 위해서는 수사기관의 출석요구에 정당한 이유 없이 응하지 아니한 것만으로는 부족하고, 범죄 혐의나 체포의 필요성 등에 대한 소명이 있어야 한다(헌법재판소 2014. 8. 24. 결정).

3) 보충성과 상당성

범죄수사규칙 제6조(임의수사)

① 경찰관이 수사를 할 때에는 임의수사를 원칙으로 한다.

형사소송법 제199조 (수사와 필요한 조사)

① 수사에 관하여서는 그 목적을 달성하기 위하여 필요한 조사를 할 수 있다.

다만, 강제처분은 이 법률에 특별한 규정이 있는 경우에 한하며, 필요한 최소한도의 범위 안에서만 하여야 한다.

제9장
음주운전 벌금

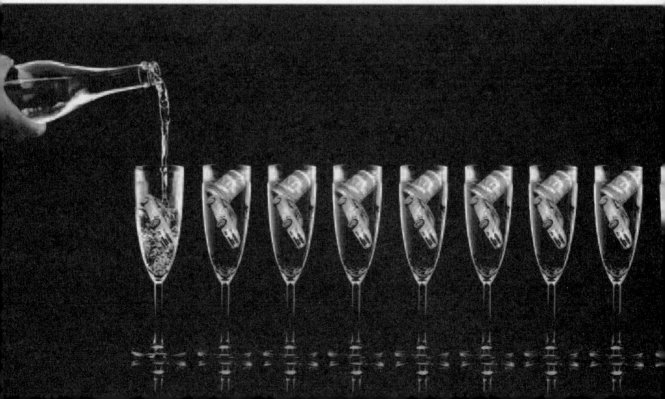

01. 음주운전 벌금 얼마?

연번	범죄사실		처분
1	전과	벌금 300만원, 징역 6월 집유 2년	창원지법 2019고단1860 판결 징역 1년
	범죄	0.182% 무면허, 사문서위조 위조사문서행사	
2	전과	벌금 100만원, 벌금 300만원, 징역 1년 2월	전주지법 2019고단163 판결 징역 6월
	범죄	0.080% 무면허운전	
3	전과	다른 범죄로 집행유예기간	대구지법 2019고단1372 판결 징역 8월
	범죄	0.095%, 무면허, 주민등록법, 사서명위조행사	
4	전과	없음	창원지원 2019노1061 징역 1년 2월
	범죄	0.160%로 음주운전하고 측정거부	
5	전과	벌금 300만, 벌금 300만, 징역 1년 집유 2년	울산지법 2018고단3772판결 징역 10월
	범죄	0.175%, 범인도피	
6	전과	음주운전죄로 총 5회(벌금 3회, 집유2회)	서울동부지법 2018고단3489 판결 징역 1년
	범죄	음주측정거부, 무면허운전	
7	전과	벌금 400만원, 벌금 100만원, 징역6월 집유 2년	인천지법 2018고단6246 판결 징역 8월
	범죄	0.161%, 무면허 운전	
8	전과	벌금 150만원, 벌금 200만원, 무면허, 집유 중	울산지법 2018고단611 판결 징역 8월
	범죄	0.085%	
9	전과	5회 음주, 징역 1년 집유 3년 기간 중	공주지법 2017고단451 판결 징역 4년
	범죄	0.229% 무면허	
10	전과	5회 음주, 3회 무면허, 집유 중 재범	공주지법 2018고단200 판결 징역 3년
	범죄	0.180% 무면허	
11	전과	5회 동종 전과, 2달도 안된 시점에서 재범	공주지법 2018고단27 판결 징역 1년
	범죄	음주 0.055%	
12	전과	벌금200 + 징역 6월 집유 2년	창원지법 2018고단1549 판결 징역 1년 6월
	범죄	음주 0.171%	
13	전과	벌금 200만원, 벌금 300만원, 징역 8월 집유 2년	춘천지법 2017고단467 판결 징역 1년 2월
	범죄	0.137%(1.14) + 0.148%(4.7) + 무면허운전	
14	전과	벌금 200만, 벌금 400만, 징역 1년 6월 집유 3년	대구지법 2017고단3280 판결 징역 8월
	범죄	0.172%, 사문서위조행사	

○ **도로교통법 제148조의2(음주운전 벌칙)**

⇒ 2회 이상 위반 : 2년 이상 5년 이하의 징역이나 1천만 원 이상 2천만 원 이하 벌금

⇒ 음주측정거부 : 1년 이상 5년 이하의 징역이나 500만 원 이상 2천만 원 이하 벌금

⇒ 0.2% 이상 : 2년 이상 5년 이하 징역이나 1천만 원 이상 2천만 원 이하 벌금

⇒ 0.08% 이상 ~ 0.20% 미만 : 1년 이상 2년 이하의 징역이나 500만 원 이상 1천만 원 이하 벌금

⇒ 0.03% 이상 ~ 0.08% 미만 : 1년 이하 징역이나 500만 원 이하의 벌금

02. 음주운전 교통사고 징역형?

연번	범죄사실		처분
1	**전과** 없음		울산지원 2019고단1343, 1764
	범죄 무면허 0.101%, 4주(3.15), 음주 0.102%(5.7)		징역 1년
2	**전과** 없음		울산지원 2019고단1775 판결
	범죄 음주측정거부 신호위반, 2주상해, 물피 도주		징역 1년 2월
3	**전과** 0.231%(3.14.22:40) 신호대기중인 차 추돌 3주		울산지법 2019고단1709, 2197
	범죄 0.105%(5.19.20:10) 중앙선침범 2주 상해		징역 1년 6월
4	**전과** 없음		서울동부지원 2019고단1422 판결
	범죄 0.167% + 뇌출혈 등 상해 + 도주		징역 2년 6월
5	**전과** 벌금 200만원 + 벌금 500만원		울산지원 2019고단309 판결
	범죄 0.177% + 3주 상해, 300만원 물피 후 도주		징역 1년 2월
6	**전과** 없음		창원지법 2019고합19 판결
	범죄 0.196% 횡단보도 보행자 사망		징역2년 집유3년,120시간 사회봉사
7	**전과** 음주 실형받고 출소 5개월만에 사고		공주지원 2018고단369, 479 병합
	범죄 0.178% + 무면허 + 신호위반 8주 상해 + 뺑소니		징역 6년
8	**전과** 없음		서울동부지원 2018고단2457 판결
	범죄 72세 절단장애인, 음주 0.186% + 2명 사망 **뺑소니**		징역 8년
9	**전과** 벌금 200, 징역 8월 집유 2년 집유 기간 중		부산지법 2017고단5093 판결
	범죄 음주0.110% + 무면허 + 상해 4명 2주, 뺑소니		징역 1년
10	**전과** 없음		창원지원 2017고합290 판결
	범죄 0.062% 단속경찰관 끌고 가 7주 상해		징역 1년 6월
11	**전과** 벌금 70만원, 벌금 200만원, 벌금 700만원		전주지원 2016노1107 판결
	범죄 0.115%, 무면허, 71만원 주차차 손괴도주		징역 10월
12	**전과** 음주전과 1회		창원지법 2019고합19 판결
	범죄 0.196%, 횡단보도 보행자 충돌 사망		징역 2년 집유 3년, 120시간 봉사
13	**전과** 없음		창원지법 2015고합233 판결
	범죄 음주단속 경찰관 오른발을 차량 바퀴로 밟고 지나감		징역 1년6월, 집유 2년, 80시간봉사

○ **교통사고처리 특례법(음주운전 교통사고)**
⇒ 5년 이하의 금고 또는 2천만 원 이하의 벌금

○ **특정범죄 가중처벌 등에 관한 법률 제5조의11(위험운전치사상)**
⇒ 술의 영향으로 상해 : 1년 이상 15년 이하의 징역 또는 1천만 원 이상 3천만 원 이하 벌금
⇒ 술의 영향으로 사망 : 무기 또는 3년 이상의 징역

🔔 음주운전 최신 판례별 처벌 수준(중앙일보, 2020. 8. 2. 기사)

혈중농도(%)	□ 벌금 ■ 징역	인명피해	주행거리
0.044	□ 700만 원	**없음**	10km
0.053	■ 1년(집유 2년)	**없음**	300m
0.075	■ 1년 6월(집유 3년)	있음(전치 2주)	알 수 없음
0.093	□ 1200만 원	알 수 없음	2km
0.096	□ 1200만 원	**있음**(전치 2주)	알 수 없음
0.097	■ 10월(집유 2년)	**있음**(전치 6주)	알 수 없음
0.109	■ 2년(집유 4년)	**있음**(전치 6주)	10m
0.111	■ 1년 6월(집유 3년)	알 수 없음	알 수 없음
0.111	■ 8월(집유 2년)	**있음**(전치 2주)	알 수 없음
0.114	■ 1년(집유 2년)	알 수 없음	500m
0.115	■ 1년 6월(집유 3년)	**있음**(전치 2주)	3km
0.117	□ 800만 원	**있음**(전치 2주)	15km
0.122	□ 1200만 원	**있음**(전치 2주)	2km
0.122	□ 1000만 원	**있음**(전치 2주)	알 수 없음
0.143	■ 1년(집유 2년)	**없음**	5km
0.156	■ 1년 6월(집유 3년)	알 수 없음	5km
0.157	■ 1년(집유 2년)	**없음**(차단기 파손)	10m
0.158	□ 1000만 원	**있음**(전치 3주)	1.2km
0.166	■ 10월(집유 2년)	**있음**(전치 2주)	5.3km
0.172	□ 1,200만 원	알 수 없음	800m
0.183	■ 1년(집유 2년)	알 수 없음	500m
0.183	■ 1년(집유 2년)	**없음**	5km
0.215	□ 1,200만 원	**있음**(전치 2주)	알 수 없음
측정거부	■ 1년	**없음**	알 수 없음
측정거부	■ 1년 6월(집유 3년)	**없음**	알 수 없음

자료 : 법원 7월 판례 취합

03. 음주운전 구속수사 기준

구분		세부 기준
음주운전		⇒ ① 측정거부, ② 재범 이상, ③ 0.2% 이상인 경우 가중 요인이 있을 경우 구속수사 검토
음주사고	상해	⇒ ① 0.08% 이상이거나, ② 위험운전치사상으로 1) 4주 이상 상해 또는 2) 운전자 과거 전력이 있는 경우 감경요인이 없으면 구속 검토 ⇒ 피해가 경미하고 과거 전력이 없는 사고라고 하더라도 가중요인이 있으면 구속 검토
	사망	⇒ 0.08% 이상 또는 위험운전치사상은 구속 원칙 ⇒ 0.08% 미만이고 위험 운전이 아니더라도 운전자가 과거 전력이 있는 경우 가중요인이 있으면 구속 검토
도주차량 운전죄	사망	구속 원칙
	상해	⇒ 음주운전으로 ① 중상해 결과 또는 ② 운전자 과거 전력이 있는 경우 구속 원칙 ⇒ 일반 도주 사건 중 ① 중상해 또는 ② 운전자 과거 전력이 있는 경우 감경요인이 없으면 구속 검토 ⇒ 피해가 경미하고 과거 전력이 없는 경우라도 가중요인이 있으면 구속 검토
일반교통사고		사망, 중상해 사고 시 가중, 감경요인 많은 경우 구속 검토
▷ 전력 : 10년 이내 5번 이상 교통사고 전력이 있거나 3회 이상 음주운전 전력이 있는 경우 ▷ 중상해 : 교특법상 중상해(불구 또는 불치, 난치 등) 또는 8주 이상 상해의 경우		

※ **출처 : 대검찰청 교통 범죄 처리기준**

04. 음주운전 양형기준

유형	구분	감경	기본	가중
1	위험운전 치상	6월~1년 6월	10월~2년 6월	2년~5년
2	위험운전 치사	1년 6월~3년	2년~3년	4년~8년
3	치상 후 도주	6월~1년 6월	8월~2년6월	1년~5년
4	치상 후 유기도주	1년 6월~2년 6월	2년~4년	3년~7년
5	치사 후 도주 (도주 후 치사)	2년 6월~4년	3년~5년	4년~8년
6	치사 후 유기도주 (유기도주 후 치사)	3년~5년	4년~6년	5년~10년

※ 출처 : 양형위원회(2020. 1. 25. 기준)

05. 공무원 음주운전

1) 공무원 음주운전 현황('14년~18년 연평균)

구분	국세청	해경	법무부	감사원	행안부	관세청	검찰청	경찰청
1만명당 음주운전 징계인원	21.8	19.9	18.9	13.6	13.1	12.5	11.8	6.3

※ 국정감사자료(현원은 2018년말 기준)

2) 공무원 교통범죄 통계(2018)

구 분	경찰청	교육부
현 원	124,919	372,933
교통범죄(명)	550	110

※ '교통범죄' 음주운전을 포함한 非음주 교통범죄(단순 인·물피 포함) 전체 통계임

3) 공무원 징계 책임

① 공무원 징계령 시행규칙 (별표 1의3)

음주운전 유형			처리기준	비고
최초 음주운전을 한 경우	혈중알코올농도 0.08퍼센트 미만인 경우		정직~감봉	1. "음주운전"이란 「도로교통법」 제44조제1항을 위반하여 음주운전을 한 것을 말한다. 2. "음주측정 불응"이란 「도로교통법」 제44조제2항을 위반하여 음주측정에 불응한 것을 말한다. 3. "운전업무 관련 공무원"이란 운전직류 및 집배운영직류 공무원 등 운전을 주요 업무로 하는 공무원을 말한다. 다만, 운전업무 관련 공무원이 음주운전을 하였더라도 운전면허 취소나 운전면허정지 처분을 받지 않은 경우에는 혈중알코올농도에 따른 징계 처리기준을 적용한다. 4. 음주운전 횟수를 산정할 때에는 행정안전부령 제253호 공무원 징계령 시행규칙 일부개정령의 시행일인 2011년 12월 1일 이후 행한 음주운전부터 산정한다.
	혈중알코올농도가 0.08퍼센트 이상인 경우 및 음주측정 불응의 경우		강등~정직	
2회 음주운전을 한 경우			파면~강등	
3회 이상 음주운전을 한 경우			파면~해임	
음주운전으로 운전면허가 정지 또는 취소된 상태에서 운전을 한 경우			강등~정직	
음주운전으로 운전면허가 정지 또는 취소된 상태에서 음주운전을 한 경우			파면~강등	
음주운전으로 인적·물적 피해가 있는 교통사고를 일으킨 경우	상해 또는 물적 피해의 경우		해임~정직	
	사망사고의 경우		파면~해임	
	사고 후 「도로교통법」 제54조제1항에 따른 조치를 하지 않은 경우	물적 피해 후 도주한 경우	해임~정직	
		인적 피해 후 도주한 경우	파면~해임	
운전업무 관련 공무원이 음주운전을 한 경우	면허취소 처분을 받은 경우		파면~해임	
	면허정지 처분을 받은 경우		해임~정직	

② 경찰공무원 징계령 세부시행규칙 (별표3)

유형		처리기준
1회 음주운전	면허정지 수치	정직~감봉
	면허취소 수치	강등~정직
2회 음주운전		파면~강등
3회 음주운전		파면~해임
음주운전으로 인피·물피 유발 시	인피 또는 물피	해임~정직
	사망사고	파면~정직
	사고 후 미조치	파면~감봉

③ 공무원 징계의 종류

징계에는 파면·해임·강등·정직·감봉·견책 등 6종이 있다(국가공무원법 제79조). 파면·해임은 공무원 신분을 완전히 해제함을 내용으로 하는 배제 징계이고, 강등·정직·감봉·견책은 공무원의 신분을 보유하면서 신분상·보수상 이익의 일부를 제한함을 내용으로 하는 교정 징계이다(공무원 징계령 제1조의3).

④ 공무원 당연퇴직 사유

🚨 **「국가공무원법」 제69조(당연퇴직)**

공무원이 다음 각 호의 어느 하나에 해당할 때에는 당연히 퇴직한다.

- 제33조 각 호의 어느 하나에 해당하는 경우

다만, 제33조 제2호는 파산선고를 받은 사람으로서 「채무자 회생 및 파산에 관한 법률」에 따라 신청기간 내에 면책신청을 하지 아니하였거나 면택불허가 결정 또는 면책 취소가 확정된 경우만 해당하고, 제33조 제5호는 「형법」 제129조부터 제132조까지 「성폭력범죄의 처벌 등에 관한 특별법」 제2조, 「아동·청소년의 성보호에 관한 법률」 제2조제2호 및 직무와 관련하여 「형법」 제355조 또는 제356조에 규정된 죄를 범한 사람으로서 금고 이상의 형의 선고유예를 받은 경우만 해당한다.

🔔 「국가공무원법」 제33조(결격사유)

다음 각 호의 어느 하나에 해당하는 자는 공무원으로 임용될 수 없다.

1. 피성년후견인 또는 피한정후견인

2. 파산선고를 받고 복권되지 아니한 자

3. 금고 이상의 실형을 선고받고 그 집행이 종료되거나 집행을 받지 아니하기로 확정된 후 5년이 지나지 아니한 자

4. 금고 이상의 형을 선고받고 그 집행유예 기간이 끝난 날부터 2년이 지나지 아니한 자

5. 금고 이상의 형이 선고유예를 받은 경우에 그 선고유예기간 중에 있는 자

6. 법원의 판결 또는 다른 법률에 따라 자격이 상실되거나 정지된 자

⚖ 6의2. 공무원으로 재직기간 중 직무와 관련하여 「형법」 제355조 및 제356조에 규정된 죄를 범한 자로서 300만원 이상의 벌금형을 선고받고 그 형이 확정된 후 2년이 지나지 아니한 자

⚖ 6의3. 「성폭력범죄의 처벌 등에 관한 특별법」 제2조에 규정된 죄를 범한 사람으로서 100만원 이상의 벌금형을 선고받고 그 형이 확정된 후 3년이 지나지 아니한 사람

⚖ 6의4. 성년자에 대한 다음 각 목의 어느 하나에 해당하는 죄를 저질러 파면·해임되거나 형 또는 치료감호를 선고받아 그 형 또는 치료감호가 확정된 사람(집행유예를 선고 받은 후 그 집행유예기간이 경과한 사람을 포함한다)

　가. 「성폭력범죄의 처벌 등에 관한 특별법」 제2조에 따른 성폭력범죄

　나. 「아동·청소년의 성보호에 관한 법률」 제2조 제2호에 따른 아동·청소년대상 성범죄

7. 징계로 파면처분을 받은 때부터 5년이 지나지 아니한 자

8. 징계로 해임처분을 받은 때부터 3년이 지나지 아니한 자

4) 공무원 징계 소청심사기관

구분				소청심사기관	
행정부	국가 공무원	경력직	일반직	인사혁신처 소청심사위원회	
			특정직	외무공무원	인사혁신처 소청심사위원회
				경찰공무원	인사혁신처 소청심사위원회
					※ 단, 전투경찰대의 경사, 경장, 순경은 당해 전투경찰대가 소속된 기관에 설치된 경찰공무원징계위원회
				소방공무원	인사혁신처 소청심사위원회
				검사	소청제도 없음
				교원	교원소청심사위원회
				군인 장교 및 준사관	– 국방부 중앙군인사소청심사위원회(징계처분 외) – 항고심사위원회(징계처분)
				군인 부사관	– 각군 본부의 군인사소청심사위원회(징계처분 외) – 항소심사위원회(징계처분)
				군무원	– 국방부 군무원인사소청심사위원회(징계처분 외) – 항소심사위원회(징계처분)
		특정경력직		원칙적으로 소청대상에 포함되지 않음	
	지방 공무원	경력직	일반직	– 각 시·도 지방소청심사위원회 – 교육소청심사위원회(지방교육청 소속 공무원)	
			특정직	지방 소방공무원	지방공무원 소청심사위원회
		특수경력직		원칙적으로 소청대상에 포함되지 않음	
입법부	국회사무처 소청심사위원회				
사법규	법원행정처 소청심사위원회				
헌재소	헌법재판소사무처 소청심사위원회				
중선위	중앙선거관리위원회사무처 소청심사위원회				

5) 금전적 불이익

① 파면 · 해임 · 당연퇴직 시

구분	퇴직급여		퇴직수당	공직임용 제한 기간
	5년 이상 재직자	5년 미만 재직자		
파 면	1/2 감액	1/4 감액	1/2 감액	처분 받은 후 5년
당연퇴직 (금고이상의 형을 받은 때)	1/2 감액	1/4 감액	1/2 감액	집행종료 후 5년
해 임 (금품 · 향응수수, 공금 횡 · 유용)	1/4 감액	1/8 감액	1/4 감액	처분 받은 후 3년

② 강등 · 정직 · 감봉 · 견책

구분	기본급 및 수당				실비 변상						
	봉급	정근수당	가족 · 대우 · 학비보조 · 주택수당 정근수당가산금		정액급식	모범수당	교통보조	가계지원	명절휴가	직급보조	치안수당
강 등	2/3 감액	미지급	2/3 감액	2/3 감액	미지급						
정 직	2/3 감액	미지급	2/3 감액	2/3 감액	미지급						
감 봉	1/3 감액	미지급	1/3 감액	1/3 감액	지 급						
견 책	지 급	미지급	지 급	지 급	지 급						

정근수당은 강등 · 정직 · 감봉 · 견책 시 1회 미지급, 설날 · 추석이 있는 기간에 강등 · 정직처분 받은 때에만 명절휴가비 미지급, 징계처분기간 종료일부터 강등21월, 정직18월(+정직기간), 감봉12월, 견책 6월간 호봉승급제한으로 퇴직금 산정 시 보수월액 달라져 감소됨
* 승진임용제한 : 강등, 정직 18월(+정직기간), 감봉 12월, 견책 6월

③ 직위해제

구 분	기본급 및 수당				실비 변상						
	봉급	정근 수당	가족 수당	정근수당 가산금	정액 급식	모범 수당	교통 보조	가계 지원	명절 휴가	직급 보조	치안 수당
3개월 이내	80% 지급		80% 지급	80% 지급	미 지 급						
3개월 이후	50% 지급		50% 지급	50% 지급	미 지 급						
※ 정근수당은 근무한 기간만큼 월할 계산하여 지급											

6) 공무원 범죄 행정소송

공무원범죄 행정소송			
1	소속	군무원	대구지법 2019구합20336 판결 해임처분은 정당하다.
	범죄	교통사고, 음주측정거부	
2	소속	휴가중인 공무원	대법원 2010두16172판결 해임처분 정당
	범죄	0.153% 28만원 물피도주, 언론보도	
3	소속	없음	대법원 99두6109판결 해임처분 정당
	범죄	0.120%, 상해 2주, 물피 29만원 뺑소니	
4	소속	경찰공무원	대법원 97누14637판결 해임처분 정당
	범죄	0.10%, 휴게시간 추돌, 상해 2주, 6주 등	
5	소속	경찰공무원	부산지법 2012구합42판결 해임처분 정당하다.
	범죄	뺑소니 사고 야기하여 벌금 250만원	
6	소속	소방공무원	부산지법 2008구합3761판결 해임처분 정당하다.
	범죄	뺑소니사고 야기하고 공무집행방해	
7	소속	없음	부산지법 2008구합137판결 해임처분은 부당하다.
	범죄	0.117% 회식 후 신호대기 중 적발	
8	소속	운전적 공무원	대법원 2017두59949 판결 면허취소는 정당하다.
	범죄	개인의 불이익보다 일반적 예방이 중요하다.	
9	소속	운전직 공무원	대법원 2016두34400 판결 당연 퇴직사유이다.
	범죄	음주운전	
10	소속	경찰공무원	의정부지방법원 2016구합10010 견책처분 취소되어야 한다.
	범죄	부하직원 음주 막지 못한 팀장	

제10장
음주운전 피해보상

01. 자동차 의무보험 🚗

대인배상Ⅰ(책임보험), 대물배상(가입금액 2천만원)을 말한다. 의무보험에 가입되어 있지 아니한 자동차를 운행하는 경우 1년 이하의 징역 또는 1,000만원 이하의 벌금에 해당하는 형사처벌 대상이 된다. 의무보험에 가입하지 아니한 경우 미가입 기간에 따라 300만원 이하의 과태료가 부과된다. 의무보험 미가입 자동차의 등록 번호판 영치 대상이다.

의무보험 미가입 시 과태료							
미가입기간	이륜차		자가용		사업용		
	대인Ⅰ	대물Ⅱ	대인Ⅰ	대물Ⅱ	대인Ⅰ	대물	대인Ⅱ
10일 이내	6,000	3,000원	10,000원	5,000원	30,000원	5,000원	30,000원
매1일 초과시	1,200	600원	4,000원	2,000원	8,000원	2,000원	8,000원
최고한도	20만 원	10만 원	60만 원	30만 원	100만 원	30만 원	100만 원

02. 자동차 종합보험 🚗

보험가입 별 보상 내용		
대인배상Ⅰ (책임보험)	피보험자가 피보험자동차의 대인사고로 인하여 제3자에게 법률상 손해배상 책임을 짐으로써 입은 손해 중 책임보험 한도 내 보상	
대인배상Ⅱ (임의보험)	피보험자가 피보험자동차의 대인사고로 인하여 제3자에게 법률상 손해배상책임을 짐으로써 입은 책임보험을 초과한 손해를 보상 ※ 피해자 1인당 보험가입금액 : 5천만원/1억/2억/3억/무한 등. 단 교통사고 처리 특례법상 면책은 무한의 경우만 해당한다.	
대물배상	**의무**	대물사고 시 사고 1건당 1천만원까지 의무보험임
	임의	피보험자가 피보험자동차의 대물사고로 인하여 제3자에게 법률상 손해배상책임을 짐으로써 입은 손해 보상 ※ 1사고당 보험가입금액 : 1천만원. 2천만원/3천만원/5천만원/1억원/무한 등
자기신체 사고 (자동차상해)	피보험자가 피보험자동차의 사고로 인하여 입은 상해 보상 ※ 1인당 사망기준 보험가입금액 :1천 500만원/ 3천만원/ 5천만원/ 1억원/2억원/무한 등	

자기차량 손해	피보험자동차의 차체 손상이나 도난 등에 의한 손해보상 ※ 자기차량손해의 보험가입금액은 별도로 정한 차량가액임
무보험차 상해	피보험자가 무보험자동차에 의하여 입은 손해를 보상하고 무보험자동차에 의한 상해를 가입한 경우에는 다른 자동차 운전담보 특약 약관이 자동적으로 적용된다. ※ 피보험자 1인당 책임보험을 초과하여 2~5억원을 한도로 보상

03. 보험금 종류와 보상되지 않는 손해

보험금 지급에 따른 보상 종류	
수리비용	실제 수리한 경우 피해물의 사고직전 가액의 120%
교환가액	수리비용이 차량가액을 초과하거나 원상회복이 불가능한 경우 동종의 대용품가액과 이를 교환하는 데 소요되는 비용
대차료	비사업용자동차가 파손시 다른 자동차 대신 사용하는 데 든 비용
휴차료	사업용자동차가 파손되어 사용하지 못한 기간 동안 영업손해
영업손실	사업자가 사업장(시설물)을 파괴하여 휴업함으로 생긴 영업손해
시세하락	출고 후 2년 이내 자동차의 수리비가 차량가액의 20% 초과시

대인II에서 보상되지 않는 손해
1. 보험계약자, 피보험자의 고의로 인한 손해 2. 전쟁, 혁명, 내란, 사변, 폭동, 소요. 핵연료물질의 영향으로 인한 손해 3. 지진, 분화, 태풍, 홍수, 해일 등 천재지변으로 인한 손해 4. 영리목적 대가를 받고 차량을 반복적 사용 혹은 빌려준 때에 생긴 손해 5. 시험용, 경기용, 연습용으로 차량을 사용중 생긴 손해 6. 피보험자와 제3자의 손해배상 계약을 인하여 늘어난 손해 7. 무면허운전 사고로 인한 손해 8. 피보험자 또는 그 부모, 배우자 및 자녀 등이 입은 손해 9. 산업재해보상보험법에서 보상을 받을 수 있는 경우(단 초과손해는 보상)

04. 음주운전 보험금 면책 규정

보험금 면책 규정		
구분	음주운전	무면허운전
대인배상 I	○	○
대인배상 II		×
대물(강제) 2천만 원	○	○
대물(임의)		×
자기신체사고	○	○
무보험자동차상해	○	○
자기차량손해	×	×
운전자보험	– 벌금, 방어비용, 형사합의금 : × – 생계비, 사망, 상해, 의료비 : ○	

05. 음주운전 보험할증

사고내용별 사고점수			
구분	사고내용		점수
	사망사고		건당 4점
대인사고	부상사고	1급	
		2급~7급	건당 3점
		8급~12급	건당 2점
		13급~14급	건당 1점
자기신체사고.자동차상해			건당 1점
대물사고	할증기준금액 초과사고		건당 1점
	할증기준금액 이하사고		건당 0.5점
	가해자불명 1점 사고		1점

○ 평가대상시간(직전 1년)과 과거 3년간의 사고 유무 및 사고 크기를 기준으로 사고점수를 계산하여 할인할증 등급결정(기본등급 : 11등급, 숫자가 클수록 할인 등급)
○ 할인할증 등급별 적용요율은 각 회사별 30%~200% 범위에서 자율적용
○ 처음에는 11등급을 적용, 무사고시 매년 1개 등급씩 증가
– 사고가 없는 경우 : 전계약 등급 + 1등급
– 사고가 있는 경우 : 전계약 등급 – (사고점수 × 1등급)

교통법규 위반 보험료 차등화

○ 할증대상 : 뺑소니, 음주, 무면허, 중앙선침범, 속도위반, 신호위반
○ 할증방법
− 중앙선, 속도, 신호 : 2~3건 위반 : 5% 할증
− 음주 : 1건 10% 할증, 2건 이상 20% 할증
− 무면허, 뺑소니 : 1건 20%
○ 할인대상
− 법규위반 기록이 없는 자 : −10~0%
− 일반법규위반자 등 벌점기록이 없는 안전벨트 미착용, 주정차위반 등도 할인대상
○ 대상차종 : 개인소유 자동차, 법인소유 자동차의 운전자가 법규 위반을 한 경우, 위반운전자에게 적용
○ 실적평가기간은 위반항목에 관계없이 2년 적용

06. 음주운전자 사고 부담금

2020년 4월 29일 개정된 자동차 보험 표준약관은 무면허, 음주, 뺑소니 사고인 경우, 대인배상Ⅱ의 경우 1억 원, 대물배상(임의)의 경우 5천만 원까지 사고 부담금이 부되고 있다. 음주운전 사고로 1명이 사망(손해액 4억 원), 차량피해(8,000만 원)가 발생하였다고 가정했을 때, 개정 전 400만 원(대인배상 300만 원, 대물배상 100만 원)에서 개정 후 1억 5,400만 원(대인배상 1억 3천만 원, 대물배상 5,100만 원)으로 대폭 상향되었다.

가. 음주운전 사고부담금 예시(대인손해 2억, 대물손해 5천만원인 경우)

항목	지급보험금변경)	사고부담금(전)	사고부담금(후)	보험사 최종부담
대인배상Ⅰ	15,000만 원	300만 원	1,000만 원	14,000만 원
대인배상Ⅱ	5,000만 원	없음	5,000만 원	없음
대물배상(의무)	2,000만 원	100만 원	500만 원	1,500만 원
대물배상(임의)	3,000만 원	없음	3,000만 원	없음
합계	25,000만 원	400만 원	9,500만 원	15,500만 원

나. 음주사고 보상처리 예시

▶ 대인보상 1명 사망, 총 손해액 4억원 발생

(개정 전) 음주운전자 부담 300만원 / 보험사 보상 3억 9,700만원

사고부담금	1.47억원	1억원	1.5억원
3백만원	1.5억원	2.5억원	4억원
← 대인 I (의무) →		← 대인 II (임의) →	

(개정 후) 음주운전자 부담 1억 300만원 / 보험사 보상 2억 9,700만원

사고부담금	1.47억원	사고부담금(1억원)	1.5억원
1천만원	1.5억원	2.5억원	4억원
← 대인 I (의무) →		← 대인 II (임의) →	

▶ 대물보상 차량피해 총 8천만원 발생

(개정 전) 음주운전자 부담 100만원 / 보험사 보상 7,900만원

사고부담금	1천9백만원	5천만원	1천만원
1백만원	2천만원	7천만원	8천만원
← 대물(의무) →		← 대물(임의) →	

(개정 후) 음주운전자 부담 5,100만원 / 보험사 보상 2,900만원

사고부담금	1천9백만원	사고부담금(5천만원)	1천만원
1백만원	2천만원	7천만원	8천만원
← 대물(의무) →		← 대물(임의) →	

※ **2020년 10월, 의무보험의 사고 부담금 : 대인 1,000만원, 대물 500만원 상향**

07. 운전자 보험

자동차 종합보험은 피해보상을 대신해주는 것일 뿐 운전자에 대한 형사책임 등 보상은 대상이 아니다. 형사책임은 어떤 사고이고 피해결과가 얼마나 중하냐에 따라 크게 달라진다. 사망사고이거나 피해자가 크게 다친 경우 형사합의는 필요하고 보통 사망사고일 때 2천~3천만원, 부상사고일 때 주당 50~100만 원(피해자에게 과실이 있다면 주당 50만 원 쪽에, 피해자에게 과실이 없다면 주당 100만 원 쪽에 가깝다) 가량이 일반적이다. 종합보험에 가입되어 있고 별도로 형사합의가 된다면 실형 선고될 사건은 집행유예, 집행유예에 선고될 사건은 벌금형으로 낮아질 수 있다. 공무원이나 교사, 군인 등은 집행유예가 아닌 벌금형을 선고받아야만 그 신분이 유지된다. 형사합의금이나 벌금 등을 지원해 주는 특약이나 개인적인 운전자보험에 가입하는 것은 어찌보면 필수이다. 음주운전, 무면허운전, 뺑소니 등으로 발생된 사고는 운전자 보험에 가입되어 있어도 보상이 되지 않는다.

운전자 보험 형사합의금			
사고원인 및 피해결과	가입금액		
	3,000만 원	5,000억 원	1억 원
중과실 6주 이상	1,000만 원	1,000만 원	1,000만 원
중과실 10주 이상	2,000만 원	3,000만 원	5,000만 원
중과실 20주 이상	3,000만 원	5,000만 원	1억 원
중상해	3,000만 원	5,000만 원	1억 원
사 망	3,000만 원	5,000만 원	1억 원

08. 정부보장사업법 ◯▬▬◯

'정부보장사업법' 이란 뺑소니나 무보험차 사고로 사망하거나 부상당한 피해자가 어디에서도 보상받지 못할 경우 정부에서 보상하는 사회보장제도를 말한다. 보상 대상은 뺑소니 자동차 사고, 피해자 사고를 야기한 자동차의 보유자와 등록번호가 모두 불명인 경우, 무보험자동차 사고, 도난자동차 및 무단운전 중인 자동차 사고 피해자 등이다. 보상 제외대상은 보험가입을 요하지 않는 차량의 자동차 사고 피해자(UN군 보유차, 미군 보유차), 도로가 아닌 장소에서만 운행하는 자동차 사고 피해자, 산재보험 등 그 밖에 다른 법률에 의해 보상받을 수 있는 사고, 피해자가 가해자로부터 손해배상을 받은 경우, 공동불법행위 사고 시 한 쪽의 책임보험으로 손해배상을 받을 수 있는 경우 등이다. 청구 절차는 '피해 발생 ⇒ 경찰서 신고 ⇒ 병원치료 ⇒ 보상금 청구(11개 보험사)' 순서로 하고 구비서류는 교통사고사실 확인원(경찰서), 진단서(병원), 치료비영수증, 기타 필요서류(위임장, 소득입증서류 등)이다. 보장사업을 청구할 수 있는 기간은 3년이다.

부상 및 후유장애 등급

부상(상해)		휴유장해	
등급(급)	한도금액(만 원)	등급(급)	한도금액)만원)
1	3,000	1	1억 5,000
2	1,500	2	1억 3,500
3	1,200	3	1억 2,000
4	1,000	4	1억 500
5	900	5	9,000
6	700	6	7,500
7	500	7	6,000
8	300	8	4,500
9	240	9	3,800
10	200	10	2,700
11	160	11	2,300
12	120	12	1,900
13	80	13	1,500
14	50	14	1,000

09. 정차 차량 충돌 피해보상

○ 甲 0.070% 승용차를 운전하다 정차된 차에 충돌했다.
○ 甲, 배우자가 상해, 정차된 차 파손 500만원, 자차수리비 800만원
○ 종합보험에 가입
⇒ 甲 : 甲 차량 자손보상 보상(초과비용 개인 부담)
⇒ 배우자 : 甲 대인배상 I (대인 II 안됨) 또는 자손보상(사고부담금)
⇒ 정차된 차 : 甲 대물배상(사고부담금)
⇒ 甲차량 : 보험금 보상 불가

※ 상법 제732조의2(중과실로 인한 보험사고 등) 제1항 사망을 보험사고로 한 보험계약에
　서는 사고가 보험계약자 또는 피보험자나 보험수익자의 중대한 과실로 인하여 발생한 경
　우에도 보험자는 보험금을 지급할 책임을 면하지 못한다.
※ 가족면책규정 : 배우자란 소유자를 중심으로 부모, 배우자, 자녀에 해당하는 사람에 대
　해서는 대인배상 II 에서 면책한다는 규정을 말한다.

10. 중앙선 침범 사고 피해보상

🍺 甲 0.090% 승용차 운전 중 중앙선침범으로 B차량 충돌(甲 100% : 乙 0%)

🍺 乙 상해를 입었고, 乙 차량이 파손되었다.

🍺 甲과 甲의 배우자가 상해를 입었고, 甲차량도 파손되었다.

🍺 종합보험에 가입

⇒ 상해 : 甲 차량 대인배상Ⅰ.Ⅱ에서 보상(甲은 사고부담금)

⇒ 차량 : 甲 차량 대물배상 보상(甲은 사고부담금)

⇒ 상해 : 甲 차량 자손보상(대인Ⅰ·Ⅱ 안 됨, 초과비용 개인 부담)

⇒ 자녀 : 甲 차량 대인배상Ⅰ(대인Ⅱ 안 됨), 또는 자손보상

⇒ 차량 : 보험금 보상 불가

11. 교차로 사고 피해보상

🍺 甲 0.100% 승용차 운전 중 교차로에서 B 차량 충돌(甲 70%, 乙 30%)

🍺 乙 상해를 입었고, 乙 차량이 파손되었다.

🍺 甲과 甲의 배우자가 상해를 입었고, 甲차량도 파손되었다.

🍺 양 차량 종합보험 가입

⇒ 乙 상해 :   甲 차량 대인배상 Ⅰ · Ⅱ에서 70% 보상(甲은 사고부담금)

　　　　　　　乙 차량 자손보상 30% 보상

⇒ 乙 차량 :   甲 차량 대물배상 70% 보상(甲은 사고부담금)

　　　　　　　乙 차량 자차보험 30% 보상(乙은 자기부담금 공제)

⇒ 甲 상해 :   乙 차량 대인배상 Ⅰ · Ⅱ에서 30% 보상

　　　　　　　甲 차량 자손보상(초과비용은 개인 부담)

⇒ 甲 부친 :   乙 차량 대인배상 Ⅰ · Ⅱ에서 30% 보상

　　　　　　　甲 차량 대인배상 Ⅰ(대인Ⅱ 안 됨), 또는 자손보험 청구

⇒ 甲 차량 :   乙 차량 대물배상 30% 보상

　　　　　　　甲 차량 보험금 보상 불가

12. 무보험 차에 의한 피해 보상

- 甲 역주행 중 乙차량 정면 충돌(甲 100 : 乙 0)
- 甲 상해, 乙과 乙의 배우자, 乙의 형제, 乙의 직장동료
- 甲 무보험, 乙 종합보험

⇒ 乙 상해 ⇒ 정부보장사업법 + 무험자동차상해

⇒ 乙 배우자 상해 : 甲 차량 대인배상Ⅰ + 무보험자동차상해

⇒ 乙 형제 상해 : 甲 차량 대인배상Ⅰ, Ⅱ 보상

⇒ 乙 동료 상해 : 甲 차량 대인배상Ⅰ. Ⅱ 보상

※ 배우자나 부모 및 자녀는 가족면책규정에 의해 대인배상Ⅱ 보상되지 않는다.

※ 형제는 가족면책규정 대상이 아니다.

※ 보험사는 가해자에게 대인Ⅰ, Ⅱ 보상금액을 구성한다,

13. 뺑소니 차량에 의한 피해 보상

🗈 이 횡단보도 보행 중 뺑소니 차량(또는 무보험)에 치여 상해를 입혔다.

⇒ 甲 상해 보상 : 정부보장사업법 또는 무보험자동차상해보험

⇒ 정부보장사업법은 대인 I 과 같고, 무보험자동차상해보험은 대인 II 와 유사하다.

⇒ 甲의 부모가 가지고 있는 차량의 무보험자동차상해(대인 II)로 보상이 가능하다.

⇒ 보상한 보험회사는 가해자에게 구상한다.

⇒ 뺑소니범이 검거되면 가해차량 보험사에 대인배상 I · II 를 구상한다.

14. 음주운전 차량 동승자 피해보상 ⬤━⬤

　동료의 차를 무상으로 탑승하다가 사고나면 보상은 80% 정도만 지급된다. 20%는 호의동 승감액으로 못 받게 되는 것이다. 음주운전 차량에 탔다가 사고 난 경우에는 동승자의 과실을 40~50% 가량으로 본다. 한밤중에 술에 취해 편도 4~5차로 도로를 무단횡단한 사고의 과실비율과 비슷하다. 동승자가 한 잔 더 마시러 가자고 운전을 권유했다면 60~80%까지 높아질 수 있다. 택시를 타고 가다가 사고를 당해 치료비 2천만 원, 위자료(입원기간 손해 등) 1억 원을 보상 받을 수 있는 사건이라면, 음주운전하는 친구 차를 타고 가다가 사고를 당하면 5천만 원 밖에 받지 못하고 보험사가 병원에 내준 치료비의 50%인 1천만 원이 추가로 공제되니 결국 받을 수 있는 보상은 4천만 원이다. 동료 음주운전을 알고 탔으면, 잘못이 없으면 1억 원을 받을 수 있었던 사고라 가정할 때 이 사건처럼 음주운전 차에 탔다가 사고를 당해 피해자 과실이 40%이면 보상은 6천만 원 밖에 못 받는다. 게다가 보험회사에서 치료비 2천만 원을 지급해 줬다면 그것의 40%인 8백만 원을 또 **빼야** 하므로 결국 손해배상액은 5천 200만 원으로 줄어든다.

음주운전 과실 비율	
음주 후 졸음운전 동승자 30%	울산지법 2013나1150판결
차주가 음주사실 알고 차 빌려줌 20%	부산지법 2010가소124298판결
피해자가 음주운전(안전장구미착용) 사고 책임 30%	전주지법 2007가단37450판결
0.171% 운전차량 동승자 과실 25%	대구지법 2006가단68688판결
택시운전자 0.249% 음주운전 과실 없다.	대전지법2006가단75396판결

제11장
운전면허 취소정지

01. 운전면허 취소정지

도로교통법 제93조(운전면허의 취소 · 정지)
① 지방경찰청장은 운전면허(연습운전면허는 제외한다. 이하 이 조에서 같다)를 받은 사람이 다음 각 호의 어느 하나에 해당하면 행정안전부령으로 정하는 기준에 따라 운전면허(운전자가 받은 모든 범위의 운전면허를 포함한다. 이하 이 조에서 같다)를 취소하거나 1년 이내의 범위에서 운전면허의 효력을 정지시킬 수 있다. 다만, 제2호, 제3호, 제7호부터 제9호까지(정기 적성검사 기간이 지난 경우는 제외한다), 제14호, 제16호부터 제18호까지, 제20호의 규정에 해당하는 경우에는 운전면허를 취소하여야 한다.
1. 제44조제1항을 위반하여 술에 취한 상태에서 자동차등을 운전한 경우
2. 제44조제1항 또는 제2항 후단을 위반(자동차등을 운전한 경우로 한정한다. 이하 이호 및 제3호에서 같다)한 사람이 다시 같은 조 제1항을 위반하여 운전면허 정지 사유에 해당된 경우
3. 제44조제2항 후단을 위반하여 술에 취한 상태에 있다고 인정할 만한 상당한 이유가 있음에도 불구하고 경찰공무원의 측정에 응하지 아니한 경우

도로교통법 시행규칙 〔별표28〕		
조항	위반사항	처분
제93조	술에 취한 상태의 기준(혈중알코올농도 0.03퍼센트 이상)을 넘어서 운전을 하다가 교통사고로 사람을 죽게 하거나 다치게 한 때	취소
	혈중알코올농도 0.08퍼센트 이상의 상태로 운전한 때	
	술에 취한 상태의 기준을 넘어 운전하거나 술에 취한 상태의 측정에 불응한 사람이 다시 술에 취한 상태(혈중알코올농도 0.03 퍼센트 이상)에서 운전한 때	
	술에 취한 상태에서 운전하거나 술에 취한 상태에서 운전하였다고 인정할 만한 상당한 이유가 있음에도 불구하고 경찰공무원의 측정 요구에 불응한 때	
	술에 취한 상태의 기준을 넘어서 운전한 때(혈중알코올농도 0.03% 이상 0.08% 미만)	100점

02. 운전면허 벌점관리

항목	내용	비고
면허정지	법규위반 또는 교통사고로 인하여 운전면허 처분벌점이 40점 이상 되었을 때	1점을 1일로 계산 · 집행
누산점수 초과로 인한 면허취소	⊙ 1년간 : 121점 ⊙ 2년간 : 201점 ⊙ 3년간 : 271점	3년간 관리 (위반 또는 사고가 발생한 날을 기준으로 함)
처분벌점의 소멸 (무위반 및 무사고자 특혜)	처분벌점이 40점 미만일 경우에 최종 위반일 · 사고일로부터 1년간 무위반 · 무사고로 경과한 때	누산점수에서 공제
도주차량 검거로 인한 누산점수 공제(특혜)	도주차량 (인적피해)을 검거하거나 신고하여 검거하게 된 때에는 기간에 관계없이 40점의 특혜점수를 부여(피해자가 직접 신고한 경우는 제외)	정지 또는 취소처분을 받게 될 경우 검거 또는 신고별로 각 1회에 한하여 누산점수에서 공제
모범운전자 정지처분 집행일수 감경	모범운전자(사업용자동차 운전에 종사하면서 10년 이상 교통사고를 일으키지 않은 무사고운전자 · 유공운전자의 표시장을 받고 교통안전 봉사활동에 종사중인 자에게는 면허 정지처분 집행기간을 1/2로 감경	사고 야기로 인한 벌점이 있는 경우 제외
벌점감경교육	처분벌점이 40점 미만인 사람이 벌점감경교육을 마친 경우 처분벌점에서 20점 감경	누산점수 및 처분벌점에서 공제
특별교통 안전교육을 이수한 때 정지처분 집행일수 감경	⊙ 특별교통안전 의무교육 : 정지처분 20일 감경 ⊙ 현장참여교육 : 정지처분 30일 감경 **특별교통안전교육 의무 또는 권장교육을 마친 후 현장참여교육 수강이 가능**	운전면허 정지처분 시 특별교통안전 의무교육이나 권장교육 중 법규준수교육(권장)을 마친 경우 권장교육 수료 1년 내 해당 권장교육 재수강 불가

03. 교통사고 결과 벌점

구 분		벌 점	내 용
인적 피해 교통 사고	사망 1명마다	90	사고 발생시부터 72시간 이내에 사망한 때
	중상 1명마다	15	3주 이상의 치료를 요하는 의사의 진단이 있는 사고
	경상 1명마다	5	3주 미만 5일 이상의 치료를 요하는 의사의 진단이 있는 사고
	부상신고 1명마다	2	5일 미만의 치료를 요하는 의사의 진단이 있는 사고

불이행사항	도로교통법	벌점	내 용
교통사고 야기 시 조치 불이행	제54조 제1항	15	1. 물적 피해가 발생한 교통사고를 일으킨 후 도주한 때 2. 교통사고를 일으킨 즉시(그때, 그 자리에서 곧)사상자를 구호하는 등의 조치를 하지 아니하였으나 그 후 자진신고를 한 때
		30	가. 고속도로, 특별시·광역시 및 시의 관할구역과 군(광역시의 군을 제외한다)의 관할구역 중 경찰관서가 위치하는 리 또는 동 지역에서 3시간(그 밖의 지역에서는 12시간) 이내에 자진신고를 한 때
		60	나. 가목에 따른 시간 후 48시간 이내에 자진신고를 한 때

음주운전 교통사고 벌점 합산

▶ 대법원 2019. 3. 14. 2014두37726 판결

도로교통법 시행규칙 [별표 28] 1.의 나.(4)에서 "법규위반으로 교통사고를 야기한 경우에는 '3. 정지처분 개별기준' 중 ① 가. 이 법이나 이 법에 의한 명령을 위반한 때(교통사고의 원인이 된 법규위반이 둘 이상인 경우에는 그중 가장 중한 것 하나만 적용한다)(이하 위 괄호 부분을 '이 사건 규정'이라고 한다)의 벌점, ② 나. 교통사고를 일으킨 때 (1)

사고 결과에 따른 벌점, ③ 나. 교통사고를 일으킨 때 (2) 조치 등 불이행에 따른 벌점을 모두 합산한다.”라고 규정하고 있다.

혈중알코올농도 0.09%의 술에 취한 상태에서 서울 종로구 적선동 경복궁역 부근에서부터 5km 이상의 거리를 운전하다가 서울 서대문구 북가좌동 요진아파트 앞 도로에 이르러 안전거리를 확보하지 아니한 과실로 앞서가던 다른 자동차를 들이받아 손괴하는 이 사건 교통사고를 일으켰고, 그 후 아무런 조치 없이 현장을 떠났다.

‘교통사고의 원인이 된 법규위반이 둘 이상인 경우’라 함은 ‘교통사고의 직접적 원인이 되는 하나의 행위가 동시에 둘 이상의 법규위반에 해당하는 경우’로 한정하여 해석함이 타당하다고 하면서, 교통사고의 직접적 원인이 된 행위는 안전거리 미확보이고 음주운전은 간접적인 원인에 불과하므로 이 사건 규정이 적용되지 않고, 피고가 원고에게 음주운전 벌점 100점, 안전거리 미확보 벌점 10점, 손괴사고 후 미조치 벌점 15점을 부과한 것은 정당하다고 판단하였다.

혈중알코올농도 0.09%의 술에 취한 상태에서 상당한 거리를 운전함으로써 이미 교통법규를 위반하였고, 그와 같은 상태에서 다시 안전거리 확보 주의의무를 위반하여 교통사고를 일으켰음을 알 수 있으므로, 음주운전을 하여 교통법규를 위반한 행위와 교통사고를 일으킨 행위는 별개의 벌점 부과 대상이 된다.

피고가 원고에게 음주운전으로 교통법규를 위반한 행위에 대한 벌점 100점을 부과하고, 교통사고를 일으킨 행위에 대하여 안전거리 미확보로 인한 벌점과 손괴사고 후 미조치로 인한 벌점의 합계 25점을 부과한 것은 관련 법령에서 정한 기준을 따른 것으로 정당하다.

🚨 음주운전 사고 후 미조치 벌점 합산
▶ 울산지방법원 2017. 4. 27. 선고 2016구합6737 판결

2016. 9. 4. 울산 남구 신정동에 있는 ○○○○ 아파트 부근에서 혈중알코올농도 0.074%의 술에 취한 상태로 그랜드 카니발 차량을 운전하던 중 경찰로부터 정차요구를 받게 되었다. 원고는 이에 불응하고 중앙선을 침범하여 도주하다 위 차량의 사이드미러 부분으로 주차되어 있던 차량의 사이드미러를 충격한 후에도 계속해서 1.5km 가량을 도주하다 경찰에 붙잡혔다. 도로교통법 제93조 제2항에 의하면, 지방경찰청장은 교통법규를 위반하거나 교통사고를 일으킨 사람에 대하여 행정자치부령으로 정하는 바에 따라 벌점을 부과할 수 있고, 그 벌점이 일정 점수를 초과하는 경우 운전면허를 취소 또는 정지할 수 있으며, 도로교통법 시행규칙 제91조 제1항 (별표 29)에 의하면 법규 위반에 따른 벌점 개별기준은 음주운전(혈중알코올농도 0.05% 이상 0.1% 미만)시 100점, 중앙선침범 시 30점, 안전운전의무위반 시 10점이고, 운전면허 취소 기준은 1년간 벌점 또는 누산점수 121점 이상인 경우이다. 운전면허 취소처분은 정당하다.

04. 종별 무면허 벌점 합산

- 대형 이륜차 중앙선 침범을 했다.
- 250cc 이륜차 운전자가 2종 소형면허 없이 1종 보통면허만 있다.
- 2종소형 미취득에 대해 제152조, 제43조 무면허운전죄 형사처벌 했다.
- 2종 소형면허 취득 자격 결격 처분한다.
- 무면허인데 범칙금 발부와 소지한 1종 보통면허에 벌점부과할 수 있을까?
- 운전면허는 대인적 허가로 운전자가 받은 모든 운전면허를 대상으로 한다.
- 면허를 소지한 운전자는 도로교통 법규를 준수해야 한다.
- 소지한 1종 보통면허에 신호위반 벌점 부과하고 범칙금도 가능하다.

05. 운전면허 결격처분

🔔 도로교통법 제82조(운전면허의 결격사유)

② 다음 각 호의 어느 하나의 경우에 해당하는 사람은 해당 각 호에 규정된 기간이 지나지 아니하면 운전면허를 받을 수 없다. 다만, 다음 각 호의 사유로 인하여 벌금 미만의 형이 확정되거나 선고유예의 판결이 확정된 경우 또는 기소유예나 「소년법」 제32조에 따른 보호처분의 결정이 있는 경우에는 각 호에 규정된 기간 내라도 운전면허를 받을 수 있다.

3. 다음 각 목의 경우에는 운전면허가 취소된 날(제43조 또는 제96조제3항을 함께 위반한 경우에는 그 위반한 날을 말한다)부터 5년

    가. 제44조, 제45조 또는 제46조를 위반(제43조 또는 제96조제3항을 함께 위반한 경우도 포함한다)하여 운전을 하다가 사람을 사상한 후 제54조제1항 및 제2항에 따른 필요한 조치 및 신고를 하지 아니한 경우

    나. 제44조를 위반(제43조 또는 제96조제3항을 함께 위반한 경우도 포함한다)하여 운전을 하다가 사람을 사망에 이르게 한 경우

6. 다음 각 목의 경우에는 운전면허가 취소된 날(제43조 또는 제96조제3항을 함께 위반한 경우에는 그 위반한 날을 말한다)부터 2년

    가. 제44조제1항 또는 제2항을 2회 이상 위반(제43조 또는 제96조제3항을 함께 위반한 경우도 포함한다)한 경우

    나. 제44조제1항 또는 제2항을 위반(제43조 또는 제96조제3항을 함께 위반한 경우도 포함한다)하여 운전을 하다가 교통사고를 일으킨 경우

7. 제1호부터 제6호까지의 규정에 따른 경우가 아닌 다른 사유로 운전면허가 취소된 경우에는 운전면허가 취소된 날로부터 1년(원동기장치자전거면허를 받으려는 경우에는 6개월로 하되, 제46조를 위반하여 운전면허가 취소된 경우에는 1년). 다만 제93조 제1항 제9호의 사유로 운전면허가 취소된 사람 또는 제1종 운전면허를 받은 사람이 적성검사에 불합격되어 다시 제2종 운전면허를 받으려는 경우에는 그러하지 아니다.

제한 기간	위 반 사 유
5년	◉ 음주운전 등으로 인적피해 교통사고 야기 후 구호조치 및 신고를 하지 않은 경우 ◉ 음주 0.03퍼센트 이상으로 사망사고 야기한 경우
4년	◉ 인적피해가 있는 교통사고 야기 후 구호조치 및 신고를 하지 않은 경우
3년	◉ 음주운전 또는 측정거부로 2회 이상 교통사고를 야기한 경우
2년	◉ 음주운전 또는 측정거부로 2회 이상 위반한 경우
	◉ 음주운전 또는 음주측정거부로 교통사고를 야기한 경우
1년	◉ 음주운전(또는 무면허운전)으로 면허가 취소된 경우(원동기는 6월)
	◉ 0.08 퍼센트 이상으로 운전한 경우
	◉ 음주측정 거부한 경우
정지	◉ 운전면허 효력 정지처분을 받고 있는 경우 그 정지기간
바로 응시	◉ 적성검사를 받지 않아 면허가 취소된 경우
	◉ 제1종 적성검사에 불합격되어 다시 2종 운전면허를 받으려는 경우
	◉ 도로교통법 제82조 제1항 제1호부터 제5호호까지의 규정은 벌금 이상의 형(집행 유예를 포함한다)의 선고를 받지 않은 경우 * 1호~5호 : 위 제한기간 2년~5년 에 해당하는 사례

○ **0.03% 이상 ~ 0.08% 미만** ◉ 단순음주 벌점 100점 ◉ 대물사고 벌점 100점 ◉ 대인사고 면허취소, 결격 2년	○ **음주운전 인사사고 후 도주(뺑소니)** ◉ 면허취소, 결격 5년
	○ **음주운전 사망사고** ◉ 면허취소, 결격 5년
○ **0.08% 이상 ~ 0.2% 미만, 0.2% 이상** ◉ 단순음주 면허취소, 결격 1년 ◉ 대물사고 면허취소, 결격 2년 ◉ 대인사고 면허취소, 결격 2년	○ **단순음주 음주측정거부** ◉ 면허취소, 결격1년 ◉ 단, 2회 이상일 경우 결격 2년
○ **2회 이상** ◉ 단순음주 면허취소, 결격 2년 ◉ 대물사고 면허취소, 결격 3년 ◉ 대인사고 면허취소, 결격 3년	○ **대물 또는 대인사고 음주측정거부** ◉ 면허취소 결격2년 ◉ 단, 2회 이상일 경우 결격 2년

06. 음주운전은 소지한 모든 면허 취소

　도로교통법 제93조(운전면허의 취소·정지) ① 지방경찰청장은 운전면허(연습운전면허는 제외한다. 이하 이 조에서 같다)를 받은 사람이 다음 각 호의 어느 하나에 해당하면 행정안전부령으로 정하는 기준에 따라 운전면허(운전자가 받은 모든 범위의 운전면허를 포함한다. 이하 이 조에서 같다)를 취소하거나 1년 이내의 범위에서 운전면허의 효력을 정지시킬 수 있다. 다만, 제2호, 제3호, 제7호부터 제9호까지(정기 적성검사 기간이 지난 경우는 제외한다), 제14호, 제16호부터 제18호까지, 제20호의 규정에 해당하는 경우에는 운전면허를 취소하여야 한다.

🖲 대형면허로 면허정지된 경우 보통면허도 정지되나?

제1종 대형 운전면허와 제1종 보통 운전면허를 취득한 자가 음주 0.050% 상태에서 대형버스를 운전하다가 경찰에 적발되었다. 1종 보통면허 100일 정지처분?

⇒ 1종 보통면허와 1종 대형면허 모두 100일 정지처분 대상이다.

⇒ 정지기간 중에 승용차를 운전할 경우 무면허운전에 해당되어 형사처벌과 더불어 면허취소 후 1년간 취득기회가 상실된다.

🖲 대형면허 취소된 경우 보통면허도 취소되나?

1종 대형 운전면허와 제1종 보통 운전면허를 취득한 자가 대형버스를 운전함에 있어 3회의 신호위반으로 벌점 45점(각 15점)을 부과 받고 45일간 자동차운전면허정지처분을 받았다. 정지기간 중 대형버스를 운전하면 1종 보통면허도 취소되는가?

⇒ 1종 보통면허도 취소된다. 대인적 성질을 가진 운전면허 범위 전부에 대해 취소·정지할 수 있다고 보아야 한다.

🖲 이륜차 음주운전으로 취소되면 대형면허도 취소되나?

⇒ 음주 0.140%의 주취상태로 배기량 125cc 이륜자동차를 운전하였다면 소지한 제1종 대형, 제1종 보통, 제1종 특수(대형견인·구난), 제2종 소형 등 모두 취소해야 한다(대판 2017두67476).

07. 음주운전 교통안전교육

1) 음주운전자과정반

○ 음주운전 1회반
- 교육대상(의무교육) : 1회 음주운전자(2012. 6. 1 이후)
- 교육시간 : 6시간(강의 5시간, 시청각 1시간)
- 교육이수 혜택 : 정지대상자는 20일 감경, 취소대상자는 면허취득 과정 중 하나임
- 수강신청 절차 : 자신의 교육반을 확인 후 ⇒ 해당 교육반으로 사전에 예약한 뒤 ⇒ 교육시간 20분 전까지 수강신청서를 기재하여 ⇒ 주민등록증, 교육통지서, 교육수강료와 함께 접수창구에 제출 ⇒ 교재와 수강번호표를 교부받아 ⇒ 해당 강의실의 지정된 좌석에서 수강
- 준비물 : 특별교통안전교육 통지서, 수강료(24,000), 주민등록증 또는 본인을 확인할 수 있는 신분증

○ 음주운전 2회반
- 교육대상(의무교육) : 과거 5년 이내 2회 음주운전 전력이 있는 경우(2012. 6. 1 이후) 단, 2012. 5. 31. 이전 단속자의 경우 정지 또는 취소에 따라 음주반(4시간), 음주취소 교육수강)
- 교육시간 : 8시간(강의 7시간, 시청각 1시간)
- 교육이수 시 혜택 : 정지대상자는 면허정지일 20일 감경, 취소대상자는 면허취득 과정 중 하나임
- 수강신청 절차 : 자신의 교육반을 확인 후 ⇒ 해당 교육반으로 사전에 예약한 뒤 ⇒ 교육시간 20분 전까지 수강신청서를 기재하여 ⇒ 주민등록증, 교육통지서, 교육수강료와 함께 접수창구에 제출 ⇒ 교재와 수강번호표를 교부받아 ⇒ 해당 강의실의 지정된 좌석에서 수강
- 준비물 : 특별교통안전교육 통지서, 수강료(32,000), 주민등록증 또는 본인을 확인할 수 있는 신분증

○ 음주운전 3회반
- 교육대상(의무교육) : 과거 5년 이내 음주운전으로 인한 단속이 3회 이상인 경우(2012. 6. 1 이후) 단, 2012. 5. 31. 이전 단속자의 경우 정지 또는 취소에 따라 음주반(4시간), 음주취소 교육수강)
- 교육시간 : 16시간(지식 및 체험 교육, 상담프로그램)
- 교육이수 시 혜택 : 면허취득 과정 중 하나임
- 수강신청 절차 : 자신의 교육반을 확인 후 ⇒ 해당 교육반으로 사전에 예약한 뒤 ⇒ 교육시간 20분 전까지 수강신청서를 기재하여 ⇒ 주민등록증, 교육통지서, 교육수강료와 함께 접수창구에 제출 ⇒ 교재와 수강번호표를 교부받아 ⇒ 해당 강의실의 지정된 좌석에서 수강
- 준비물 : 특별교통안전교육 통지서, 수강료(64,000), 주민등록증 또는 본인을 확인할 수 있는 신분증

※ 음주 2회 적용 기준일은 2012. 5. 31. 24:00 이후부터이다. 음주운전에서의 형사처벌과 행정처분의 기준과 다르므로 안내할 때 주의해야 한다.

2) 교통법규교육(벌점감경)

- 교육대상 : 정지처분 전 벌점 40점 미만자. 단, 과거 1년 이내에 교육 후 벌점 감경을 받은 자는 제외
- 교육시간 : 강의 3시간, 시청각 1시간
- 교육이수 시 혜택 : 벌점 20점 감경(누산점수는 감경되지 않음)
- 수강신청 절차 : 본인의 벌점을 확인(경찰서, 운전면허시험관리단)하고 ⇒ 기재된 일정에 도로교통공단을 방문 ⇒ 수강신청서를 기재하고 ⇒ 주민등록증과 교육수강료를 제시하고, 교재와 수강번호표를 교부받음 ⇒ 해당 강의실 지정된 좌석에 수강
- 준비물 : 수강료(16,000원), 주민등록증 또는 본인 확인할 수 있는 신분증, 기재된 일정에 도로교통공단에 방문하여 특별교통안전교육 통지서 작성

3) 교통사고야기자반(면허정지)

○ 1차 교육과정(교통소양교육)
- 교육대상 : 1회 교통사고 야기로 인한 벌점이 40점 이상 된 자(의무교육)
- 교육시간 : 강의 2시간, 토의 1시간, 시청각 및 운전정밀적성검사 3시간
- 교육이수 시 혜택 : 교통소양 교육필증을 관할 경찰서에 제출하거나, 교육이수 전산 확인 시 20일간의 운전면허 정지처분 일수 감경
- 수강신청 절차 : 경찰서에서 교육통지서를 수령한 후 ⇒ 교육시간 20분전까지 수강신청서를 기재하여 ⇒ 주민등록증, 교육통지서, 교육수강료와 함께 접수창구에 제출 ⇒ 교재와 수강번호표를 교부받아 ⇒ 해당 강의실의 지정된 좌석에서 수강
- 준비물 : 특별교통안전교육 통지서, 수강료(24,000원), 주민등록증 또는 본인을 확인할 수 있는 신분증

○ 2차 교육과정(교통참여교육)
- 교육대상 : 교통소양교육 이수 후 경찰서에서 실시한 교통현장 참여교육 4시간을 이수한 자(단, 과거 1년 이내에 교육 후 정지일수를 감경 받은 자는 제외)
- 교육시간 : 강의 3시간, 시청각 1시간
- 교육이수 시 혜택 : 운전면허 정지일수 30일 추가 감경
- 수강신청 절차 : 교통소양교육 이수 후 경찰서에서 주관하는 교통현장체험교육 4시간을 이수 후 확인증을 교부받아 ⇒ 수강신청서를 기재하여 ⇒ 주민등록증과 교통현장참여교육 이수 확인증, 교육수료증을 제시하고 ⇒ 교재와 수강번호표 교부받아 ⇒ 해당 강의실의 지정된 좌석에서 수강
- 준비물 : 교통현장 참여교육 이수 확인증(경찰서 발생), 수강료(16,000원), 주민등록증 또는 본인을 확인할 수 있는 신분증

4) 특별교통안전

- 🔘 도로교통공단 홈페이지(www.korode.or.kr)에서 사전에 반드시 교육예약
- 🔘 준비물은 교육통지서, 수강료, 신분증(미지참시 교육접수 불가)
- 🔘 면허취소 및 정지 사유별 해당 교육반을 모르는 경우 전국 경찰서 교통민원실에서 교육수강반을 확인 후 예약
- 🔘 음주상태이거나 기타 교육에 방해가 된다고 인정되는 경우 교육접수 불가
- 🔘 유아 동반할 경우 교육(입장) 수강이 불가
- 🔘 교육중엔 휴대폰, 노트북 등 전자기기 작동 금지 및 신문, 잡지 등 볼 수 없다.
- 🔘 교육 중 문란(방해) 행위와 좌석이석(휴식 및 점심시간 이후 강의실 미 입실)할 경우 당일 교육은 무효처리
- 🔘 본인 외 대리인 교육은 불가
- 🔘 중도이탈(퇴교)시 수강료 전액을 반환하여 드림
- 🔘 초보운전자(운전면허 최초 취득 후 2년 미만인자) 또는 사고반 및 음주반으로 운전면허 정지처분을 받은 사람은 그 정지기간 내에 반드시 교통소양교육을 받아야 하며, 교육을 받지 아니하면 범칙금 40,000원이 부과 됨
- 🔘 교통참여교육과 교통법규교육은 1년에 1회만 수강할 수 있음
- 🔘 국가(법정) 공휴일은 교육을 하지 않음
- 🔘 대중교통 이용
- ☎ **도로교통공단 : 02-2230-6114, 1577-1120**

5) 특별교통안전교육 이수자 감경

- 🔘 처분벌점이 40점 미만인 사람이 교통법규교육을 마친 경우에는 경찰서장에게 교육필증을 제출한 날부터 처분벌점에서 20일을 감경한다.
- 🔘 면허정치처분을 받은 사람이 교통소양교육을 마친 경우에는 경찰서장에게 교육필증을 제출한 날부터 정지처분기간에는 20일을 감경한다. 다만, 해당 위반행위에 대하여 운전면허행정처분 이의심의위원회의 심의를 거치거나 행정심판 또는 행정소송을 통하여 행정처분이 감경된 경우에는 정지처분기간을 추가로 감경하지 아니하고, 정지처분이 감경된 때에는 한정하여 누산점수를 20점 감경한다.
- 🔘 면허정지처분을 받은 사람이 교통소양교육을 마친 후에 교통참여교육을 마친 경우에는 경찰서장에게 교육필증을 제출한 날부터 정지처분기간에서 30일을 추가로 감경한다. 다만, 해당 위반행위에 대하여 운전면허행정처분 이의심의위원회의 심의를 거치거나 행정심판 또는 행정소송을 통하여 행정처분이 감경된 경우에는 그러하지 아니하다.

08. 운전면허 이의신청 ⟨꞊꞊꞊⟩

1) 이의신청이란

이의신청은 행정심판과 행정소송을 하지 않고 경찰청에서 자동차운전면허 취소·정지 등 행정처분을 받은 사람 중 생계유지를 위해 운전이 필수적인 사람 등을 구제하기 위하여 2004. 4. 16부터 실시되고 있는 구제제도이다. 생계형 운전자의 범위는 택시·화물차량 운전기사, 차량을 이용한 각종 행상 등 업무상 운전이 필수적이거나 배달이 중요 업무수단 이며, 가족의 생계유지에 중요한 부분을 차지하는 경우에 한한다. 월급·보유재산이 많은 경우, 동거인에게 충분한 생활능력이 있는 경우, 자동차판매 등 영업에 종사하더라도 운전 이 필수요소가 아닌 경우는 제외된다. 도로교통법 제94조 동법 시행규칙 제95조에 근거하 며 경찰청 자체에서 운전면허취소처분에 대하여 다시 판단하는, 간편하고 신속한 절차이다.

2) 이의신청 대상

🚙 운전이 가족의 생계를 유지할 중요한 수단이 되거나
🚙 모범운전자로 처분당시 3년 이상 교통봉사활동에 종사하고 있거나
🚙 벌점 누산점수가 초과되어 면허정지 된 경우에는 신청자격이 안됨
🚙 교통사고를 일으키고 도주한 운전자를 검거하여 경찰서장 이상의 표창을 받은 사람으로 다음 의 어느 하나에도 해당되지 않는 경우

> 🚙 혈중알코올농도 0.120%초과된 경우
> 🚙 음주운전 중 인적피해 교통사고 유발한 경우
> 🚙 경찰관의 음주측정 요구에 불응 및 도주한 경우
> 🚙 음주단속경찰관을 폭행한 경우
> 🚙 과거 5년 이내에 운전면허 취소처분을 받은 전력이 있는 경우
> 🚙 과거 5년 이내 3회 이상 인적피해 교통사고 전력이 있을 경우
> 🚙 과거 5년 이내 음주운전 전력이 있는 경우
> 🚙 과거 5년 이내에 운전면허 행정처분 심의원회의 심의를 거쳐 행정처분이 감경된 경우
> 🚙 기타 그 밖에 적성검사에 대한 연기신청을 할 수 없었던 불기피한 사유가 있는 등으로 취소처분 개별기준 및 정지처분 개별기준을 적용하는 것이 현저히 불합리하다고 인정 되는 경우

3) 절차와 서류

감경사유에 해당하는 사람은 행정처분을 받은 날(정기 적성검사를 받지 아니하여 운전면

허가 취소된 경우에는 행정처분이 있음을 안 날)부터 60일 이내에 그 행정처분에 관하여 주소지를 관할하는 지방경찰청장에게 이의신청을 하여야 하며, 이의신청을 받은 지방경찰청장은 제96조에 따른 운전면허행정처분 이의심의위원회의 심의·의결을 거쳐 처분을 감경할 수 있다.

○ **접수기간 : 행정처분일로부터 60일 이내 신청**
○ **접수장소 : 주소지 관할 지방경찰청 및 각 경찰서 민원실**
○ **준비서류**

> 🗒 이의신청서(지방경찰청·경찰서 민원실에 비치)
> 🗒 자동차운전면허 취소처분 결정통지서 사본
> 🗒 주민등록등본, 재산세 납입증명서(본인, 배우자별도, 납입사실 없는 경우도 제출)
> 🗒 재직증명서, 급여명세서, 납세증명서, 부동산매매(임대)계약서 사본, 사업자등록증
> 🗒 기타 본인에게 유리한 서류
> 🗒 증빙서류 미제출시 심의 시 불이익을 받을 수 있음

4) 유리한 조건
🗒 가정형편이 어려운 경우(월세에 살고 있는 등)
🗒 운전이 생계를 유지하기 위한 수단인 경우[운전기사, 영업사원 등 (※ 공무원, 전문직종사자, 사무직, 학생, 주부 등 가능)]
🗒 효자 효녀로서 부녀를 봉양하고 있는 경우
🗒 최소 운전경력 5년이 넘을 것
🗒 교통사고나 범칙금통지서를 받은 전력이 없는 경우
🗒 운전거리가 짧거나 대리운전자를 불렀으나 오지 않은 경우

5) 불리한 조건
🗒 운전과 생계에 영향이 없는 경우
🗒 가정이 부유한 경우
🗒 음주운전을 비롯하여 교통사고경력이나 범칙금통지서를 받은 전력이 있는 경우

6) 구제효과
위반행위에 대한 처분기준이 운전면허의 취소처분에 해당하는 경우에는 해당 위반행위에 대한 처분벌점을 110점으로 하고, 운전면허의 정지처분에 해당하는 경우에는 처분 집행일수의 2분의 1로 감경한다. 벌점·누산점수 초과로 인한 면허취소에 해당하는 경우에는 면허가 취소되기 전의 누산점수 및 처분벌점을 모두 합산하여 110점으로 한다.
🗒 음주면허 취소처분 자 : 운전면허취소처분 대신 110일 면허정지
🗒 운전면허 정지처분 자 : 운전면허 정지처분 일수의 1/2로 감경

09. 운전면허 행정심판

1) 행정심판

  행정심판이란 행정관청으로부터 면허·허가·인가 등이 부당하게 취소되거나 영업정지 처분을 받은 경우, 또는 행정관청에 면허·허가·인가 등을 신청하였으나 행정관청이 부당하게 거부한 경우, 기타 행정관청으로부터 잘못되고 억울한 처분을 받은 경우에 신속하고 간편하게 잘못된 처분을 바로 잡을 수 있는 제도이다. 운전면허 행정심판에 영향을 미치는 사항은 경찰의 위법 및 처분의 가혹성, 경찰의 재량권 일탈 및 남용, 생계유지 및 직업상 영향, 운전면허의 필요성 등이다. 음주운전 또는 벌점초과 등으로 인한 면허취소(정지) 청구 사건에 대하여 음주수치, 운전경력, 적발 시 정황, 운전거리, 운전면허의 생계유지 관련성, 기타 개인생활 여건 등에 따라 종합적으로 판단하여 면허취소처분 또는 정지처분이 가능하다고 인정되는 경우에 110일(정지처분은 50일)의 정지처분으로 감경된다.

2) 행정심판 구제 대상

🍺 단순음주운전으로 적발되어 운전면허가 취소된 자
🍺 벌점초과, 무면허, 뺑소니, 음주운전 뺑소니 적발, 운전면허가 정지, 취소된 자
🍺 위법·부당한 음주측정으로 운전면허가 취소된 자
🍺 운전면허 취소로 사업면허가 취소, 정지된 자
🍺 위법·부당하게 운전면허 취소 및 정지된 자
🍺 음주측정거부로 운전면허가 취소된 자
🍺 운전면허 정지 기간 중 운전으로 운전면허가 취소된 자
🍺 범칙금 과태료 미납부, 벌점초과로 면허정지, 취소된 자
🍺 적성검사 미 실시로 면허정지, 취소된 자
🍺 삼진아웃으로 운전면허가 취소된 자
🍺 경찰관을 폭행하여 운전면허가 취소된 자
🍺 기타 위법, 부당하게 운전면허가 취소 및 정지된 자
🍺 운전면허행정처분심의위원회의 심의를 거쳐 행정처분이 감경된 자

3) 행정심판 제기기간과 절차

🍺 행정처분이 있음을 안 날로부터 90일 이내 청구할 수 있다.
🍺 행정심판청구서 제출(해당 지방경찰청 또는 경찰청에 제출)
🍺 답변서 제출(행정심판 청구서 접수 후 7일 이내 답변서를 경찰청에 제출)
🍺 답변서 회부(행정심판 청구서와 답변서를 국무총리 행정심판위원회에 회부)
🍺 답변서 송부(경찰청의 답변서를 청구인에게 송부)

- 보충서면 제출(답변서에 대한 반박내용 및 수정, 강조 보충할 내용 제출)
- 행정심판위원회 개최 익일부터 결과 확인 가능(ARS : 060-700-1925)
- 심리의결 통보(심리결과 경찰청 통보)
- 재결 및 재결서 송부(청구인과 해당 지방경찰청에 각각 통보)

운전면허 행정처분 이의신청서

신청인	이 름		주민등록번호		
	주 소			직업	
	송달주소				
	전화번호	자택		직장	
		휴대폰			
신청취지	자동차 운전면허 행정처분(취소·정지)에 대한 감경을 요청합니다				

이 의 신 청 이 유

\# 운전면허 필요성, 생계곤란 등 신청이유를 간단히 작성하시고 뒷장에
  구체적으로 상세히 기재하시기 바랍니다.

※ 부당하게 감경 결정을 받기 위해 문서를 위·변조한 경우 관련법령에 따라 형사처벌될 수 있음

| 근거 법조 | 도로교통법 시행규칙 제95조 |

본인의 주장 및 제출자료에 대한 진위 여부 확인을 위한 경찰관의 현지실사에
동의하며, 위와 같이 자동차 운전면허 행정처분에 대한 이의신청을 합니다.

20 년 월 일

신 청 인 :   ㉑

○ ○ 지 방 경 찰 청 장 귀 하

| 첨부서류 | 취소결정통지서, 주민등록등본, 재직증명서(또는 사업자등록증)
세목별과세증명서, 전(월)세 임대계약서 등 증빙서류 각 1부
※ 제출된 서류는 반환치 아니함 | 수수료 | 없음 |

10. 운전면허 행정소송 🚨

1) 행정소송

　"행정소송"은 행정기관의 업무와 관련 법규적용에 관련된 분쟁이 있는 경우 당사자의 불복제기에 의거한 법원에서의 정식소송절차를 말한다. 소송 진행은 행정쟁송이라는 점에서 행정심판과 같지만, 위법성만을 쟁송으로 하는 점과 법원에서 정식의 소송절차로 진행되어야 한다는 점에서 행정심판과 구별된다. 행정소송의 예로는 운전면허취소 · 정지처분에 대한 취소소송은 물론 공무원징계처분에 대한 취소소송, 각종 세금의 부과처분에 대한 취소소송, 산재보험 급여부 지급 처분에 대한 취소소송, 공무원연금관리공단의 처분에 대한 취소소송, 영업장허가취소 · 정지처분에 대한 취소소송, 수용재결처분에 대한 취소소송, 각종 거부처분에 대한 취소소송 등을 들 수 있다. 도로교통법 제93조 제1항 단서 및 같은 항 제3호에서 제44조 제2항 후단을 위반한 경우 관할 지방경찰청장은 반드시 운전면허를 취소해야 하는바, 이는 처분 청이 그 취소 여부를 선택할 수 있는 재량의 여지가 없는 기속행위이다. 술에 취한 상태에 있었다고 인정할 만한 상당한 이유가 있음에도 불구하고 경찰공무원의 측정에 응하지 아니한 경우 관할 지방경찰청장은 반드시 운전면허를 취소하도록 규정하고 있는바, 이는 처분청이 그 취소여부를 선택할 수 있는 재량의 여지가 없는 기속행위이다(대판 2003두12042). 도로교통법 시행규칙은 부령의 형식으로 되어 있으나 그 규정의 성질과 내용이 운전면허의 취소처분 등에 관한 사무처리기준과 처분 등 행정청 내부의 사무처리준칙을 규정한 것에 지나지 아니하므로 대외적으로 국민이나 법원을 기속하는 효력은 없으므로 자동차운전면허취소처분의 적법 여부는 그 운전면허 행정처분 기준만에 판단할 것이 아니라 도로교통법의 규정 내용과 취지에 따라 판단하여야 한다(대판 96누5773).

음주운전자 운전면허 행정소송	
대리운전 후 짧은거리, 측정거부, 취소처분은 정당하다.	대구지법 2017구단12006 판결
대리운전 후 0.125% 아파트 앞 운전, 면허취소는 정당하다.	울산지법 2018구합665 판결
음주 0.129%, 치주질환 구강 알콜 성분 취소는 부당하다.	의정부지법 2017구단6042 판결
음주 0.074%, 사고 도주 야기 벌점초과 취소는 정당하다.	울산지법 2016구합6737 판결
법원의 영장도 없이 한 채혈로 불법이므로 취소는 부당하다.	대법원 2014두46850 판결
대리기사 없어 0.123% 100m 이동주차 취소는 정당하다.	울산지법 2016구합6669 판결
초범이라고도 0.140% 300m 운전 취소는 정당하다.	울산지법 2016구합1121 판결
경미사고 야기하고 조치 없이 현장 이탈 취소는 정당하다.	광주고법 2015누7691 판결

2) 구제된 정당한 사유

   오늘날 자동차가 대중적인 교통수단이고 그에 따라 대량으로 자동차운전면허가 발급되고 있는 상황이나 음주운전으로 인한 교통사고의 증가 및 그 결과의 참혹성 등에 비추어 보면 음주운전으로 인한 교통사고를 방지할 공익상의 필요는 더욱 중시되어야 하고 운전면허의 취소에 있어서는 일반의 수익적 행정행위의 취소와는 달리 그 취소로 인하여 입게 될 당사자의 불이익보다는 이를 방지하여야 하는 일반 예방적 측면이 더욱 강조되어야 할 것이다(대판 2017두59949).

일반예방적 측면을 강조한 면허취소	
0.129% 22시까지 술 마신 후 5시간 지나 운전	대법원 2017두59949 판결
0.140% 125cc 운전, 소지한 대형특수면허 모두 취소	대법원 2017두67476 판결
0.110% 부인 대장암 치료 위해 운전필수이지만	대법원 2007두17021판결
0.141$ 대법원에서 면허취소 위법판결 사례 없다.	대법원 2007두320 판결
지방운전주사보 파면 등 사정 있어도 취소처분 정당	대법원 2007두67476 판결
1~2m 운전하다가 교통사고 나면 취소처분 정당	대법원 2007두9174 판결
짧은 거리 운전하다가 교통사고 나면 면허취소 정당	대법원 2006두20327 판결
손가락 절단 장애인 생계 곤란한 경우	대법원 2005두13087판결
숙면 후 5시간 지나 8km 운전 중 졸다가 교통방해	대법원 99두9681 판결
0.11% 약품영업사원 운전필수기 아니다.	대법원 97누17216판결
0.109% 채소 재배업에 종사자는 운전필수 아니다.	대법원 97누13214판결
대리기사와 시비로 취소는 부당	
0.126% 3차로 중 2차 정차된 차 약 8m 운전	서울행정법원 2013구단51100 판결
0.166% 거주자 우선주차 구역까지 약3m 운전	서울행정법원 2009구단5438 판결
0.095% 1차로에 정차된 차 약 5m 운전	부산지방법원 2007구단3101 판결
0.120% 대리기사 언쟁 후 약 300m 운전	수원지법 2007구단5206 판결
0.165% 바퀴 빠진 차 도와주려고 약 1m 운전	서울중앙지법 2010구단22064 판결

정당한 사유 있어 취소는 부당	
0.125% 의식불명자 대신 모친 동의받은 후 채혈	대법원 2014두46850 판결
0.114% 지인과 시비 약 50cm 운전	울산지방법 2012구합946 판결
0.051% 11시간 전 술 마시고 수면 09시 출근 중	부산지방법 2007구단3651 판결
민박집 주차된 차 25m 이동 음주측정 거부	대법원 97누20755 판결
전과 있어 취소는 정당	
2회 음주전력 0.108% 운전한 것은 면허취소 정당	대구지법 2013구단1916 판결
2회 음주전력 0.067% 44년 운전경력 있어도 정당	대구지법 2013구단1985 판결
2회 음주전력 있는 상태에서 0.100% 술 취한 상태	부산지방법 2009구단3372 판결
경찰관의 업무 소홀 취소는 정당	
0.096% 경찰관이 취소처분 잘못 고지	울산지방법원 2014구합513 판결
0.059% 경찰관 말 믿고 채혈권리 포기	대구지방법원 2012구단3090 판결
교통단속처리지침은 일반 국민에게 효력 없다.	대법원 2011도11279 판결
0.115% 경찰공무원이 채혈한 혈액을 분실	대법원 2002두6330 판결
개인택시 운전면허 취소처분	
0.134% 개인택시 운전 중 경찰에 단속됨	대법원 2016두63224 판결
운전면허취소가 필요적으로 개인택시 취소되는지	대법원 2014두36297 판결

3) 음주운전 운전면허 구제는 어렵다

　제재적 행정처분이 사회통념상 재량권의 범위를 일탈하였거나 남용하였는지는 처분 사유인 위반행위의 내용과 당해 처분행위에 의해 달성하려는 공익목적 및 이에 따르는 제반 사정 등을 객관적으로 심리하여 공익 침해의 정도와 그 처분으로 개인이 입게 될 불이익을 비교, 형량하여 판단한다(대판 98두11779 등). 오늘날 자동차가 급격히 증가하고 자동차운전면허도 대량으로 발급되어 교통상황이 날로 혼잡해짐에 따라 교통법규를 엄격히 지켜야할 필요성이 더욱 커지고 있으므로, 음주운전이나 벌점 초과 등을 이유로 자동차운전면허를 취소함에 있어 일반적인 수익적 행정행위의 취소와는 달리 그 취소로 인하여 입게 될 당사자의 불이익보다는 도로교통상 위험 방지라는 일반예방적 측면이 더욱 강조되고 있다(대판 2007두17021 등).

참고문헌

경찰청, 「교통사고조사매뉴얼(II)」, 2012.

권기병 등, 「경찰교통론」, 경찰대학. 2019.

박원범 등, 「음주운전 안전운전」, 도로교통공단. 2014.

백주민, 「손에 잡히는 보상이야기」, 크라운출판사, 2017.

손해보험협회 「보장사업 교육자료」, 2017.

양형위원회, 「양형기준」, 2017.

이상두, 「교통사고조사처리요령」, 2019.

이승목, 「교통안전수칙」, 도로교통공단, 2018.

이장선, 「13번째 교통경찰」, 좋은땅, 2016.

이장선, 「교통사고 가해자 구분하기」, 좋은땅, 2015.

이장선, 「교통사고처리 진상규명」, 기한재, 2011.

한문철, 「굿바이 음주운전」, 허브미디어, 2013.

한문철, 「교통사고 100% 보상받기」, 허브미디어, 2013.

대법원(http;//www.scourt.go.kr)

법제처(http;//www.moleg.go.kr)

사이버경찰청(http;//www.police.go.kr)

손해보험협회(https://www.knia.or.kr)

저자 프로필

현) 경찰공무원(충남경찰청 현장강사, 경감)

전) 경찰교육원 교통학과 교수요원(2014~2017년)

전) 중앙경찰학교 교통학과 교수요원(2008~2013년)

현) TBN 교통방송 매주 1회 고정출연(2015~현재)

현) 경찰청 교통분야 사이버교육 강사(2013~현재)

현) 국회 교통안전포럼 자문위원(2018~2021년)

현) 수사연구 칼럼리스트(2017~현재)

현) 경찰청 교통실무 지식전문가(종결자)

현) 한국교통사고감정사협회 자문위원

현) 교통안전지도사 자문위원

전) 서울은평서, 용산서, 대전둔산서 교통조사관 근무

전) 한국교통사고조사학회 부회장

운전면허, 기능강사 출제위원 등

도로교통사고감정사 출제위원

우정본부 사이버교육 강사

TS 한국교통안전공단 사이버교육 강사

공인 도로교통사고감정사(1회)

연세대학교 대학원 행정학 석사

저서 : 《교통사고 가해자 구분하기》, 《13번째 교통경찰》, 《교통사
고처리 300선》, 《도로교통사고감정사》, 《이럴 땐이렇게》.
《교통사고 진상규명 등》, 《교통사고 피해보상 아는 만큼 더
받는다》

음주운전 파헤치기

발 행 일	2021년 1월 5일 초판 1쇄 인쇄
	2021년 1월 10일 초판 1쇄 발행
저　　자	이장선
발 행 처	크라운출판사
	http://www.crownbook.com
발 행 인	이상원
신고번호	제 300-2007-143호
주　　소	서울시 종로구 율곡로13길 21
공 급 처	02) 765-4787, 1566-5937, 080) 850~5937
전　　화	02) 745-0311~3
팩　　스	02) 743-2688
홈페이지	www.crownbook.co.kr
I S B N	978-89-406-4300-6 / 13360

특별판매정가 18,000원

이 도서의 문의를 편집부(02-6430-7004)로 연락주시면
친절하게 응답해 드립니다.